——————————— 님의 소중한 미래를 위해
이 책을 드립니다.

경계의
종말

경계의
종말

딜로이트가 내다본

2020 산업의 새로운 지평

• 딜로이트 안진회계법인 · 딜로이트 컨설팅 지음 •

원앤원북스 우리는 책이 독자를 위한 것임을 잊지 않는다.
우리는 독자의 꿈을 사랑하고,
그 꿈이 실현될 수 있는 도구를 세상에 내놓는다.

경계의 종말

초판 1쇄 발행 2016년 2월 1일 | **초판 6쇄 발행** 2016년 7월 20일
지은이 딜로이트 안진회계법인, 딜로이트 컨설팅
펴낸곳 ㈜원앤원콘텐츠그룹 | **펴낸이** 강현규 · 박종명 · 정영훈
책임편집 김효주 | **편집** 최윤정 · 주효경 · 민가진 · 유채민 · 이은솔
디자인 최정아 · 김혜림 · 홍경숙 | **마케팅** 송만석 · 서은지 · 김서영
등록번호 제301-2006-001호 | **등록일자** 2013년 5월 24일
주소 100-826 서울시 중구 다산로16길 25, 3층(신당동, 한흥빌딩) | **전화** (02)2234-7117
팩스 (02)2234-1086 | **홈페이지** www.1n1books.com | **이메일** khg0109@1n1books.com
값 18,000원 | **ISBN** 978-89-6060-601-2 03320

원앤원북스는 ㈜원앤원콘텐츠그룹의 경제 · 경영 · 자기계발 브랜드입니다.
잘못 만들어진 책은 구입하신 서점에서 교환해 드립니다.
이 책을 무단 복사, 복제, 전재하는 것은 저작권법에 저촉됩니다.

이 도서의 국립중앙도서관 출판시도서목록(CIP)은 e-CIP홈페이지(http://www.nl.go.kr/ecip)에서
이용하실 수 있습니다.(CIP제어번호 : CIP2015035862)

성을 쌓고 사는 자는
반드시 망할 것이며
끊임없이 이동하는 자만이
영원히 살아남을 것이다.

• 돌궐제국 명장 톤유쿠크의 비문 •

들어가며_21세기 산업의 새로운 지평을 찾아서 … 12

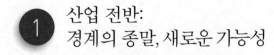

산업 전반:
경계의 종말, 새로운 가능성

희미해져가는 경계들 … 17

변화의 가속화와 희미해지는 경계 17 | 변화의 근본적 동인은 디지털 기술이다 19 |
기존의 경계선이 희미해지는 양상 21 | 흐려지는 경계에서 발생하는 역동성 29 |
경계의 종말이 가져오는 새로운 가능성과 새로운 경계 34

정보화에 앞섰듯이 디지털은 선도해야 한다 … 36

경계선에서 생동하는 새로운 에너지 36 | 고체, 액체에서 기체 형태로 급변하는
산업구조 38 | 창조와 융합의 원동력은 무엇인가? 42

 제조업:
제조업의 미래

변화하는 세상에서 물건 만들기 ··· 47

제조업에서의 중요한 변화 47 | 소비자 수요 속성의 변화 51 | 제품 속성의 변화 54 |
제조업 경제학의 변화 59 | 가치사슬 경제학의 변화 71 | 미래의 제조업 환경에서
항해하기 75 | 새로운 제조업 환경에서 성공의 기회 잡기 88

제조업 생태계 변화를 좇아라 ··· 91

한국 제조업, '지는 해'로 전락할 것인가? 91 | 제조업에 부는 변화의 바람과 ICT
기술 92 | 기업 간 협력 패러다임의 엄청난 변화 94 | 제조업의 기본, 모방할 수
없는 기본기 95 | 쏠림보다는 '다름'을 추구할 때다 97

금융:
이륙 준비가 끝난 금융 서비스

금융 서비스를 변화시킬 5가지 메가트렌드 ··· 101

파괴적 혁신과 금융의 미래 101 | 주계좌: 변화하는 고객의 선호도 104 | 지급결
제: 현금 없는 세계 107 | 자본시장: 분산화된 자본조달 플랫폼 110 | 자산관리:
강화된 고객권한 113 | 보험: 증가하는 연결성 117 | 새로운 변화가 부를 장기적
인 트렌드 120

4 보험:
연결된 세상에서의 보험

당신이 아는 것과는 다른 보험 … 125

기존의 보험사를 위협하는 디지털 기술 125 | 손해보험산업의 새로운 킬러 애플리케이션 127 | 킬러 애플리케이션 1: 텔레매틱스 기반 서비스 128 | 킬러 애플리케이션 2: 자율주행차보험 131 | 킬러 애플리케이션 3: 모바일 인터넷 보험거래 133 | 킬러 애플리케이션 4: 가격 비교 웹사이트 134 | 킬러 애플리케이션 5: 사적 단체보험 135 | 킬러 애플리케이션 6: 소셜 보험중개사 138 | 킬러 애플리케이션 7: 사이버리스크보험 140 | 킬러 애플리케이션 8: 공유경제보험 141 | 킬러 애플리케이션 9: 가치 비교 웹사이트 142 | 9가지 킬러 애플리케이션에 어떻게 대응할 것인가? 143

향후 10년의 손해보험산업을 좌우할 디지털 기술 … 147

보험의 '위험'도 진화하고 변화한다 147 | 무한영역의 디지털 시대, 보험의 진화 필요성 149 | 손해보험산업의 9가지 킬러 애플리케이션 150 | 요동치는 변화의 시대, 정부의 기대역할 152

5 유통업:
유통업의 대변혁

선택, 경험, 신뢰의 함양 … 157

유통업의 변화를 주도하는 주요 요인 157 | 유통업체에 대한 시사점 160 | 거대한 변화 속에서의 판매: 유통업의 재정의 162 | 새로운 게임의 규칙: 유통업체를 위한 선택 170 | 온라인과 오프라인의 구분을 넘다 171 | 소비자를 놀라게 하고 즐겁게 만드는 '경험시장' 174 | 인프라 제공자로서의 기존 유통업체 176 | 신뢰받는 대리인으로서의 기존 유통업체 178 | 유통업 환경을 동원하기 180 | 기존의 유통업체가 명심해야 할 것들 181

6 소비재:
소비재 트렌드 내비게이팅

2020년 소비재 트렌드 … 185
과거의 운영모델은 무용지물이 된다 185 | 변화에 뒤처지면 미지의 땅을 떠돈다 189 |
현재와 미래에 예상되는 5가지 소비재 트렌드 191 | 경로를 계획하다: 폭풍우를 헤
치며 나아가다 196 | 변화에 맞춰 모든 힘을 다해야 한다 204

융합의 시대, 소비재 유통기업의 생존전략 6가지 … 206
새로운 플랫폼과 사업모델의 등장 206 | 빅데이터 분석에 기초한 새로운 고객경
험의 제공 207 | 공유경제 하에서 소비재 유통기업의 대응 전략 수립 209 | 3D
프린팅 기술 발전에 보조 맞추기 210 | 비즈니스 전략 수행과 비용 효율성에 균형
맞추기 212 | 정부의 관련 규제에 적극적으로 참여하기 214 | 시장 어댑터에서
모빌라이저로의 변모 215

7 인지 기술:
생각하는 사람과 쇼핑객

인지 기술이 소비재의 부가가치를 창출한다 … 219
가치를 창출하는 새로운 방법 219 | 인지 기술이란 무엇인가? 221 | 소비재의 인
지 기술: 때가 왔다 222 | 인지 기술은 소비자에게 어떤 혜택이 되는가? 224 | 소
비재의 인지 기술 적용 분야 234 | 소비재를 위한 인지 기술의 미래 234

8 운송업: 디지털 시대의 운송업

스마트 모빌리티의 혁신적인 5가지 트렌드 ⋯ 241

운송에 대한 수요 증가 241 | 디지털 시대의 운송 트렌드 242 | 사용자 중심: 선택은 아름다운 것 244 | 통합과 지능화: 정확한 정보의 생성 248 | 가격책정과 지불방식: 새로운 동적 가격책정 253 | 자동화와 안전: 여행경험의 재구성 257 | 공공 및 민간부문의 혁신: 새로운 접근법 261 | 디지털 시대의 운송, 미래를 내다보다 263

IoT, 다음 산업혁명을 견인할 수 있을 것인가? ⋯ 267

'초연결 시대'라는 새로운 세계가 열리고 있다 267 | 사업 가치창출을 위한 6가지 전략 268 | IoT의 다음 단계 잠재력에는 한계가 없다 274

9 에너지: 커넥티드 배럴

IoT를 통한 석유와 가스 전략의 변화 ⋯ 279

데이터의 분유정 이용하기 279 | 사업 우선순위와 연동하기 281 | 상류부문: 다양한 데이터 집합을 동질화하기 285 | 중류부문: 정보의 송유관 289 | 하류부문: 이제는 외부에서 내부로 292 | 고리 완성하기 297

석유 · 가스산업 패러다임을 바꾸는 IoT ⋯ 301

국내 에너지 · 자원산업의 현황과 대내외적 도전 301 | 에너지 · 자원산업과 IT산업의 융 · 복합 303 | IoT를 통한 석유 및 가스산업 혁신 306 | 에너지 · 자원 기업, 이렇게 변해야 한다 308

'신재생'을 필두로 한 산업부문 간 가치사슬 수행 ⋯ 309

고통스러운 '전환'의 시대, 기회는 있다 309 | 자원가격 하락과 에너지 전환 310 | CO_2 감축을 위한 배출권과 신재생에너지 311 | 성장하는 신재생에너지사업 313 | 우리의 경쟁력은 어디쯤에 있는가? 315

10 의료:
2020년 의료와 생명과학 전망

디지털 의료로 까다로운 소비자를 만족시키다 … 319

낙관적 관점을 견지한 2020년에 다가올 미래 319 | 2020년의 의료 소비자 320 | 2020년의 의료 서비스 제공 시스템 324 | 2020년의 웨어러블과 모바일 의료기기 327 | 2020년의 빅데이터 331 | 2020년의 규제 준수와 환자 안전 335 | 2020년의 연구개발 338 | 2020년의 의약품 상업화모델 340 | 제약기업의 조직 343 | 2020년의 신흥시장의 새로운 사업모델 346 | 2020년의 기업행동이 기업의 명성에 미치는 영향 349

2020년 한국 의료시장의 3대 키워드 … 353

한국 의료시장의 3가지 큰 변화 353 | 한국 의료 서비스의 글로벌화 국면 354 | 한국인 의료비 지출 늘고 국민건강보험 보장률은 축소 356 | 원격 진료가 가져올 의료 유통 혁신 358

11 공공분야:
커넥티드 정부와 IoT

공공분야에서의 예측, 감지, 그리고 대응 … 365

새로운 IoT 역량이 어떻게 가치를 창출하는가? 365 | 새로운 기술, 새로운 가치 366 | 정부의 IoT 적용 369 | 교육: 학급관리에서 개인지도로 전환 372 | 공공치안: 더 빠르고 적극적인 위기 대응 374 | 유틸리티: 수자원 보호를 위한 생태계 구축 378 | 개인정보와 보안 382 | 비전의 실현 385

창조마을에서 커넥티드 시티까지, 핵심은 '커넥티드' … 388

인간은 지배할 것인가, 지배당할 것인가? 388 | 정부 3.0, 국민 행복시대를 열 수 있는가? 389 | 커넥티드된 공공부문의 기여와 가치 391 | 커넥티드 시티 시대, 진화속도는 가속화된다 391 | 정보 보안으로 인간의 존엄과 가치를 보호해야 한다 393

나오며_새로운 시장 진입자의 공격은 위협이자 기회다 … 394

『경계의 종말』 저자와의 인터뷰 … 402

21세기 산업의
새로운 지평을 찾아서

　　우리나라 대표산업들의 경쟁력 약화에 대한 경고등이 켜졌다. 1960년대 이후 산업화 과정에서 형성되어 2000년대 초반부터 글로벌 기업으로 성장한 대표기업들의 성장성과 수익성이 정체되는 장기형 불황의 징후가 나타나고 있다. 기업들의 사업재편을 지원하고 신규사업 진출을 활성화하기 위한 규제 완화, 노동시장 유연화 등의 제도 개혁도 부진해 우려가 커지고 있는 상황이다.

　　딜로이트 글로벌과 미국경쟁력위원회는 2015년 12월 '글로벌 제조업 경쟁력 지수 보고서'를 발표했다. 2020년 제조업에서 미국이 중국을 제치며 다시 1위로 올라서고 독일·일본이 각각 3·4위로 현재 위치를 지키는 가운데 인도가 급부상하고 베트남·인도네시아 등 동남아 국가들이 약진하는 반면 우리나라는 하락을 예상했다. 미국은 셰일가스 등 에너지 주도권 확보, 정보기술IT과의 융합 등으로 제조업 경쟁력을 회복했고, 독일은 인더스트리 4.0, 일본은 스마트 제조업 등 21세기형 혁신 추진이 경쟁력 유지의 요인으로 평가되었다.

1997년 우리나라 산업을 일본의 앞선 기술과 중국의 풍부하고 저렴한 노동력의 틈새에 끼여 있다는 의미에서 '호두까기 넛크래커nut-cracker'로 지칭했으나 지금은 위아래에서 두들겨 맞는 '샌드백' 상황에 비유한다. 중국에 가격은 물론 기술력까지 뒤지는 가운데 일본은 엔저低를 배경으로 가격경쟁력도 회복하고 있기 때문이다. 이러한 위기 상황을 돌파하고 산업강국으로서의 위상을 회복하기 위해서는 21세기 산업 패러다임 전환의 테마인 글로벌·스마트·디지털·융합의 관점에서 정부의 제도 개혁과 기업의 혁신이 병행되어야 한다.

딜로이트는 1845년 영국에서 창립한 이래 170년 동안 산업혁명과 정보혁명의 현장에서 고객들을 지원하며 경영 및 회계분야의 세계 최대 전문서비스 기업으로 성장해왔다. 제조·금융·유통·에너지 등 모든 산업분야의 글로벌 고객들에게 서비스를 제공하고 있는 세계 150개국 23만 명의 전문가들의 경험과 지식을 다양한 형태의 보고서로 발간해 기업들과 공공기관의 변화와 혁신을 지원하고 있다.

이 책은 21세기의 디지털-융합을 테마로 급진전되고 있는 최근의 산업 패러다임 변화에 대해 딜로이트 글로벌 최고의 전문가들이 작성한 보고서를 주요 산업별로 소개하고, 딜로이트 안진회계법인과 컨설팅의 각 산업별 리더들이 우리나라 산업과 기업의 관점에서 나아가야 할 방향에 대해 기술하고 있다. 최근 우리나라 경제와 산업 전반적으로 재편을 통한 활로를 모색하는 시점에서, 딜로이트의 경험과 지식을 민간과 공공부문의 리더들과 나누어 21세기 산업의 새로운 지평을 찾아 함께 미래로 나아가기를 바란다.

함종호 총괄대표 | 딜로이트 안진회계법인 | 딜로이트 컨설팅

1부

산업 전반:
경계의 종말, 새로운 가능성

생태계란 역동적이며 공진화하는 사회로,
다양한 참여자들은 정교해지는 협동과 경쟁의 모델을 통해
새로운 가치를 산출한다. 전통적으로 비즈니스의 진화를 결정지었던
오랜 경계와 제약이 허물어지면서 새로운 생태계가 등장하고 있다.

1

희미해져가는
경계들

변화의 가속화와 희미해지는 경계

기업환경은 항상 역동적이고 복합적이다. 지난 수 세기 동안 기업환경은 급작스럽거나 점진적으로 혹은 항상 변화하면서 세계를 재구성해왔다. 1900년에는 유럽 국가들이 세계를 주도했으며 대영제국에만 전 세계 인구의 25%인 4억 명이 살았다. 대부분의 사람들은 외국 땅을 밟아보지도 못했고, 출생지에서 50마일 이상 떨어진 곳을 여행하는 경우도 드물었다. 인구의 80% 이상은 농장이나 촌락 공동체에서 살았다. 당시 가장 부유한 국가였던 미국 국민들의 평균 기대 수명은 47세였고, 인구의 약 7%가 고등학교를 졸업했으며, 1%가 상장회사의 주식이나 뮤추얼펀드를 보유하고 있었다. 그리고 여성의 19%만이 경제 활동에 참여했다. 전기 사용 가구는 3%였고, 수돗물 사용 가구는 30% 미만이었다. 계몽주의 시대 이후 과학적 지식과 기술이 크게 발전했지만, 오늘날의 기준으로 봤을 때 사람들은 원시적인 수준에 머물러 있었다.

하지만 세상은 급변하고 있었다. 다음은 1900년부터 1905년까지의 사건들이다. 코닥Kodak이 최초로 일반인이 사용 가능한 소형 카메라인 브라우니Brownie를 선보였고, 굴리엘모 마르코니Guglielmo Marconi가 대서양을 건너는 무선통신에 성공했으며, 미국에서는 수백만 명의 사람이 최초의 '니켈로디언Nickelodeon(소형극장)'에서 최초의 극영화를 관람했다. 키티호크Kitty Hawk에서 라이트 형제가 첫 비행에 성공했고, 허버트 부스Hubert Booth가 최초의 현대식 진공청소기를 발명했으며, 일본의 신생 화투생산 기업이었던 닌텐도Nintendo가 해외 수출을 시작했다. 또한 헨리 포드Henry Ford가 자신의 이름을 딴 자동차 회사를 설립했고, 존 플레밍John Fleming이 실용적인 진공관을 발명했다. 어니스트 러더포드Ernest Rutherford와 프레더릭 소디Frederick Soddy가 방사능에 대한 일반이론을 발표했으며, 26세인 알베르트 아인슈타인Albert Einstein은 상대성이론을 발표하고 광자의 존재를 가설로 제시했다. 단시간에 일어난 이러한 사건들은 신지식의 출현, 역량과 잠재력의 급속한 확장을 가능하게 해준 출발점들이었다.

오늘날 우리가 당면하는 혼란스러울 정도의 엄청난 변화는 새로운 현상이 아니다. 20세기를 살아간 앞선 세대들도 현재보다 더 크고 급속한 변화를 견디고 발전의 결과를 향유했다. 다만 앞으로 이러한 변화가 더욱 빨라질 것이라는 점은 분명하다. 현재 지식과 기술은 상호작용해 융합되면서 발전을 가속하는 촉매 역할을 하고 있으며, 전 세계로 빠르게 확대되는 고등교육의 결과로 다양한 전문분야에서 수

18

천만 명의 새로운 지식근로자가 생겨나고 있다. 그리고 사람과 지식, 기술의 연결성이 높아지면서 나타나는 융합현상들이 학습과 혁신을 더욱 가속하고 있다.

하지만 오늘날의 변화는 빠른 속도에 국한되지 않고 각 부문 간의 경계 자체를 없애고 있다는 점이 두드러진 특징이다. 지금까지 기업·경제·사회의 진화를 결정했던 기존의 경계와 제약이 희미해지고 심지어는 와해되고 있다. 그 결과 엄청난 가능성과 잠재력의 새로운 시대가 펼쳐지고 있다. 전례 없는 기회가 기업가와 혁신가의 열정을 불러일으킨다. 이러한 기회는 기존의 리더와 기업이 미래의 가능성을 확신하고 적극적으로 행동에 나설 필요가 있음을 의미한다.

변화의 근본적 동인은 디지털 기술이다

다양한 변화요인에 따라 세계 경제는 다른 양상을 보인다. 국가, 공공단체, 시민단체, 기업이 각자의 목소리를 높이면서 새로운 요구가 분출하고 규칙이 정립되고 있다. 지속가능성이라는 과제와 인구 변화, 글로벌 '신흥 중산층'의 성장이 기업 혁신의 중요한 원천이 되고 있다. 모험적이면서 사회적 영향력 확대를 추구하는 '디지털 네이티브' 세대에서 출발한 사회·문화적 변화가 곳곳에서 일어나고 있다. 새로운 협력과 교류방식이 새로운 조직 형태, 기업모델, 그리고 인재 활용에 대한 기존과는 다른 접근방식을 등장시킨다. 진일보한 기업에 대한 사회적 기대와 감시가 규제환경을 재정립하고, 다양한 산업에서 '운영 및 확장에 관한 자격'을 요구한다.

이 모든 것을 촉진하는 것은 급속한 기술 발전이다. 최근 몇십 년 간 변화의 주요 원천은 기술, 특히 디지털 기술이었다. 미국 작가인 스튜어트 브랜드Stewart Brand가 말했듯이 컴퓨터 기술은 과거의 기술 과 같지 않아 각각의 기술 발전 단계가 다음 기술의 더 빠른 발전에 기여하는 '자가촉매적 반응', 즉 자가촉진을 한다. 애플Apple이 차세대 매킨토시 컴퓨터를 설계하기 위해 크레이Cray 슈퍼컴퓨터 한 대를 구 입했다는 이야기를 듣고, 세이모어 크레이Seymour Cray는 자신도 차세 대 크레이 컴퓨터를 설계하기 위해 매킨토시를 구입했다고 말했다. 또한 컴퓨터는 엔지니어링, 재료과학, 나노기술, 생명공학과 같은 다 른 분야에도 촉매 역할을 하고 있다.

무어의 법칙Moore's Law(컴퓨팅 능력의 기하급수적인 성장과 비용 하락 현상을 정의한 법칙)은 언젠가 한계에 부딪힐 것이라는 예측에도 불 구하고 50여 년간 지속되어 왔으며 앞으로도 당분간 지속될 것으로 보인다. 하지만 컴퓨터 발전 속도가 느려진다고 해도 디지털 파괴적 혁신의 환경은 이미 성숙되었다. 인터넷이 산업구조에 들어오기 시 작한 것이 20년 미만이며, 광대역 접속의 속도가 전화식 모뎀을 앞 선 것도 10년 전이다. 디지털 경제를 위해 설계된 스마트폰과 태블 릿 PC와 같은 모바일 기기가 도입된 것은 약 7년 전이며, 이후 클라 우드 컴퓨팅과 클라우드 데이터 저장이 사용가능한 수준으로 발전했 다. 최근에는 소프트웨어 '애플리케이션'의 기능과 적용범위가 확대 되면서 기업과 개인의 활동방식을 변화시키고 있다. 현재는 인터넷 이 사람들을 서로 연결했듯이 사물들을 연결하는 사물인터넷Internet of Things, IoT이 도약할 준비를 마쳤다. 그리고 인공지능이 발전해 방대한 분량의 데이터를 분석하고 해석하는 능력이 성장함으로써 강력하고 새로운 통찰적 관점과 예측능력을 제공할 것이다. 경제의 디지털화가 가지는 영향력은 이미 막대하다. 하지만 우리는 디지털화의 위력을 이제야 보고 느끼기 시작한 단계다.

기존의 경계선이 희미해지는 양상

기업은 점점 더 복잡하고 역동적이며 높은 적응력이 필요한 생태계에서 운영되고 있다. 생태계의 작동원리와 향후의 진화 방향을 적절히 인식하고 예측하기 위해서는 피드백 고리^{feedback loop}, 저량^{stock}과 유량^{flow}, 규모 및 네트워크 효과, 멱함수 법칙^{power law} 등과 같은 다양한 현상을 이해해야 한다. 이 중에서 가장 중요한 변화는 이미 진행 중이다. 그 변화는 바로 기업 대부분의 관계와 교류, 가능성을 결정지어온 근본적인 경계가 빠르게 희미해지고 허물어지고 있다는 점이다.

역사적으로 지리적·과학적·기술적·제도적·문화적 경계의 이동은 지대한 결과를 낳았다. 계몽주의 시대와 산업혁명 시대에서 볼 수 있듯이 다양한 경계가 동시에 이동하는 경우, 인간의 진보는 새로운 연결·가능성·아이디어의 창출을 통해 놀라운 약진을 겪으며 큰 발걸음을 내딛는다.

지난 몇십 년 동안 지속되어왔던 기존의 수많은 경계가 희미해졌다. 산업과 하위부문이 서로 수렴하면서 20세기 초반에 규정되고 체계화된 경계의 명확한 선이 흐려지고 회사 간, 회사 내 경계가 약화되었다. 전통적으로 한 분야에 전문화하던 기업들이 고객의 높아진 기대치를 충족시킬 수 있도록 좀더 완전한 '솔루션'과 매력적인 경험을 선보이기 위해 다른 분야와 통합을 추구하면서 상품과 서비스 간의 오래된 구분도 깨지고 있다. 예전부터 존재했던 거대 조직과 소규모 조직 간 역량의 커다란 차이 또한 지속적으로 줄어드는 추세다.

금전적 보상이 있는 직업과, 재미와 취미를 향한 열정 사이의 경계가 무너지고 있음을 수많은 사람들이 경험하고 있다. 심지어 민간, 시민, 공공부문 간의 역할과 기여도의 경계조차 희미해지고 있다. 기업은 예부터 시장가치를 중심으로 삼고, 시민은 도덕 및 사회적 가치를 중심으로 삼았으며, 정부는 법을 정립하고 공공재를 제공했다. 하지만 오늘날에는 외부성이 시장 기반의 솔루션을 통해 내부화됨에 따라 민간·시민·공공의 세 부문이 새로운 파트너십과 협력을 통해 (종종 또 다른 경계의 와해를 감안해 공유한 목표를 추구해) 통합되고 점점 더 상호의존하고 있다. 소비에트연방의 몰락에 따른 무역정책의 자유화는 국가 간 경계를 약화시켰고, '선진경제'와 '신흥경제'를 나누던 뚜렷한 경계선도 흐려지게 만들었다. 과학과 기술분야 전역에서 이루어지는 상호교류와 협력의 증가는 수많은 지식의 경계를 허물어뜨린다.

이러한 현상은 이미 거의 모든 분야와 기업에 영향을 끼치고 있으며, 특히 다음 3가지 핵심적 경계 소실 현상의 영향력은 더욱 커질 것으로 전망된다.

인간과 기계의 경계 와해 현상

인간이 발명한 기술로 제작된 기본적인 도구는 인간의 노동력을 대체하는 동시에 확장시켜왔다. 산업혁명은 단순노동을 기계화했고,

이러한 과정은 제조업 분야의 다양한 혁신으로 연결되었다. 정보혁명으로 인지적 영역에서도 자동화가 이루어졌다. 소프트웨어 알고리즘이 체계화되고 규칙을 바탕으로 한 절차와 전문기술을 담아내면서, 더욱 빠르고 저렴하게 신뢰할 수 있는 비즈니스 운영이 가능해졌기 때문이다.

한편 1960년대에 제너럴 모터스General Motors Company가 최초로 산업용 로봇을 도입한 이후, 기계의 영향력은 점진적으로 비단순 업무로까지 확대되었다. 예를 들어 미국 해군은 최근 다양한 감지 및 동작능력을 갖춘 화재진압용 2족보행로봇의 시제품을 시험했다. 제너럴 일렉트릭General Electric Corporation은 풍력발전용 터빈에 올라가서 유지 · 보수작업을 수행하는 로봇을 설계하고 있다.

기계는 육체노동과 단순 업무를 더욱 잠식할 것이다. 그리고 이제는 역사적으로 자동화 추세에서 예외적이던 비단순 인지 영역에서도 새로운 변화를 일으키는 경계 와해 현상이 나타나고 있다. 기계학습과 자연어 처리, 지식 표현, 기계 간 통신, 자동추론과 같은 인공지능이 빠르게 발전하기 때문이다. 이와 관련된 투자가 2009년 이후 170억 달러를 넘어섰고, 개인 투자는 매년 62%씩 증가하고 있다.

애플의 음성인식 소프트웨어인 시리Siri는 자연어 인식 기능으로 발음된 단어를 해석하고 명령을 수행한다. 구글Google 번역 기능은 매달 5억 명이 넘는 사용자가 적극적으로 이용하고 있으며, 현재 '대화모드' 기능을 제공해 실시간 이중언어 대화가 가능하다. 자율주행차는 이미 수백만 마일의 도로주행 테스트를 수행했다. 법적 분쟁에서 급속히 증가하는 'e-디스커버리(디지털 증거 게시)' 업무를 처리하도록 설계된 소프트웨어인 시만텍Symantec의 클리어웰Clearwell은 언어분석을 통해 불과 몇 시간 내에 수십만 개의 문서를 검토하고 분류한다. 퀴즈쇼 〈제퍼디!$^{Jeopardy!}$〉에서 우승한 IBM의 왓슨^{Watson}은 현재 질병을 발견하고 진단하며 대략적인 환자 치료 계획을 제시한다. 베터먼트 Betterment와 웰스프론트^{Wealthfront}와 같은 자산관리 업체는 자동화된 맞춤형 투자자문을 제공한다. AP 통신은 기업수익 보고서 작성을 자동화하는 시스템을 도입해 기자들이 독창성을 필요로 하는 가치 있는 업무에 더욱 집중할 수 있도록 했다. AP 통신의 부사장 루 페레라^{Lou} Ferrera는 "데이터 처리보다는 저널리즘에 집중하겠다."라고 말했다.

미래에는 점점 더 자동화되는 무인지능의 영향력이 더욱 커질 것이다. 과학자 스티븐 호킹$^{Stephen\ Hawking}$과 기업가 엘론 머스크$^{Elon\ Musk}$처럼 무인지능이 가져올 잠재적 결과에 대해 우려의 목소리를 내놓는 사람들도 많다. 하지만 부정적 영향을 생각하기에 앞서 자동화가 노동 및 단순 인지 업무에 끼쳤던 성장, 생산성, 번영, 그리고 이에 따른 사회적 혼란과 같은 영향을 잠시 되돌아보기만 하더라도 목전에 놓인 변화의 규모가 엄청나다는 것을 이해할 수 있다.

생산자와 소비자의 경계 와해 현상

과거에는 선명했지만 오늘날 급속히 희미해지고 있는 또 다른 경계선은 생산자와 소비자의 구분선이다. 20세기 전반에는 대규모 제조기업들이 새로운 산업 시대를 형성하고 지배했으며, 소비자는 생산자의 결과물을 수동적으로 수용했기 때문에 적극적인 참가자와는 거리가 멀었다. 정보혁명 이전의 소비자들은 소비자 심층조사에 참가하는 포커스 그룹$^{focus\ group}$과 같은 구조를 통해서만 미약하게 목소리를 낼 수 있을 뿐이었다. 심지어 오늘날에도 많은 기업들이 스스로 고객 중심적이라고 주장하지만, 여전히 점점 복잡해지는 생산 과정의 말단으로 고객을 격하하는 '가치사슬'에 근거해 전략을 수립한다.

하지만 생산자와 소비자 간의 오랜 경계가 다양한 방식으로 불분명해지면서 이러한 접근법은 점점 현실과 멀어지고 있다. 수백만 명의 사용자들이 1분마다 300시간에 달하는 콘텐츠를 만들고 공유하는 유튜브YouTube에서 보듯이, 오늘날 우리는 특정 질병이나 취미와 같은 공유된 관심사와 관련된 수많은 공동체, 블로그, 시민 저널리즘, 기타 지식과 의견을 공유하는 포털에 사람들이 모여들어 가치를 높이고 있음을 목격하고 있다. 전 세계에서 가장 인기 있는 10개의 콘텐츠 웹사이트 중 5개가 사용자 제작 콘텐츠에 기반을 둔 것이다.

소비자는 또한 물리적 제품의 생산에 깊이 관여하게 되었다. 드론과 같이 일부 산업에서는 새로운 기술과 접근방식으로 강화된 '제조자maker' 생태계가 실질적으로 제품의 진화를 선도하는 경우도 생겨난다. 또한 많은 기업들이 '공동창조'를 목적으로 플랫폼을 설립하고, 여기에 소비자가 참여해 기존의 제품 카테고리 내에서 설계, 개선, 우선순위 설정에 기여하고 있다.

예를 들어 영국의 스타트업인 메이키랩MakieLab에서는 팹랩FabLab 애플리케이션을 이용해 독특한 3D 프린팅 인형을 고객이 직접 제작할 수 있다. 패션기업인 트레들리스Threadless는 이러한 개념을 성공 기반으로 삼았다. 트레들리스는 소비자가 제안한 티셔츠 도안을 자사 홈페이지에 게시하고, 홈페이지 방문자들의 투표를 통해 생산할 디자인을 선정한다. 전문적인 소프트웨어 테스터들을 대상으로 하는 세계 최대 공개 커뮤니티인 어플로즈Applause와 같은 크라우드소싱crowd sourcing(대중을 제품이나 창작물 생산과정에 참여시키는 방식) 기업의 성공 사례가 늘어나면서 포상과 경연대회를 활용한 접근법은 더욱 확산되고 있다.

최근에는 피어 투 피어peer to peer 네트워크가 확산되면서 개인이 자신의 자산과 기술, 시간을 '공유'할 수 있게 되었다. 예를 들어 에어비앤비Airbnb, 우버Uber, 소모렌드SoMoLend와 같은 기업들이 각각 숙박, 운송, 금융 서비스 분야에서 근본적으로 차별화되고 신속하게 확장할 수 있는 옵션을 제공한다. 이와 같은 네트워크들은 일부 분야에서 과거에 사용되지 않던 자산을 생산성 있게 만들어 사회에 기여하고 있다. 하지만 이러한 네트워크가 경제의 다른 부분으로 퍼져가면서 많은 기존 기업의 사업모델을 위협하게 될 것이다.

소비자는 또한 오늘날 가장 가치 있는 상업자원인 데이터의 대량 생산자이기도 하다. 개인의 검색 결과를 수집하고 종합해 우선순위를 매기는 구글의 데이터 규모를 보면 이를 이해할 수 있다. 또한 개인 선호도에 대한 정보를 수집해 비슷한 취향의 사람들에게 상품을 추천하는 아마존Amazon의 '협업 필터링'도 있다. 그리고 기업이 점점 고객에게 자신이 원하는 상품과 서비스, 경험을 맞춤화할 수 있게 하면서 더욱 많은 분량의 개별적이면서도 집단적인 데이터를 축적하게 될 것이다. 우리의 삶이 점점 디지털 무대로 이동하면서 우리 일상생활의 모든 행동과 선택 과정에서 잠재적 가치를 지닌 생생한 데이터를 산출하고 전달할 것이다. 하지만 이는 새로운 기회뿐 아니라 새로운 딜레마를 동반할 수 있다.

물리적 세계와 디지털 세계의 경계 와해 현상

디지털화의 초기 단계인 50년 전부터 정보기술은 비즈니스 프로

26

세스를 자동화해서 물리적 경제에 영향을 끼치기 시작했다. 인터넷의 출현이 이러한 과정의 속도, 범위, 규모를 증대시키면서 '전통적인' 물리적 경제와 '새로운' 디지털 경제가 구분되기 시작했다. '전자상거래'는 기존 '상거래'와는 차이가 있었고, '오프라인 매장brick and mortar'은 '온라인'과 구분되었다. 하지만 이러한 경계 역시 최근에는 빠르게 희미해지고 있다.

유통업계에 '클릭 앤 모르타르click and mortar'와 '옴니채널omni-channel'이라는 개념(오프라인 매장과 웹사이트를 동시에 운영함)이 등장한 것은 더욱 '스마트'해진 사물의 형태로 물리적 세계와 디지털 세계가 빠르게 하나로 통합되고 있음을 나타낸다. IoT는 센서·구동계·무선접속의 기능 향상과 가격 하락, 그리고 인터넷 프로토콜 주소체계인 IPv6의 적용 확대와 같은 여러 요인으로 인해 가능해졌다. 멀리 떨어진 기기나 물체와 인프라를 연결함으로써 IoT는 원격 실시간 감지뿐만 아니라 자동으로 조정하고 제어해 성능을 최적화하는 한편, 더 많은 데이터를 산출한다. 예를 들어 네스트Nest 학습형 온도조절기는 집에 사람이 있는지 감지하고, 시간대에 따른 개인의 온도 기호를 파악해 그에 따라 온도를 조절한다. 그리고 모든 가정에서 파악한 내용을 종합해 얻은 대규모 패턴에 따라 알고리즘을 지속적으로 개선한다.

IoT는 경제 전반으로 퍼지고 있다. 가트너Gartner는 인터넷에 연결된 사물(스마트폰과 태블릿 PC 제외)이 2020년에 약 260억 개에 이를 것이라고 예측한다. 시스코Cisco와 모건 스탠리Morgan Stanley는 각각 500억 개와 750억 개로 예상하고 있다. 의료 서비스부터 보안에 이르기까지 모든 부문에서 변화가 있을 것이다.

하지만 IoT가 물리적 세계와 디지털 세계의 경계를 희미하게 만

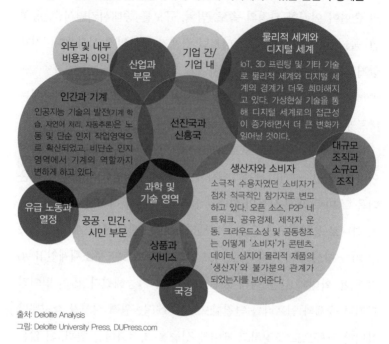

그림 1 **기업환경과 경제 영역에서 빠르게 희미해지고 있는 근본적 경계들**

외부 및 내부 비용과 이익

산업과 부문

기업 간/ 기업 내

물리적 세계와 디지털 세계
IoT, 3D 프린팅 및 기타 기술로 물리적 세계와 디지털 세계의 경계가 더욱 희미해지고 있다. 가상현실 기술을 통해 디지털 세계로의 접근성이 증가하면서 더 큰 변화가 일어날 것이다.

인간과 기계
인공지능 기술의 발전(기계 학습, 자연어 처리, 자동추론)은 노동 및 단순 인지 작업영역으로 확산되었고, 비단순 인지 영역에서 기계의 역할까지 변하게 하고 있다.

선진국과 신흥국

대규모 조직과 소규모 조직

생산자와 소비자
소극적 수용자였던 소비자가 점차 적극적인 참가자로 변모하고 있다. 오픈 소스, P2P 네트워크, 공유경제, 제작자 운동, 크라우드소싱 및 공동창조는 어떻게 '소비자'가 콘텐츠, 데이터, 심지어 물리적 제품의 '생산자'와 불가분의 관계가 되었는지를 보여준다.

과학 및 기술 영역

유급 노동과 열정

공공·민간· 시민 부문

상품과 서비스

국경

출처: Deloitte Analysis
그림: Deloitte University Press, DUPress.com

드는 유일한 기술은 아니다. 3D 프린팅은 간단하지만 맞춤형 주문 제작이 가능한 오운폰Ownfone의 모바일폰부터 우주 공간에서 프린팅이 가능한 나사NASA의 장비에 이르기까지 다양한 물건을 디지털 파일을 이용해 만들 수 있다. '프린트 가능한' 소재 범위의 혁신적 기술의 등장으로 3D 프린팅의 발전은 가속될 것이다. 예를 들어 오가노보Organovo는 현재 의약품 테스트 용도로 제약업체에 판매하는 축소된 인간의 간 조직을 프린트하며, 호주 연구진은 줄기세포를 프린트하는 방법을 파악하고 있다. 이는 실험실에서 배양하는 심장 및 뇌의 실현에 상당히 근접한 수준이다. 오토데스크Autodesk는 최근에 자사의 메멘토^{Memento} 소프트웨어를 무료 공개 베타버전으로 제공해 비전문가도 물리적 사물의 디지털 이미지(스캔 혹은 사진)를 3D 모델로 변환해 물리적으로 프린트할 수 있도록 했다.

미래에는 가상현실 기술의 발전이 점점 더 실제와 같은 '대체' 디지털 세계의 도래를 가능하게 하면서 물리적 세계와 디지털 세계의 경계가 더욱 흐려질 것이다. 오늘날 가상현실은 주로 게임공간에 적용되고 있지만, 최근 페이스북^{Facebook}이 오큘러스^{Oculus} VR을 20억 달러에 인수한 사실은 사회적 관계를 유지하고 정보를 공유하면서 훨씬 많은 디지털 '실'을 삶이라는 물리적 '천'에 수놓는 것처럼 실제 같은 디지털 세계와 물리적 세계가 연결된 미래가 도래할 것을 시사한다.

흐려지는 경계에서 발생하는 역동성

경계는 일반적으로 제약을 만들어 선택과 활동을 제한하고 효율성을 감소시킨다. 즉 오래된 경계와 제약은 한계를 만들지만 명확하다는 특징이 있다. 수십 년간 경계와 제약은 명확한 정의와 집중해야 할 대상을 알려주고, 무엇이 가능한지를 제시하며, 경쟁우위의 원천을 명확히 보여줄 뿐 아니라 사업전략과 운영의 핵심요소를 알려주었다.

반면에 경계가 약화되면 새롭고 놀라운 기회가 확대되며 격변이 발생한다. 흐려진 경계는 경제와 그보다 더 넓은 사회에 대한 새롭고 놀라운 가능성을 만들고, 주목할 만한 혁신과 기업가 정신을 이룰 수 있게 한다. 동시에 과거 산업을 주도하던 기존 기업에게 새로운 도전 과제를 제기한다. 성공적인 리더는 사이버 보안과 데이터의 '공정한 사용'과 관련해 더욱 시급해진 문제들을 해결하고, 인재를 적소에 배치하고 확보할 수 있는 최적의 방법을 강구하며, 가능한 한 넓은 선택범위를 유지하면서 전략에 대한 역동적인 접근법을 채택해야 할 것이다.

사이버보안과 데이터

물리적 세계와 디지털 세계 간의 흐려진 경계는 변화의 근본적인 동인이 되어 우리 삶의 전반을 재형성하는 데이터와 가능성을 만들고 있다. 동시에 이는 중요하지만 해결되지 않은 2가지 과제를 준다. 첫째는 안전하고 공개된 전 지구적 인터넷을 유지하는 것이며, 둘째는 우리가 매일 수많은 방법으로 생산하는 막대한 데이터의 적절한 사용법을 결정하는 것이다.

인터넷의 여러 위험 중 가장 심각한 것이 '해킹'이라는 점에는 이견의 여지가 없다. 해킹은 재미로, 불법적인 이득을 위해, 비밀정보에 접근하기 위해, 심각한 혼란이나 피해를 초래하기 위해, 혹은 다양한 사상적 이유로 인해 이루어진다. 2014년에 파악된 사이버 공격 건수는 매일 12만 건을 돌파하며 약 50% 증가했으며, 명의도용(70% 증가)과 사이버보안(60% 증가)이 미국인에게 보안과 관련한 가장 핵심적인 관심사였다. 버락 오바마Barack Obama 대통령이 2015년 국정연설에서 이와 같은 문제에 대한 정부와 기업 간 협력의 필요성에 대해 강조함으로써 향후 몇 년간 공동의 우선순위와 혁신이 더욱 강조될 것이다.

이와 유사한 협력과 혁신이 데이터 영역에서도 포착, 소유, 분배, 수익 창출과 관련해 일어날 것이다. 앞으로 몇 년 안에 더욱 많은 데이터가 생산될 것이며, 애널리틱스는 계속해서 더욱 영리해지고 예측력이 높아지며, 가치창출의 기회가 확대될 것이다. 하지만 중요한 사생활 관련 문제, 차별을 위해 데이터를 사용할 때 발생하는 윤리적 문제, 시민들의 활동을 통해 생산된 데이터에 대한 소유권과 가치회수를 둘러싼 갈등의 문제가 발생하고 있다.

과거에 데이터가 제대로 보호되지 않아 도난 혹은 해킹을 당하거나, 관리자에 의해 데이터가 부적절하게 활용되면서 신뢰가 크게 손상되는 사건이 발생했었다. 이러한 일은 미래에 더욱 빈번해질 것이다. 그 결과로 잃어버린 대중의 신뢰는 더욱 값비싼 대가를 요구하고 있고, 고객과 공동창조한 데이터를 보다 가치 있는 자산으로 여기는 기업이 늘어나면서 이 문제는 빠르게 기업의 과제로 부각되고 있다.

진화하는 조직설계와 인재모델

현존하는 조직은 30년 전과 비교했을 때 큰 차이가 있다. 변화하는 기업환경 때문에 혁신, 민첩성, 회복력이 더욱 중요해지면서 조직구조도 변했다. '명령과 통제'를 하는 계층이 많이 줄어들었고, 고립되어 있던 많은 내부부서가 연결되고 통합되었다.

핵심역량이 우선시되고, 비핵심부문은 정교화된 공급사슬에 배정되거나 아웃소싱 혹은 가상화되었으며, 핵심적인 비즈니스 프로세스들이 자동화되었다. 디지털 기술과 연결성의 증가로 진전된 이러한 변화의 여정은 아직 끝나지 않았다. 생태계 전반에서 가치창조의 중요성이 커지면서 조직은 효과적인 네트워킹, 협력, 유동성을 갖추기 위해 계속 최적화할 것이다.

최근에는 특히 인재모델이 진화하고 있다. 오직 필요한 만큼의 인재와 계약을 맺는 것이 일반화되는 반면 장기고용은 감소하고 있다. 인튜이트^{Intuit} 보고서에 따르면 2020년에는 6천만 명 이상의 미국인이 디지털 시대의 '임시고용' 노동자가 될 것으로 추정된다. 선도적 글로벌 기업들의 인사부서 임원 중 87%가 인재 확보 전략을 바꾸거나 변화를 모색하고 있다. 그리고 밀레니엄 세대의 70%가 자신들의 경력 중 일부는 독립적으로 일할 수 있기를 바란다.

크라우드소싱과 경연을 가능하게 해주는 인프라가 빠르게 성장하고 있다. 특정 업무들은 점점 더 태스크래빗^{TaskRabbit}이나 아마존 메커니컬 터크$^{Amazon\ Mechanical\ Turk}$를 통해 하청으로 처리된다. 이랜스^{Elance}와 오데스크^{oDesk}를 이용해 전체 프로젝트를 계획하고 책임을 분배할 수 있다. 발명 아이디어를 쿼키^{Quirky}를 통해 크라우드소싱하고 설계하며 상업화할 수 있다. 수만 명의 창작자 플랫폼인 통갈^{Tongal}을 통해 마케팅 니즈를 해결할 수 있다. 인재모델은 일부 지식 업무가 자동화되면서 더욱 변화할 것이다. HCL테크놀로지$^{HCL\ Technology}$와 위프로^{Wipro} 같은 기업은 이미 인공지능이 소프트웨어 테스트와 IT 지원 기능으로까지 확대되면서 기존의 '피라미드' 체계를 '모래시계' 체계가 대체할 것이라고 말한다.

역동적 전략

기업의 리더는 전략에 대한 새로운 접근법을 채택해야 한다. 성공적인 비즈니스 전략을 수립할 때는 분명한 목표를 설정하고, 어디에서 활동할지와 어떻게 승리할지에 대한 충분한 정보를 바탕으로 한 통합된 대안들을 만들어야 하며, 이러한 목표의 달성을 지원할 수 있는 필수 역량들을 갖추는 데 초점을 맞춰야 한다. 알아둘 점은 경계가 희미해지면서 가치창조를 위해 선택할 수 있는 분야가 현저히 증가하고 있다는 것이다.

비즈니스 세계에서 승리하기 위해서는 경쟁뿐만 아니라 협력도 점점 더 중요해지고 있다. 필수 역량을 반드시 소유하거나 직접 통제할 필요는 없다. 가치 확보가 더 어려운 과제가 되면서 새로운 사업모델이 필요한 경우가 많아졌기 때문이다. 민첩성 향상에 대한 강조는 전략이 빠른 유연성과 적응력을 갖추어야 함을 의미한다. 그 결과, 전략에 대한 접근법은 이미 분명해진 다양한 방법을 통해 진화할 것으로 보인다. 기업 외부와의 관계의 중요성을 충분히 고려한 기업모델을 고안하고 적용하는 일이 중요하다.

이에 따라 이익 확보를 위한 다양한 사업모델이 도입될 전망이다. 구독방식 기반의 가격 책정, '프리미엄freemium' 서비스, 소액결제 등이 그 예시다. 지금까지 철저하게 보호해온 독점적 데이터의 공개에 기반해 기업들이 공동으로 전략을 입안하는 공유 접근법이 대형 유통업체와 납품업체 사이에서 나타나고 있다.

또한 로열 더치 셸Royal Dutch Shell이 45년 전 처음 개발하고 적용했던 대안적 미래에 대한 시나리오 도출기법이 더욱 일반적으로 사용될 것이다. 추가 예산을 책정 받은 CIO들 사이에서 빅데이터와 애널리틱스가 이미 최우선 투자항목이 되고 있는 가운데, 변화의 방향에 대한 초기 징후를 포착하고 전략의 역동적인 변경을 가능하게 만들기 위해 점점 더 방대해지는 데이터에 대한 스마트 분석의 중요성은 커질 전망이다.

경계의 종말이 가져오는 새로운 가능성과 새로운 경계

오랫동안 군건했던 경계의 대규모 침식으로 새로운 가능성들이 발견되고 활용될 것이다. 그리고 또 다른 도전과제를 제시하는 새로운 경계들도 분명히 생길 것이다. SF 소설 작가인 윌리엄 깁슨^{William Gibson}은 "미래는 이미 와 있다. 단지 널리 퍼져 있지 않을 뿐이다."라고 했다. 우리는 이미 여러 경계를 아우르는 강력한 생태계들이 한때 별개의 영역이었던 컴퓨팅, 통신, 미디어를 변환시킨 것을 이미 목격했다. 디지털화의 확산으로 우리는 경제 전반에 걸쳐서 유사한 융합현상과 역동성을 기대할 수 있다. 현재 임시 '팝업' 레스토랑과 유통 아웃렛이 증가하듯이 미래에는 '팝업' 기업이 나타나지 않을까?

어쨌든 작가인 클레이 셔키^{Clay Shirky}가 지적했듯이 '조직이 없는 조직화'의 가능성이 점점 커지고 있다. 자동화가 비단순 인지 업무영역에 지대한 영향을 끼치기 시작했듯이 인공지능이 창의성의 세계에 영향을 끼치지 않을까? 소프트웨어 프로그램은 이미 갤러리에 전시될 만한 독특한 그림을 그려내고, 음악을 작곡하기까지 한다.

새로운 경계들 역시 이미 가시화되고 있다. 소비에트연방이 몰락한 이후에 지정학적으로 조성된 긴장이 다시 한 번 나타나고 있는 것 같다. 인간사에 분열을 초래하는 원리주의적 신념체계의 결과가 비극적이라는 사실이 증명되고 있는 것이다. 다시 말해 전 세계적으로 '부자'과 '빈자' 사이의 격차가 어느 정도 줄어들고 있는 반면, 어마어마한 부를 차지하고 있는 세계 최상위 부자들과 나머지 방대한 대다수 간의 간극이 점점 큰 문제가 되고 있다(가장 부유한 10명이 약 5천억 달러의 재산을 소유하고 있다). 역동적인 경제는 쉬지 않고 기업가

정신을 실현하는 사람에게 큰 보상을 준다. 이러한 세계에 제대로 대비한 사람들과 변동 없이 안정적인 고용체계에 익숙한 사람들을 가르는 새로운 경계가 그어지지 않을까? 오래된 경계와 마찰이 사라짐에 따라 새로운 경계와 마찰의 출현은 불가피할 것이다.

하지만 우리가 함께 공유하고 있는 이 행성에서 어떻게 공존할지를 깨우친다면 미래는 밝다. 가능성 있는 새로운 기술, 즉 훨씬 효과적인 자산과 자원 활용부터 전문성과 열정의 협력적 결합에 이르기까지 아담 스미스Adam Smith의 '보이지 않는 손'을 스마트화하고 강화해 더욱 지속가능하고 번영하는 전 지구적 문명을 탄생시킬 것이다. 이러한 미래는 우리 가까이에 있다. 하지만 아직 우리의 손이 미치지 않았을 뿐이다. 이를 향해 나아가는 것은 현재와 미래의 리더들이 공유해야 할 가장 큰 가치와 도전이다.

에이먼 켈리 Eamonn Kelly는 딜로이트 컨설팅의 디렉터이며 전략 및 운영 사업부의 CMO다. 그는 20년이 넘는 기간 동안 다양한 산업의 선도 기업, 주요 글로벌 기관 및 국가 공공기관에 자문을 제공해왔다. 2권의 책을 집필하고 다수의 기사를 기고하는 등 변화와 불확실성에 대처하는 통찰과 새로운 방법론을 전파하고 있다.

2

정보화에 앞섰듯이
디지털은 선도해야 한다

경계선에서 생동하는 새로운 에너지

울릉도와 독도 주변 해역처럼 난류와 한류가 만나는 조경수역潮境水域
에는 황금어장이 형성된다. 무거운 한류가 아래쪽으로, 가벼운 난류
가 위쪽으로 이동하면서 풍부해진 산소와 플랑크톤이 물고기들을 불
러모은다.

　바다에서 한류와 난류의 경계선이 에너지가 분출되는 권역을 이루
는 것처럼, 인간의 역사에서도 특정 지역문명이 다른 문명과 만나면
서 조성되는 긴장과 갈등, 협력관계를 통해 새로운 에너지가 생겨나
는 역동적인 시기가 있었다. 오랫동안 다른 문명과 접촉하지 않고 발
달해온 고대 이집트, 남아메리카의 잉카와 아즈텍 문명의 경우 나름
대로 높은 수준을 이룩했음에도 불구하고 외부 문명과 만나면서 단

기간에 쇠퇴해버렸다. 이는 다른 문명과의 경계선에서 지속적인 접촉을 통해 발생하는 자극과 긴장을 발전적 에너지로 흡수하지 못하는 문명은 발전에 한계가 있다는 방증이기도 하다.

산업과 기술도 마찬가지다. 고대에 시작된 농업은 철기를 만드는 금속기술과 접목되면서 생산성이 비약적으로 높아졌고, 전통 가내수공업은 엔진과 모터를 접목한 근대적 공장으로 변모하면서 산업혁명으로 발전했다. 이처럼 기존의 산업은 다른 산업에서 발달한 새로운 기술에 의해 산업 간의 경계선이 약화되고 섞이는 과정을 통해 새로운 에너지가 생겨나고, 새로운 지평으로 확장해나간다. 이러한 양상은 20세기 후반 정보화 혁명으로 더욱 촉발되었고, 21세기에 들어서는 더욱 빠르고 광범위하게 확산되는 융합-디지털 혁명으로 진화하고 있다.

1960년대부터 본격적으로 시작된 우리나라의 산업화도 외부 개방을 통해 경계선이 확대되고 가능성이 확장되는 과정이었다. 좁은 내수시장을 벗어나 넓은 해외시장을 최초로 시야에 넣고 수출을 시작하는 시장 개념의 확대였다. 초기에 풍부한 숙련노동에 기반한 경공업으로 시작해 이후 조선·기계·화학 등 중화학 공업으로 전환하고, 1990년 후반부터 본격화된 정보화 혁명의 기회를 활용해 반도체와 스마트폰 등의 분야에서 글로벌 리더로 올라섰으며, 이제는 가수 싸이의 〈강남 스타일〉로 대표되는 K-pop과 온라인 게임으로 확장되고 있다.

특히 기존 가전산업의 강자였던 일본, 미국의 회사들을 제치고 후발주자였던 우리나라 기업들이 디지털 제품군에서 지배적 위치를 차지한 것은 음향·영상·통신 등이 전통적인 아날로그 기술에서 디지털 기술로 전환되는 산업 간 경계 이동의 변곡점을 정확하게 이해하고 활용한 결과다. 이제 '1970년대 중화학 공업으로의 전환' '1990년대 정보화 혁명 활용'이라는 2개의 변곡점을 성공적으로 통과한 우리나라 산업은 융합-디지털 혁명이라는 새로운 도전에 직면해 있다. '산업화는 늦었지만 정보화는 앞서가자.'라는 과거의 슬로건을 '정보화에 앞서간 만큼 융합-디지털을 선도하자.'로 업그레이드해야 할 시점이다.

고체, 액체에서 기체 형태로 급변하는 산업구조

산업과 제품의 수명주기가 길었던 과거의 산업은 고체와 같았다. 일단 산업구조와 지배적 기업이 형성되면 오랫동안 유지되었다. 그러나 20세기 후반에 출현한 글로벌 시장과 정보화 혁명은 산업구조를 액체처럼 바꾸어놓았다. 경쟁범위가 넓어지고 산업과 제품의 수명주기가 짧아지면서 역동성이 높아졌으며, 특히 IT 기술의 발달은 분리되어 있던 산업을 통합시켜 산업 간의 경계선을 흐려지게 했다. 그 과정에서 기존에는 무관해보였던 영역의 혁신이 전이되면서 산업구조의 격변을 유발하는 양상이 생겨났다. 방송과 통신이 융합되고, 스마트폰이 등장하면서 카메라, 내비게이션, 게임기 시장은 타격을 입었다.

　21세기에 들어서서 본격화된 융합-디지털 혁명으로 산업환경은 기체로 변화하고 있다. 내연기관 기반의 자동차가 전기구동 인공지능 디바이스로 발전하면서 100년간 유지된 산업 질서의 변화를 보여주

38

고, 드론으로 대표되는 무인 자율 이동체는 군사부터 방송, 엔터테인
먼트, 레저산업, 심지어 무인 민간 항공기로까지 확장되고 있다.

SNS로 조밀하게 연결된 소비자들은 전 세계 사람들과 실시간으
로 제품과 서비스에 대한 취향과 평가를 공유하면서 공급자에 대한
신속하고 강력한 피드백을 제공한다. 나아가 다양한 상거래 플랫폼
에서 개별적 차원을 넘어서 소비자, 공급자, 유통업자의 역할에 직접
참여하고 있다. 또한 과거에는 전통적인 규제산업으로 분류되었던
금융산업에서조차 핀테크FinTech(첨단 기술을 활용한 새로운 형태의 금융
기술)를 활용한 비금융회사의 결제서비스 진입, 크라우드 펀딩 등 집
단지성에 기반한 금융중개업이 등장하고 있다.

여기에 축적된 자본을 활용한 중국 기업들의 적극적인 M&A까지
가세해 그야말로 언제 어디서 어떤 형태의 경쟁자가 나타나고 산업
구조가 변화할지를 예측하기 어려운 기체와 같은 산업환경의 변화가
지속되고 있다. 이런 환경에서 우리나라 기업들이 기존의 방식으로
는 경쟁력을 유지하기 어려울 것이며, 새로운 경계선을 찾아나갈 용
기와 지혜가 필요한 시점이다. 핵심 키워드는 융합과 연결, 플랫폼과
생태계다.

기존 산업의 융합: 디지털 기술의 접목을 통한 경쟁력 향상

1990년대 정보화 혁명은 2가지 방향으로 전개되었다. PC, 서버,
반도체, 네트워크 장비 등 IT 산업이 태동하고 성장하면서 IT 기술
이 기존 산업에 BPRBusiness Process Reengineering로 접목되어 프로세스를
혁신하고 변화시키며 다시 IT 산업을 성장시키는 상호촉진 방식이
었다. 철강, 정유, 시멘트 등 전통적 중후장대重厚長大 산업은 물론 패

션, 유통 등 경박단소輕薄短小 산업들도 겉보기에는 비슷하지만 속으로는 모두 정보 기술에 기반한 프로세스와 조직구조로 변모했다. 우리나라에서도 급성장하고 있는 자라, H&M 등 SPA 패스트 패션은 기존 의류산업이 BPR로 효율성을 향상시키는 데서 한 걸음 더 나아가 BPR을 기반으로 새로운 업태가 만들어진 사례다.

2000년대의 융합-디지털 혁명도 유사한 양상으로 전개되고 있다. 새로운 산업이 태동하고 발전하면서 다시 기존 산업을 변화시키는 식이다. 구글 맵스의 위치 기반 서비스와 '스트리트 뷰'가 합쳐진 내비게이션 기능이 센서 기술 및 인공지능과 결합해 자율주행차로 상용화 단계에 들어선 것이 대표적인 사례로, 기존 자동차 기업의 핵심 기술이 내연기관과 변속기에서 인공지능과 배터리 분야로 이동하고 있다.

아날로그와 디지털 경계선에서의 경쟁력 확보

과거에 물리적 공간에서 이루어지던 쇼핑은 인터넷이 보급된 이후 온라인 시장에서 급성장했다. 스마트폰이 보급되기 시작하면서 성장한 모바일 쇼핑은 온라인과 오프라인이 융합되는 양상으로 발전하고 있다. 소비자는 온라인을 통해 상품을 탐색하고 선호도를 결정한 후, 오프라인에서 물건을 확인하고 구매하는 방식으로 쇼핑을 한다. 이렇게 온·오프라인 간 경계가 희미해지고 상호작용이 커지는 옴니채널이 보편화되고 있다. 우버, 카카오택시 등도 옴니채널의 전형적 사례. 온라인에서 디지털로 서비스를 검색해 의사결정이 진행되고, 실제 서비스는 오프라인·아날로그 방식으로 택시가 고객을 태우고 목적지로 가는 방식이다.

기존 기업들도 과거 BPR의 개념을 심화시켜 디지털 모바일 기술로 내부 프로세스를 재편하고 있다. 고객과의 접점을 스마트폰 앱으로 전환하고, 내부 직원들의 업무과정도 앱을 활용해서 처리한다. 과거에는 내부에 정보 인프라를 구축했으나, 이제는 클라우드 방식의 외부 인프라 활용 비중을 높여 운영비를 절감하는 시도도 광범위하게 이루어지고 있다.

제품과 서비스의 융합 관점에서 업의 재규정

IoT의 발달과 디지털 인프라의 확장은 제품과 서비스의 융합을 통해 새로운 가치를 확보할 수 있는 가능성을 높여주고 있다. 이런 배경에서 세계 최대 제조기업 GE는 2020년까지 세계 10대 소프트웨어 회사로의 변신을 천명했다. IoT 기술을 적용해 GE의 주요 판매제품을 모두 네트워크로 연결하고, 가동상황을 파악하고 분석해 최고 수준으로 관리함으로써 고객에게 더 큰 가치를 제공하겠다는 전략이다. GE 항공부문은 이미 판매되는 항공기 엔진에 센서를 부착해 관리해주고 있는데, 1회성 제품을 판매하는 것보다 수명이 30년에 이르는 엔진에 제공하는 정비 서비스에서 창출되는 수익이 훨씬 많을 것으로 예상한다.

우리나라에서 확대되고 있는 안마의자, 정수기 등 일반소비재의 렌탈도 제품과 유지보수 서비스를 결합한 개념이다. 제품이 복잡해지고 수명주기 변동성이 높아질수록 제품과 서비스의 융합 트렌드는 더욱 강해질 것으로 예상된다.

플랫폼과 연관된 개방형 사업모델

애플이 2001년 음악 유통 플랫폼인 아이튠즈^{iTunes}를 시작해 큰 성공을 거두면서 플랫폼 사업모델이 등장했고, 구글, 아마존, 페이스북 등이 여기에 가세했다. 이후 다양한 분야에서 다양한 플랫폼이 생겨나면서 플랫폼 형성과 유지능력이 새로운 경쟁우위의 원천으로 부상했고, 개별 공급자와 수요자를 플랫폼으로 수렴하려는 전략과 경쟁도 치열해지고 있다.

플랫폼의 핵심은 개방과 확장, 상호이익이다. 누구나 참여해 이익을 얻을 수 있으며, 참여자가 많을수록 가치도 커진다. 플랫폼을 형성하고 주도할 수 있다면 가장 큰 이익을 얻을 수 있겠지만, 그렇지 못할 경우 플랫폼에 참여해 이익을 얻는 대안도 매력적이기에 다양한 참여자가 모여들게 된다. 이제 기업들은 플랫폼을 주도적으로 만들거나 참여해서 소비자와 공급자를 만나 서로 협력해야 한다.

창조와 융합의 원동력은 무엇인가?

인류의 역사를 관통하는 경제활동의 본질은 가치의 창조와 전달이다. 다만 시대에 따라 창조의 양상과 요소가 달라질 뿐이다. 돌멩이에서 강철로, 가축에서 엔진으로, 하드웨어에서 소프트웨어로 핵심 요소가 변화해왔다. 창조와 융합의 원동력은 이질적인 요소의 만남과 충돌이라는 긴장관계에 있다. 장롱 크기의 라디오가 자동차에 탑재된다는 것을 상상하기 어려웠을 때, 그 가능성에 주목하는 엉뚱한 아이디어와 이를 실현시키는 기술과 지식은 창조와 융합의 과정에서 모두 필요한 것이었다. 스마트폰, 스크린골프, 스마트신발 등 시장에 출시되는 창조형 융합제품들의 개발도 마찬가지다.

21세기 융합-디지털 시대에 들어와서 산업이 발전하고 변화가 커질수록 생태계 및 진화과정과 흡사해지는 양상이 나타난다. 생태계의 상호이익symbiosis, 공진화co-evolution의 개념은 플랫폼 성공의 핵심요인과 일맥상통한다. 이런 점에서 기업 경영자들은 미래 산업구조 변화에 대한 시사점을 얻기 위해 생태계와 진화에 관심을 가질 필요가 있다.

김경준 대표 | 딜로이트 안진 산업연구본부장

2부

제조업:
제조업의 미래

제조업이 지속적으로 가치를 창출하고 지위를 유지하려면
지금껏 해당 산업 내에서 확보한 우위로
변화를 촉발하는 요인들을 이해하고,
구조적 우위를 확보하는 활동에 집중해야 한다.

변화하는 세상에서
물건 만들기

제조업에서의 중요한 변화

2015년 라스베거스 국제전자제품박람회International Consumer Electronics Show, CES에서 퍼스트빌드FirstBuild는 USB 장치 연결이 가능한 오픈소스 기반의 냉장고 칠허브Chillhub를 선보였다. 퍼스트빌드 커뮤니티의 회원들은 USB에 연결하는 소독용 LED 광원, 고속 냉각기, 달걀 요리기 겸용 달걀 보관통 등 50가지 이상의 다양한 USB 활용 아이디어를 내놓았다.

퍼스트빌드는 통상적인 실리콘밸리 스타트업과는 달리 GE 가전사업부에서 혁신제품의 설계, 제작, 시장 테스트를 목적으로 설립한 신생 벤처회사다. 퍼스트빌드는 자동차 제작에 크라우드소싱을 활용하는 소규모 기업 로컬모터스Local Motors와 제휴를 맺었는데, 로컬모터스의 플랫폼을 가전 분야에 활용하려 했다. 이는 초대형 기업 GE가 시장과 밀착하기 위해 스타트업의 속도를 접목시킨 접근법이었다. 퍼스트빌드는 대기업이 기존의 대규모 R&D 시스템의 한계를 인정하고, 벤처기업의 소규모 자본 레버리지 모델의 속도를 접목하려는 시도로, 21세기 제조업에서 진행되는 변화와 대응양상을 잘 나타내는 사례다.

제조업에서의 중요한 첫 번째 변화는 '더 좋은' 제품을 만들어 이익을 얻고 성장했던 시대가 끝났다는 것이다. 낮은 가격으로 높은 품질에 많은 기능을 부가하려는 제조업체의 오랜 노력은 혁신주기가 길던 과거에는 통했다. 하지만 기술 발달 속도가 빨라지고 제품 수명주기가 단축되면서 기존 제품의 개선을 통한 가치창출의 기회가 줄어드는 21세기에는 다른 이야기가 된다.

제조업체는 이제 새로운 가치창출 영역을 찾아야 한다. 가치의 개념을 판매 시점에서만 발생하는 현상으로 한정하지 않고 사업활동과 사업모델 전반으로 확장시켜, 제품 판매에 대한 고민이 아닌 소비자가 제품을 사용하면서 창출되는 가치의 일부분을 어떻게 획득할 것인지 고민해야 한다. 넷플릭스Netflix가 TV를 매개체로 하는 비디오 스트리밍으로 가치를 창출하고, 집카Zipcar · 우버 같은 기업들이 자동차를 주문형 이동도구로 전환해 가치를 창출하고 있다.

두 번째는 병렬적 변화다. 이는 제조업 공급사슬 상류부문의 규모 확대, 하류부문의 분산화라는 2가지 요소가 결합되어 발생한다. 한때는 규모의 경제가 필수였던 산업에서도 소규모 제조업체가 성공할 수 있게 되었다. 가치의 창출과 획득을 위한 새로운 방법을 찾는 경쟁에서 신생기업의 작은 규모와 민첩성이 오히려 대기업을 능가하는 경쟁우위가 되고 있다. 또 기존 기업 중 일부는 분산화된 소규모 업

그림 1 제조업의 4가지 변화

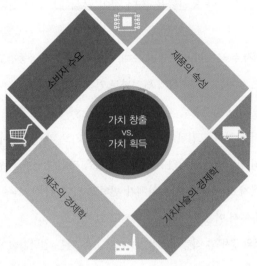

소비자 수요

제품의 속성

가치 창출
vs.
가치 획득

제조의 경제학

가치사슬의 경제학

출처: Center for the Edge
그림: Deloitte University Press, DUPress.com

체의 확산을 시장기회로 인식하고, 이들에게 특정 분야의 지식을 공유하는 플랫폼, 부품 공급 등의 서비스를 제공하고 있다. 이러한 변화로 틈새 사업자와 대규모 사업자를 모두 포괄하는 생태계가 형성될 것으로 예상된다.

이런 2가지 거시적 변화에 대응해 제조업체는 산업의 진화를 촉진시키는 역동성을 이해해야 한다. 기존 대기업은 새롭게 부상하는 도구, 기술, 플랫폼을 어떻게 활용할 수 있는가? 제조업 분야의 한 축을 차지한 타 산업의 기업에서 제조업체는 무엇을 배울 수 있는가? 그리고 미래의 제조업 환경에서 기업은 수익성 있고 지속가능한 역할을 어디서 확보해야 하는가?

이러한 질문을 염두에 두고, 다음 4가지 영역에서 각 영역에 영향을 미치는 트렌드와 요인들을 좀더 깊이 탐색해보고자 한다.

- **소비자 수요:** 소비자의 권리 증대, 개인화, 맞춤화, 공동창조에 대한 니즈 증가는 틈새시장의 활성화로 연결되고 있다.
- **제품:** 기술발전으로 제품 모듈화가 가능해지고, 연결성이 증가되면서 과거의 고립된 제품이 '스마트' 기기로 바뀌고 있다. 재료공학의 발전으로 복잡하고 다양한 기능을 가진 첨단제품 생산이 가능해지고, 제품의 속성 자체가 변하고 있다. 많은 제품이 물리적 소유에서 이용의 개념으로 바뀌고 있다.
- **제조의 경제학:** 적층제조법(3D 프린팅)과 같은 첨단기술이 확산되며 저비용에 빠른 속도로 소량 다품종 생산이 가능해지고 있다.
- **가치사슬의 경제학:** 디지털 기술은 제조와 소비를 융합시키면서, 전통적 거래중개자의 입지를 좁히고 있다.

이러한 각각의 변화로 가치창출은 더욱 어려워지고, 가치획득은 더욱 절실해지는 복합적인 사업환경이 만들어지고 있다. 본고에서는 기존 기업 및 신규 진입자 모두가 이러한 변화에 효과적으로 대응할 수 있는 방안을 제시하려 한다. 특히 규모가 큰 시장 참가자는 시장 변화의 시급성을 파악하고, 가장 유망한 사업모델에 집중하며, 타인의 역량을 활용해 성장기회를 추구하고, 새롭게 떠오르는 영향점 influence points을 식별하고 가능하다면 장악까지 해야 한다. 성공으로 향하는 길은 각 사업마다 차이가 있지만, 분명한 것은 열린 기회를 최대한 활용하려면 새로운 방식으로 생각하고 접근해야 한다는 점이다.

소비자 수요 속성의 변화

핀터레스트Pinterest(시각적 아이디어와 이미지의 수집 및 공유를 위한 인기 '스크랩북' 사이트)나 엣시Etsy(개인 수공업자들을 위한 대규모 온라인 장터 플랫폼)를 방문해보면 소비자 수요의 변화를 직관적으로 느낄 수 있다. 핀터레스트는 소비자들의 욕구를 보여주고, 엣시는 이를 만족시켜주는 역량을 갖추고 있다. 소비자들은 점점 더 자신들의 필요에 딱 들어맞는 개인화되고 맞춤화된 제품을 찾고 있다.

크리스 앤더슨Chris Anderson은 저서 『롱테일 법칙The Long Tail』에서 수요곡선의 고점에 해당하는 주류 상품과 시장이 수요곡선의 '긴 꼬리long tail'를 구성하는 다양한 틈새시장으로 대체되고 있다고 설명했다. 아이튠즈와 안드로이드 같은 플랫폼과 앱 모델의 확산은 틈새 수요의 증가와 이를 충족시켜 가치를 획득하는 능력의 결합을 보여준다.

개인화와 맞춤화

개인화와 맞춤화는 과거에도 존재했지만 이는 고성능 자동차의 맞춤제작과 같이 부유층의 전유물이었다. 그러나 디지털 기술, 특히 인터넷 덕분에 더욱더 많은 소비자가 개인화와 맞춤화를 저비용으로 공급받을 수 있게 되었다. 소비자 시장이 수많은 틈새시장으로 분화된 결과, 규모의 경제보다는 범위의 경제를 통해 시장에서 원하는 제품을 제공할 수 있는 제조업체에 더 많은 기회가 주어진다.

이런 틈새시장 중 하나가 '작은 집 운동tiny home movement'이다. 작은 공간에서 거주함으로써 비용의 절감 또는 이동성의 증가를 추구하는 소비자들은 제한된 공간에 맞추어진 제품을 찾고, 소형에 기능이 많으며 미학적으로도 앞선 제품을 선호한다. Apartmenttherapy.com과 tinyhouseblog.com에서는 이런 소비자 커뮤니티를 대상으로 매력적인 아이디어와 특색 있는 주거공간을 홍보하고 있다. 이케아IKEA 같은 대중 가구업체 또한 이러한 변화에 주목하고 있다.

맞춤화와 개인화를 통해 변화하고 있는 또 다른 틈새시장이 장애인 커뮤니티다. 점점 더 많은 스타트업이 장애인을 위한 기술을 개발하고 신제품을 제조해 저렴한 가격으로 맞춤화 또는 개인화된 제품을 제공하고 있다. 리챌Lechal은 인도 하이데라바드시에 위치한 하드웨어 스타트업으로, 시각 장애인에게 촉각 피드백을 제공하는 기기들을 제조하고 있다. 예를 들어 신발 밑창에 내장시킨 전자장비의 진동을 통해 방향을 안내하는 기능을 제공하고 있다. 또한 많은 기업이 주류시장을 위해 설계한 기술을 틈새시장에서도 활용하고 있다. 이네이블Enable은 3D 프린터 소유자와 의수·의족이 필요한 어린이들을 연결시켜주는 플랫폼을 개발했고, 인쇄 가능한 맞춤 의수·의족 제조를 위해 오픈소스를 기반으로 설계도를 개발했다.

창조자로서의 소비자

소비자는 또한 제품의 개발과정에 참여하려 하는데, 특히 구상단계의 참여에 적극적이다. 이러한 현상은 수동적 수용자에서 적극적 참가자로 소비자 정체성이 변화했음을 나타낸다. 제조자와 소비자의 경계가 희미해지고 있는 것이다.

이러한 트렌드를 보여주는 현상이 '제조자 운동maker movement'이다. 레고에 중독된 어린이부터 열정적으로 뜨개질을 하는 사람, 전자기기 매니아부터 최근 급부상하는 제품 설계자까지 모든 계층에서 DIY 공예활동과 자체 제조활동이 급성장하고 있다. 일부 소비자는 실질적으로 제조자의 길을 걷고 있으며, 소비가 아닌 창조에서 보람을 느낀다. 다른 이들은 직접 제품을 제조하지는 않지만, 좋아하는 제품을 구매하는 협력자로 참여하면서 자신의 정체성을 찾는다. 자체 제조한 창작물과 맞춤화한 물건을 판매하는 제조자가 늘어날수록 관련 플랫폼과 틈새시장 공급자의 생태계가 더욱 활성화될 것이다.

제조자 운동과 관련해 가장 크고 잘 알려진 행사인 메이커 페어 Maker Faire 는 메이커 미디어 Maker Media 에 의해 2005년부터 시작되었다. 이후 2014년까지 전 세계에서 100개 이상의 메이커 페어가 열리고 있고, 샌프란시스코와 뉴욕에서 개최되는 대규모 행사에는 20만 명 이상의 관람객이 몰린다. 미국 전역에 걸쳐 200개 이상의 '해커 공간 hacker space'이 사용자들에게 목재·철재·플라스틱·천·전자부품 등으로 제품을 만드는 데 필요한 도구와 공간을 제공하고, 공통의 관심사를 가진 다른 참가자와의 의사소통을 지원한다.

소비자에서 창조자로의 정체성 변화는 브랜드 인식에도 영향을 미치고 있다. 많은 소비자는 단순한 마케팅 차원을 넘어 사용하는 제품과 더 진지한 관계를 맺기를 원한다. 이러한 충동이 엣시와 같은 수공예 장인과 구매자를 연결해주는 새로운 유통채널의 성장뿐만 아니라 지역상품 구매 운동의 활성화로도 이어졌다.

이렇게 변화하는 환경에서 한정된 품목의 대량생산에만 의존하는 제조업체는 어려움에 처할 위험이 높다. 따라서 새로운 제조업 환경에서 자신들의 위치와 소비자에게 제공하는 가치에 대해 다시 생각해야 한다.

제품 속성의 변화

소비자 수요의 변화에 대응해 제품의 속성도 변하고 있다. '멍청한' 제품이 연결성·지능·반응성이 높아지는 방향으로 '똑똑해'진다. 동시에 소비자가 제품을 보고 사용하는 방식도 변화해 제품의 가치를 결정하는 요인과 기업이 가치를 획득하는 방식이 재정의되고 있다.

과거에는 제품 제조사가 차지했던 이익의 대부분이 소프트웨어 플랫폼 소유주, 제품의 유용성을 높이는 '킬러 앱' 제작자, 또는 제품으로 얻는 빅데이터에서 인사이트를 도출하는 기업으로 이전될 것인가? 제품이 생성하고 전송하는 데이터가 증가함에 따라 앞으로 제품 자체는 얼마나 가치를 가지게 되고, 제품이 생성하는 데이터 또는 거기서 도출되는 인사이트는 얼마나 많은 가치를 가지게 될 것인가? 그리고 제3자 파트너가 추가적인 기능을 더할 수 있는 생태계에서 중심점인 물리적 플랫폼으로서의 제품에 대해 제조기업은 어떠한 선택을 할 수 있을 것인가?

멍청한 사물에서 스마트한 기기로의 변화

2015년 CES에서는 100종에 가까운 스마트워치와 건강·활동량 측정기가 선보였다. 가장 간단한 수준의 기기는 사용자의 활동을 단순히 기록하고, 복잡한 기기는 사용자의 호흡패턴을 추적하고 신체 구성성분을 측정한다.

이러한 제품은 자가측정 운동quantified self movement에 대한 좋은 사례인데, 이 운동 참가자들은 첨단 기술을 이용해 자신들의 일상생활 데이터를 추적·분석하고 있다. 차세대 장비는 의류나 액세서리 내에 통합되는 진정한 웨어러블 기기로 발전할 것이다.

활동량 측정기 같은 첨단 기술을 기반으로 한 제품의 부상은 물리적 측면에서 나타난 변화의 한 측면일 뿐이다. 가까운 장래에 많은 '멍청한' 제품이 IoT의 영향을 받아 '스마트'해질 것이다. 센서, 전자장비가 구석구석 스며들어 과거에는 아날로그였던 업무와 프로세스, 기계장비의 운영이 디지털 인프라로 편입될 것이다.

'스마트' 제품의 진화는 제조업체에게 다양한 도전과제를 제시한다. 모든 제품이 스마트화되지는 않겠지만, 특정 기업이 하드웨어와 소프트웨어 모두를 자체 개발하기는 더욱 어려워지고 있다. 제품에서 소프트웨어의 중요성이 하드웨어만큼 중요해지는 환경에서 제조업체는 스마트 제품에서 가치를 창출하기 위해 4가지 측면에서 사업모델을 검토해야 한다. 그것은 바로 통합 소프트웨어, 소프트웨어 플랫폼, 플랫폼에서 작동하는 앱, 데이터 통합과 분석이다.

통합 소프트웨어는 하드웨어가 요청하는 모든 기능을 처리하며, 소프트웨어 플랫폼은 통역자로서 앱의 요청에 따라 하드웨어를 관리한다. 이런 '플랫폼+앱' 모델은 폭넓은 범위의 맞춤화와 개인화를 가능하게 하며, 변화하는 소비자 니즈에 따라 제품을 손쉽게 업데이트할 수 있게 해준다.

제품에서 플랫폼으로의 변화

소프트웨어 산업에서 플랫폼 중심 사업모델이 성공을 거두면서 제조업체는 제3자가 부가적 모듈을 추가할 수 있는 제품의 가능성을 재검토하고 있다. 통상 '플랫폼'이라고 하면 소프트웨어 관점에서 생각하는 이유는 최근의 대표적인 성공 사례가 iOS와 안드로이드 앱 플랫폼이기 때문이다. 이들은 '협력을 통한 성장모델'로서 플랫폼을 확장시켜주는 프로그램의 범위와 가치가 커질수록 플랫폼을 탑재하는 기본 모듈인 스마트폰의 매출 또한 증가한다는 논리다.

그러나 플랫폼은 디지털 세상 밖의 전통적인 제품에도 존재할 수 있다. 제3자의 참여와 상호작용을 촉진하는 표준과 통제모델을 갖춘 모든 환경은 플랫폼이 될 수 있다. 성공적인 플랫폼은 공통의 인터페이스와 플러그인 아키텍처를 통해 진입 비용과 리스크를 감소시켜 혁신의 속도를 높이고, 비용을 낮춘다. 또한 플랫폼 참가자가 많아질수록 피드백 연결은 풍성해지고, 시스템의 학습 및 성과개선 역량도 더욱 커진다. 맞춤화와 개인화의 시작점인 플랫폼 제품이라는 관점을 제조자 운동은 받아들이고 있다. 예를 들어 이케아의 가구제품군은 제품을 취향에 맞게 고쳐서 사용하는 소비자에 의해 더욱 확장되고 있다. 이들은 개조가구의 사진과 작업 방법을 웹사이트 www.ikeahackers.net에 게시하고 있다.

미래지향적인 제조업체는 이러한 현상을 단순한 주변적 활동이나 브랜드에 대한 위협이 아닌 새로운 마케팅 기회로 인식한다. 열정적인 참여자들이 구성되어 투자도 일정 규모 이상인 커뮤니티와 연계해 플랫폼 제품의 개념을 사업전략 수준으로 확장하고 있다. 2013년에 시작된 MIT의 Vehicle Design Summit 연례 경진대회는 10개 팀을 초청해 표준화된 5가지 하부시스템을 조합해 자동차를 만드는 대회다. 보조 동력장치와 연료, 차체, 대시보드, 서스펜션, 차대chassis의 표준 하부시스템의 조합 방식에 따라 10만여 개의 조합이 가능하다.

구글의 프로젝트 아라Ara는 모듈화된 스마트폰의 상용화가 목적이다. 아라 스마트폰의 구조는 9개의 구획으로 나눠져 있고, 각 구획별로 틈새시장을 표적으로 한 모듈의 장착 및 교환이 가능하다. 구글은 다양한 모듈을 개발할 제3의 제조사들을 모집하고 있다. 계획된 모듈에는 충전기·화면·카메라·스피커·저장장치, 그리고 혈당 측정 모니터와 심전도계 같은 의학용 기기가 포함되어 있다. 스마트폰 앱이 무한대로 맞춤화될 수 있다면 스마트폰의 부품도 맞춤화될 수 있을 것이다.

제품에서 서비스로의 변화

제품은 어디서 끝나고 서비스는 어디서 시작되는가? 이는 오래된 질문이다. 지금까지 사업 전략가들은 기업에게 문제를 해결해주는 제품이 아닌 문제 해결 자체에 집중하라고 조언해왔다. 그러나 오늘날 컴퓨팅 및 디지털 저장장치의 가격이 하락하고, 언제 어디서나 인터넷 연결이 가능하며, 커넥티드 기기가 급격히 증가해 디지털 인프라가 확장되면서 제품에서 서비스로의 전환을 근본적으로 재고할 수 있는 실질적 기회가 생기고 있다. 이런 경향은 '제품'이 실물이 아닌 분야에서 분명히 나타난다. 이미 어도비Adobe, 오토데스크Autodesk, 마이크로소프트Microsoft는 소프트웨어를 월간 사용방식으로 제공하고 있다. 동시에 기업 소프트웨어 시장에서는 기업이 보유한 IT 하드웨어와 소프트웨어가 클라우드 기반의 SaaSsoftware-as-a-service로 대체되고 있다.

물리적 제품을 서비스로 새롭게 개념화할 수 있는 기회도 생겨난다. 예를 들어 디지털 인프라는 '공유경제'의 활성화를 촉진하고 있다. 소유에서 접근, 즉 협력적 소비로 초점이 이동하고 사용의 경제 economics of usage 개념도 제품에서 서비스로 이동하면서 우버나 에어비앤비와 같은 기업이 탄생했다. 또한 공구, 주방용품, 그리고 사용빈도가 낮은 제품의 공유서비스를 제공하는 스타트업도 늘어나고 있다.

제조업체가 사업모델을 재조정하고, 서비스와 결합시켜 제품의 속성을 재정의할 수 있는 기회는 아직 많이 있다. GE는 제품에서 서비스로의 변화에 성공적으로 대응하고 있는 대표적인 기업이다. 개당 2천만~3천만 달러에 달하는 항공기 엔진의 판매는 복잡하고 시간이 오래 걸리며 마진도 적지만, 30년의 엔진 수명주기 동안 제공하는 정비 서비스에서 창출되는 수익이 훨씬 많다. 이를 감안해 GE는 '시간당 파워Power by the Hour'라는 명칭으로 제품 판매에서 서비스로 전환하는 프로그램을 도입했다. GE는 장비 대금이나 서비스의 사용 건수가 아닌 엔진의 사용시간에 따라 정비비용을 청구한다. 엔진에 장착된 센서는 실시간 사용량, 분석 데이터, 문제발생 데이터를 측정·기록한다. 해당 전문가팀이 전 세계를 긴급출동 구역으로 삼으면서 항공기 엔진의 가동률은 상당폭 상승했다.

소비자 시장에서도 솔라시티Solar City는 태양전지판을 단순 판매하는 대신 고객들에게 제품 구매가격과 설치비용을 융자해주면서 정기적으로 서비스 비용을 청구하는 렌탈방식을 도입했다. 이러한 사례는 다양한 규모의 기업들이 제품과 서비스를 융합한 사업모델을 개발해 해당 시장을 잠식하고 있음을 보여준다.

제품들이 '스마트'해지고 연결되고 공동 제작되며, 심지어 서비스로 변환됨에 따라 물건의 제조와 판매만으로 가치를 창출한다는 개념은 구시대의 유물이 되고 있다. 제품 속성의 변화가 가치창출에서도 변화를 일으키고 있다. 앞으로의 가치는 연결성, 데이터, 협력, 피드백 고리, 그리고 학습에서 창출될 것이다.

제조업 경제학의 변화

최근까지 제조업은 상대적으로 참가자가 적고 진입 장벽이 높아 경쟁이 어려운 분야였다. 초기 투자에 막대한 비용이 들고, 제품이 최종 소비자에게 도달하기까지 수많은 중개상을 거쳐야 했다. 그러나 기술과 공공정책이 변하면서 정보·자원·제품의 자유로운 흐름을 가로막던 장벽이 낮아지고 있다. 시장 진입, 상업화, 학습의 장벽이 무너지면서 공급사슬에서 거래중개인의 지위 또한 약화되었다. 한편 적층제조법(3D 프린팅), 로봇공학, 소재공학의 첨단 기술 발전과 융합은 제조 가능한 제품의 범위와 제조방식을 더욱 확장시키고 있다.

이러한 상황과 소비자 수요패턴의 변화가 결합해 시장의 분산화가 더욱 심화되며, 소비자와 직접적인 접촉이 이루어지는 가치사슬 하류부문에 위치한 제조사의 역할이 커지고 있다. 상류부문에서는 대형 제조기업이 규모의 경제의 우위를 활용해 소규모 기업에게 서비스와 플랫폼을 제공하기 위한 통합을 시도할 것이다.

기하급수적인 기술 발전

지난 50년 동안 18~24개월마다 컴퓨터의 연산속도가 2배로 발전해온 현상을 무어의 법칙이라고 한다. 컴퓨터는 계속 기하급수적으로 작아지고 빨라지고 저렴해지고 있다. 이러한 성장패턴은 마이크로프로세서의 영역에만 국한되지 않는다. 기하급수적인 성장 잠재력을 가지는 유망한 분야에는 3D 프린팅, 로봇공학, 소재공학 등이 포함된다. 이러한 기술과 타 기술의 융합은 역량, 유용성, 접근가능성의 획기적 개선을 가져올 수 있는 잠재력이 있다.

적층 제조기술: 3D 프린팅으로 잘 알려진 적층 제조기술^{Additive} Manufacturing, AM은 물질을 쌓아 올려 물체를 제조하는 기술들을 포괄적으로 이르는 말이다. 3D 프린팅 기술은 30여 년 전에 개발되었지만 최근 10년 동안 도구, 기술, 그리고 산업 및 소매 분야에서 활용이 급속도로 증가했다.

오늘날 3D 프린팅은 주로 시제품 제작에 활용되지만 제조공정상의 다른 단계로도 활용이 확대되고 있다. 툴링(거푸집^{mold}, 주형^{pattern}, 지그^{jig}, 고정장치^{fixture} 등의 제작)은 전통적으로 제조공정에서 가장 많은 시간과 비용이 소요되는 작업이었다. 그래서 선도적인 제조업체는 투자비를 대량생산된 제품에 분산시켜 제품단가를 낮추어왔다. 반면에 3D 프린팅에 필요한 초기 투자자본은 그보다 훨씬 적은 규모다. 이는 툴링과 거푸집 제작 등에 선투자가 필요 없고, 최근 3D 프린팅 장비의 가격이 급격히 하락하고 있기 때문이다.

3D 프린팅 비용이 하락함에 따라 전통적인 제조공정 대비 3D 프린팅의 경쟁력도 증가하고 있다. 현재 3D 프린팅의 변동비가 전통적인 제조법에 비해 높은데도 선투자 비용이 적기 때문에 소량생산에서는 3D 프린팅이 비용 면에서 유리하다(〈그림 2〉 참고).

이러한 점에서 3D 프린팅은 소량 제조 영역에서 게임 체인저가 되고 있다. 게다가 3D 프린팅은 복잡한 디자인을 프린팅하는 데 드는 비용이 단순한 벽돌 모양의 물체를 프린팅하는 비용보다 적게 들기 때문에 전통 제조업의 고민거리였던 디자인 복잡성의 문제를 해결했다. 나아가 생산이 디지털 영역으로 이전됨에 따라 과거에는 생산이 불가능했던 복잡한 형상을 설계하고 제조할 수 있다. 그리고 제조업체는 더욱 튼튼하고 가볍고 조립에 시간이 적게 드는 부품을 생

그림 2 전통적 제조방식과 적층 제조방식 간의 손익분기 비교분석

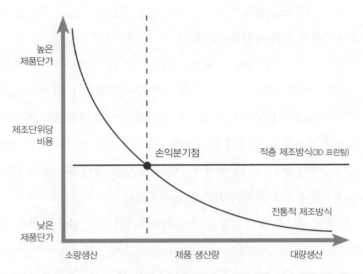

출처: Mark Cotteleer and Jim Joyce, 3D opportunity: Additive manufacturing paths to performance, innovation, and growth, Deloitte University Press, http://dupress.com/articles/dr14-3d-opportunity/, accessed March 17, 2015.
그림: Deloitte University Press, DUPress.com

산할 수 있어 전반적인 제조비용을 줄이거나 최종 제품의 가치를 높일 수 있다. 3D 프린팅 기술은 현재 많은 산업에서 소량의 고가부품을 생산하는 데 사용되고 있으며, 향후 중저가 대량생산 품목으로도 확장될 것이다.

로봇공학: 산업용 로봇은 막대한 투자비와 프로그래밍이 필요하고, 바닥에 고정시켜 철망으로 둘러싸인 넓은 공간에서 사용해야 하기 때문에 대형 제조기업이나 도입할 수 있는 것이었다. 최근까지도 저임금 국가는 노동력이 저렴하고 산업용 로봇은 가격이 비싸 자동

화에 투자할 필요가 없었다. 그러나 이제 국제적으로 임금이 상승하면서 더 저렴하고 성능이 좋으며 유연하게 사용할 수 있는 새로운 세대의 로봇이 변화를 일으키고 있다.

중국 남부 센젠 지역의 최저임금은 지난 4년 동안 64%가 올랐다. 일부 전문가들은 2019년까지 중국의 시간당 임금이 베트남의 177%, 인도의 218%에 달할 것으로 추정한다. 이런 배경에서 2013년 중국 내 산업용 로봇 판매가 60%가량 증가한 것은 당연한 현상이며, 2014년에는 3만 6천 대 이상의 산업용 로봇을 구매해 미국과 일본을 제치고 산업용 로봇의 최대 고객이 되었다.

로봇의 성능은 높아지고 가격이 하락하면서 이런 현상은 더욱 확산된다. 리씽크 로보틱스Rethink Robotics의 로드니 브룩스Rodney Brooks가 개발한 2만 2천 달러짜리 범용로봇 '박스터Baxter'는 과거의 산업용 로봇과 다르게 만들어져 사람들 사이에서도 안전하게 작업할 수 있다. 로봇 프로그래밍 작업을 단순한 작업경로 안내방식으로 대체해, 로봇 팔을 새로운 경로를 따라서 움직이게 하는 것만으로도 다른 작업을 수행할 수 있도록 재훈련시킬 수 있다.

로봇이 가까운 장래에 제조업에서 인력을 완전히 대체하지는 않겠지만 제조업 현장에서 점점 더 많은 비중을 차지할 것이다. 이로 인해 저임금의 비숙련 제조업 일자리가 줄어드는 한편, 상대적으로 소수의 프로그래밍 및 유지보수 분야의 고임금 일자리가 창출될 가능성이 크다.

재료공학: 1960년대 이래 '우주시대'란 단어는 과거에는 불가능했던 엔지니어링 업무를 가능하게 해주는 신소재와 동의어였다. 1세대

신소재로 메모리폼·탄소섬유·나노소재·광학코팅 등이 있는데 이 제는 주변에서 흔하게 볼 수 있다. 가장 선진적이고 가격에 신경 쓰지 않는 제조업체만이 사용 가능하던 특수물성의 대중화는 새로운 소재가 개발되면서 시작된다.

탄소섬유는 제조에 드는 높은 에너지 비용 때문에 여전히 저가제품에는 사용이 어렵지만, 기술 발전으로 대량생산이 가능해졌고 가격도 많이 내려가서 자전거, 카메라 삼각대, 자동차 구조 부품 같은 다양한 제품에서 활용되고 있다. 제조기술의 발전이 비용과 다른 기술적 장벽을 무너뜨리면서 이러한 소재들이 더 광범위하게 활용될 것이다. 예를 들어 오크리지 랩^{Oak Ridge Labs}은 탄소섬유 제조비용을 35% 절감했고, BMW는 탄소섬유 제품가격을 90%까지 낮췄다. 실제로 낮은 비용과 간소화된 제조공정으로 글로벌 탄소섬유 생산 규모는 2020년까지 2배 증가할 전망이다.

우주경쟁시대 1세대 소재들의 특성보다 크게 발전한 새로운 개발 초기 소재들도 등장하고 있다. 탄소나노튜브는 실 한 가닥의 물리적 특성을 유지하면서 구리보다 4배 이상의 에너지를 전달할 수 있다. 연구진은 이를 이용해 탄소섬유보다 강한 복합소재, 첨단 물필터, 태양광 패널, 인공근육섬유 등 다양한 응용방안을 찾고 있다.

새로운 원천에서 얻는 신소재들도 있다. 마이코본드^{MycoBond}는 균사체 곰팡이^{Mycelium fungus}에서 내화성의 스티로폼 대체물질을 만들어 제공하고 있다. 이제 식품점에서 구매한 감자에서 얻은 탄수화물과 온라인에서 구한 설명서를 이용해 열가소성수지를 제작할 수 있다. 외과수술에 사용하는 수준의 플라스틱을 비단에서 뽑을 수도 있다. 이런 물질은 탄소나노튜브와 같이 고성능이 필요한 환경에서 유용하다.

모든 사람이 새롭게 개발되는 소재를 즉각적으로 사용할 수는 없겠지만, 소재공학의 발전에 따라 맞춤화된 첨단 제조법에 대한 진입장벽이 낮아져 신규 진입자가 첨단 제조기법을 활용할 수 있는 기회가 앞으로 증가할 것이다.

학습, 시장 진입, 상업화에 대한 장벽 약화

기하급수적으로 발전한 디지털 인프라의 가장 큰 영향 중 하나는 진입장벽이 낮아져 제조업 진출이 쉬워진 점이다. 지식과 정보가 디지털화되면서 새로운 기술의 학습, 전문가와의 연결, 한때 고도의 자본투자가 필요했던 시장으로의 진입, 신제품의 상업화가 어느 때보다 용이해졌다. 이러한 혜택은 디지털 세상에 먼저 작용했고, 이제는 물리적 제조분야에까지 영향을 미쳐 성장과 변화를 촉진하고 있다.

학습에 대한 장벽 약화: 밀레니엄 세대는 뭔가 새로운 것을 배우려 할 때 구글에서 검색한다. 넓게 말하자면 온라인을 검색한다. 유튜브에서 모든 주제에 대한 하우투how-to 동영상을 찾을 수 있다. 인스트럭터블Instructable, 핵스터Hackster, 메이커진Makerzine과 같은 웹사이트들은 단계별로 수천 건의 제작 프로젝트에 대한 설명과 동영상을 제공한다.

비전문가와 전문가가 섞여 있는 커뮤니티 포럼에서는 특정 문제에 대한 대화를 통해 지식을 교류한다. 온라인에서의 담화는 특정 주제 또는 학습·해킹 활동을 중심으로 그룹을 형성하는 것을 쉽게 해주는 미트업Meetup과 같은 도구를 통해 '실제 생활'로 확장되고 있다. 테크숍TechShop과 팹랩과 같은 기관을 중심으로 형성되는 커뮤니티들이나 메이커 페어, 메이커콘MakerCon, 솔리드SOLID, 오픈하드웨어 서밋Open Hardware Summit과 같은 행사들 모두 실습을 통한 학습활동을 지원하고 있다.

이들 커뮤니티에서 수많은 제조자와 스타트업이 파생되고, 설계와 제조기술의 확보가 쉬워지면서 시장 진입자가 급격히 늘고 있다. 아직 신생기업이 기존 대기업에 정면으로 도전할 수는 없지만, 시장 진입자의 증가는 급격한 혁신이 일어나는 징후인 동시에 결과이기도 하다. 이들이 혁신을 실행하는 지역이 제조업의 본질이 변화하고 성장하는 중심지가 될 것이다.

시장 진입에 대한 장벽 약화: 21세기 초 소프트웨어 스타트업을 등장시킨 디지털 인프라는 이제 하드웨어 스타트업으로 확장되고 있다. 고성능 컴퓨팅 능력을 활용할 수 있도록 해주는 아마존 웹서비스AWS와 같은 종량제 기반 서비스 모델, 부티크 사업자들을 위한 개발-기술 컨설턴트 프리랜서, 서비스 온라인 장터의 활성화는 유망한 하드웨어 창업자들이 프로그래밍, 디자인, 엔지니어링 인력을 필요한 만큼 활용할 수 있도록 지원한다. 파이버닷컴Fiver.com같은 곳은 시간당 5달러라는 파격적인 가격에 다양한 분야의 인력을 즉시 연결해준다. 서비스 분야에서 시작해 이제는 제조분야로 확장된 소규모 기업에 대한 지원 사업은 더욱 빠르게 성장하고 있다. 허브Hub나 시티즌스페이스Citizenspace와 같은 공동작업 공간은 공유사무실과 기타 보조지원을 제공해 창업에 필요한 초기 투자비와 노력을 줄여준다.

도구 관련 기술과 도구에 대한 접근 또한 보편화되고 있다. 테크

숍은 복잡한 설계 및 툴링 장비에 대한 사용권을 헬스클럽 1개월 이용료 수준의 낮은 가격으로 회원들에게 제공한다. 3D 프린터와 CNC(컴퓨터 수치제어) 공작기계부터 회로기판Printed Circuit Board, PCB 프린터와 이동 설치가 가능한 기계류까지 간소화된 제조장비 모듈의 증가는 시제품과 소량생산의 제작속도를 향상시켰다.

상업화에 대한 장벽 약화: 하드웨어 프로젝트에 대한 크라우드펀딩의 인기와 수익성이 높아져 은행 대출과 벤처캐피털에 대한 의존도가 줄어들고 있다. 킥스타터Kickstarter와 인디고고Indiegogo와 같은 크라우드펀딩 사이트는 스타트업이 얼리 어댑터를 파악하고, 충성스러운 고객 기반을 형성해 제품을 생산하기 전부터 수요를 확보할 수 있도록 돕는다. 벤처 투자자는 이에 주목해 하드웨어 스타트업에 대한 투자를 늘리려 한다. 한편 하드웨어 스타트업에 대한 보육지원도 크게 증가해 아이디어의 시제품화, 실제 제품화를 돕고 있다.

전통적인 대형 제조업체도 이 분야에서 제 역할을 하기 시작했다. 2015년 초, GE의 자회사인 퍼스트빌드는 파라곤 인덕션 쿡톱Paragon Induction Cooktop(블루투스가 장비된 인덕션 전기렌지)의 제조를 위해 인디고고에서 자사 최초의 크라우드펀딩 캠페인을 전개하는 새로운 제조 방식을 테스트했다.

2014년 세계 최대의 제조업 하청업체인 폭스콘Foxconn은 생산 역량의 일부를 스타트업 인큐베이터이자 1천~1만 개의 시제품 생산을 주로 하는 소형 공장인 이노콘Innoconn을 위해 배정했다. 이노콘이 차지하는 부분은 폭스콘의 전체 생산물량 중 극히 일부에 불과하지만, 세계 최대의 기업이라도 소규모 생산방식을 학습하고 있으며 제조업

에서 늘어나는 소기업 영역을 지원하고 있음을 보여준다. 대형 제조
업체는 크라우드펀딩 및 소규모 배치생산과 같은 소규모 자본조달과
생산방식을 적절히 이용해, 규모의 경제와 새로운 방법론의 민첩한
혜택을 모두 누릴 수 있다.

새로 부상하는 제조업 모델들

틈새시장의 성장에 대응하고 낮은 비용의 다품종 소량생산을 가능
하게 하는 첨단 기술이 활용되면서 제조업은 과거 대량생산 모델에
서 벗어나고 있다. 대량생산은 가치사슬의 특정 영역에서는 앞으로
도 주요한 지위를 계속 유지하겠지만, 새로운 기회를 활용하는 3가
지 다른 제조업 모델이 현실화되고 있다. 그것은 바로 분산화된 소규
모 자국 내 제조, 느슨히 결합된 제조업 생태계(중국의 셴젠 지역), 대
규모 제조과정에서 민첩한 제조방식에 대한 집중이다.

분산화된 소규모 자국 내 제조: 20세기에는 비용절감과 효율성 개
선이 제조업의 최우선 과제였고, 그 결과 저임금 국가로의 공장 이전
을 통한 비용절감과 대량생산을 통한 효율성의 극대화가 이루어졌
다. 미국과 유럽 본토에는 소규모의 제조공장만이 고급 또는 수제품
시장을 위해 남겨졌다. 그러나 최근 미국과 유럽 내 제조가 늘어나는
배경에는 비용절감을 지원하는 첨단 기술과 커뮤니티가 있다.

앳팹AtFAB은 건축가 앤 필슨Anne Filson과 개리 로흐바허Gary Rohrbacher가
공동 설립한 디자인 업체로, 디지털 CNC 공작기계를 사용해 지역에
서 생산 가능한 단순하고 튼튼한 가구를 디자인하는 것을 목표로 한
다. 이들은 스튜디오에서 가구를 디자인하고 시험 제작한 후 다운로

드, 맞춤화, CNC 공작기계를 이용해 만들 수 있도록 디지털 설계도 파일을 '열린 제조를 위한 글로벌 플랫폼'인 오픈데스크에 게시하고 있다.

오픈데스크는 설계자, 지역의 기계가공업체, 그리고 사용자들이 연결된 커뮤니티로 분산화 제작 운동의 활성화를 추진한다. 장거리 배송이 환경에 미치는 부정적 영향을 감소시키고, 지역 고용을 창출하며, 일반 소비자 가격보다 저렴하면서 맞춤 가능한 수제 가구를 제공하는 것이 이들의 목표다. 앳팹과 같은 업체의 디자인을 구매하는 제조자들을 지원하기 위해 100KGarage.com과 같은 지역사회 조직은 디지털 제조를 위한 지역 역량을 구축하는 동시에 회원들을 교육하고 커뮤니티를 조직화해 오픈데스크와 같은 디지털 플랫폼의 가치를 높이고 있다.

제조업의 디지털화로 설계자와 소규모 사업체는 이제 지역사회에서 자체적으로 고품질 제품을 제작할 수 있는 능력을 보유하게 되었다. 디지털화의 증가는 맞춤화 비용을 더욱 낮추고, 소비자의 니즈를 보다 잘 포착할 수 있는 분산화된 소규모 자국 내 제조에 더 많은 우위를 제공할 것이다.

느슨히 결합된 제조업 생태계: 중국 남부에 위치한 선전시는 중국 특별경제지구의 핵심도시이며 소비재 제조업의 글로벌 중심지 역할을 한다. 특구 내 대규모 제조업체들은 세계적으로 유명한 기업이지만, 이 생태계 내의 더 흥미로운 일부 참가자는 소규모 기업들의 네트워크에 속해 있다. 산자이山寨라 불리는 이들 기업은 원래 모조품을 제조해왔으나 이제는 합법적인 시장으로 진출하고 있다. 이들은 느슨하게 연결된 중소기업들과 개인 전문가들을 활용해 대량의 고품질 제품을 저가에 매우 빠른 속도로 생산하는 능력을 갖추고 있다.

그 결과 이 네트워크는 대기업에 맞설 수 있는 능력을 갖추게 되었고, 특히 새롭게 떠오르는 공급방식에 적합해졌다. 모든 설계자와 브랜드, 대기업 및 소기업, 신규 진입 기업 및 기존 기업이 이 네트워크의 수혜자가 되어 빠르고 저렴하게 생산과정을 반복하고, 수요에 맞춰 생산 규모를 확대할 수 있다.

허핑턴 포스트 Huffington Post 는 지난 20년간의 셴젠시의 성장을 엔지니어링 전문가와 제조업 인재들을 빨아들이는 '하드웨어의 실리콘밸리'라고 칭하고 있다. 소기업을 창업한 이들은 협력을 시작해 느슨하지만 강력한 지식·기술·역량의 네트워크를 구축했고, 지속적인 학습을 위한 이상적인 환경을 창조했다. 이러한 협력의 결과를 보여주는 사례 중 하나는 중국시장을 장악하고 있는 저렴한 고품질 스마트폰들이다.

이제는 푸젠성의 신발 제조단지, 충칭의 모터사이클 제조단지와 같이 유사한 허브들이 중국 각처에서 등장하고 있다. 그리고 보다 전통적인 글로벌 제조업 허브들도 산자이의 시스템과 성공을 본받아 고유의 네트워크를 창출할 잠재력을 가지고 있다.

민첩 제조 Agile Manufacturing: 대형 제조업체는 변동성이 높아진 예측 불가능한 시장 변화에 대비한 경쟁력을 유지하기 위해 민첩 제조에 대한 관심을 높이고 있다. 향상된 민첩성의 핵심은 POS 자료 등 실시간으로 접근 가능한 판매시점 데이터에 있다.

수요 예측이 정확할수록 대량생산을 선택하는 것이 합리적이다. 그러나 불확실해지는 시장 상황에서 신제품의 소개, 제품의 업그레이드 또는 제품설계를 변경할 때, 제조업체는 대량생산보다는 '최소 생산 가능한 제조량 단위'의 생산을 선택할 가능성이 높다.

미국의 유명한 포크록 가수인 닐 영^{Neil Young}이 만든 하이엔드 음악 재생기기 제조사 포노 플레이어^{Pono Player}는 민첩 제조의 장점을 보여주는 사례다. 구매자들은 제품의 색상, 케이스에 새겨질 선호하는 음악가의 사인, 그리고 사전에 재생기기에 탑재될 음악을 선택할 수 있다. 회사는 이러한 맞춤제작을 가능하게 하기 위해 제조공정을 모듈화 방식으로 재설계했다. 그 결과 교대작업 과정 동안 제조라인에서 생산되는 제품의 숫자에 맞춰 손쉽게 실행 가능한 최소 단위 제조량을 갱신·변경할 수 있게 되었다.

기술의 기하급수적인 발전과 진입장벽의 약화로 제품 개발과 상업화는 더욱 분산화될 것이다. 신규 진입자는 시장 진입이 용이해지고 특정 틈새시장에 딱 맞는 제품의 개발이 더욱 쉬워지고 있음을 깨닫게 될 것이다. 하지만 신규 진입자의 규모는 '규모의 비경제'로 인해 제한된다. 기업의 크기가 커질수록 틈새시장과의 접점을 유지하기가 어려워지기 때문이다. 한편 소비자의 수요가 분산화됨에 따라 기업이 대응 가능한 시장에서 과거의 '대량 판매시장'의 개념은 점점 더 의미를 잃게 된다. 이렇게 하류부문은 분산화하고 상류부문은 통합되는 제조업 환경에서 기업은 어떤 식으로 시장에 참여할지를 다시 생각할 필요가 있다.

가치사슬 경제학의 변화

물건을 만드는 제조업체와 물건을 파는 유통업체 간의 경계가 모호해지고 있다. 이는 기업뿐만 아니라 유통과정에서 재고를 보유하고 있는 모든 중개상에게도 큰 영향을 미친다. 대부분의 전통적 제조업체는 자사 제품의 최종 소비자로부터 몇 단계 떨어져 있다. 따라서 이들은 소비자들과 소통해 실질적인 피드백을 받아 시의적절하게 대응하는 데 어려움을 겪는다. 소비자들 또한 단절을 느끼고 있으며, 제품의 제조자들과 보다 직접적으로 접촉할 수 있기를 바란다.

제조업체와 소비자 간의 간극이 좁아짐에 따라 재고 보유의 역할에 머물러 있는 중개상은 시장에서 퇴출될 수밖에 없다. 소비자를 위한 유용한 정보를 제공하고, 소비자 선택폭의 확대와 같은 새로운 방식으로 구매자의 가치를 높이는 창조적 중개상만이 살아남을 것이다. 이와 같은 이유로, 소비자와 직접 교류하고, 시제품과 양산품 간의 격차를 줄이며, 재고비축을 위한 제조에서 주문대응을 위한 제조로 사업모델을 변경할 수 있는 기업이 성공적인 제조업체가 될 것이다.

어떤 기업도 혼자서 기존 대기업에 큰 영향을 미칠 수는 없지만, 민첩한 스타트업의 급격한 증가로 인한 기존 대기업의 시장 지배력 약화는 커다란 변화를 내포하고 있다. 신규 진입자는 새로운 제조업 환경에서 발판을 마련하기 위해 가치사슬에서 분명한 차별점을 가지고 있는 3가지 접근법을 시도한다. 이 3가지 접근법은 다음과 같다. 그것은 바로 소비자와의 직접적인 교류, 아이디어의 제품화 및 시장 출시 속도의 증가, 재고비축을 위한 제조에서 주문대응을 위한 제조로의 변화다.

중개상이 가지는 가치의 약화

전통적 가치사슬에서는 제품이 소비자에게 도달하기까지 도매업자, 분배업자, 소매업자를 거쳤다. 중개상은 수요 변동에 대한 완충역할을 하기 위해 재고를 보유했다. 따라서 제품이 판매될 때까지 수개월 동안 배송과 재고 형태로 많은 돈과 가치가 중개상에 묶여 있었다. 그러나 디지털 인프라가 제조업체와 소비자의 거리를 단축시키면서 이런 과거의 모델과 가치의 개념이 재구성될 것이라고 전망한다.

검색비용이 높았던 시절에는 많은 제품을 비교 전시해 옵션을 제공하는 유통업체의 가치가 높았다. 또한 한 장소에서 수많은 품목을 보여주는 편의성도 가치 있었다. 그러나 이제는 온라인 쇼핑이 소비자에게 거의 무한대로 수많은 제품 옵션과 피드백까지 제공한다. 한편 당일 배송도 가능해지면서 복수의 중개상을 유지할 필요가 없어졌다. 소비자가 온라인 쇼핑과 신속한 배송에 익숙해지면서 유통업체의 전통적인 힘의 원천인 지역적 접근성과 오프라인 매장의 힘이 약화되고 있다.

많은 하드웨어 스타트업이 전통적인 오프라인 유통채널을 이탈해서 아마존, 이베이ᵉᴮᵃʸ, 엣시와 같은 온라인 플랫폼을 통해 소비자를 직접 만난다. 매장에 상품을 전시해 매출을 늘릴 수 있지만, 제품이 유통재고로 묶이게 되면 유동성이 부족해진다. 물리적 매장을 통한 소비자 접점 확보의 가치가 떨어지면서 유통업체는 기존 사업모델을 재평가하고 재조정하고 있다. 예를 들어 안경 제조업체인 워비 파커Warby Parker는 외부자 진입이 어려웠던 산업에서 전통적인 유통과 판매채널을 건너뛰어 급성장하고 있다. 저가에 고품질을 제시할 수 있는 기업이 과거 중개상이 차지하고 있던 가치를 가져간다.

소비자와의 직접 교류

전통적으로 소비자는 제품 제조사와 떨어져 있었다. 그러나 오늘날 하드웨어 스타트업은 디지털 인프라를 통해 직접적으로 소비자와 접촉하면서 제품과 기업에 대한 친밀감을 형성하고 있다.

오늘날의 소비자의 직접 참여는 이제 제조업체와 소비자 사이의 절대적 계약이 되어 공급사슬의 초기 단계에서 이루어지고 있다. 많은 스타트업이 크라우드펀딩 플랫폼을 초기 자본을 모집하기 위해 활용하고, 제품에 대한 지지자들을 형성하고 그들의 커뮤니티를 구축해 적극적인 참여를 유도한다.

크라우드펀딩 캠페인에서 소비자 참여는 캠페인만으로 끝나지 않는다. 기업은 제조공정 전반에 걸쳐 소비자들과 접촉하고 의사소통을 계속해, 진행상황에 대한 업데이트된 정보를 지속적으로 제공한다. 페블 이페이퍼 스마트워치Pebble E-Paper Smartwatch는 2012년 스마트워치 시장에 조기 진입한 제품으로, 하드웨어 크라우드펀딩의 대표적인 초창기 성공 사례다. 벤처캐피털로부터 자금조달에 실패한 창업자 에릭 미기코브스키Eric Migicovsky는 제품 생산을 위해 10만 달러의 자금 모집을 목표로 했다. 그런데 6만 8,929명의 지지자로부터 1,026만 6,845달러를 모금한 후, 페블은 주문량을 감당할 수 없을 것 같아서 크라우드펀딩 캠페인을 조기 종료했다.

충분한 자금을 확보했지만, 셴젠 지역의 습한 기후 때문에 발생한 접착 불량 문제부터 구정 휴가로 인한 조업 중단까지 다양한 문제를 겪으면서 제품 배송이 수개월 지연되었다. 미기코브스키는 이에 대응하기 위해 크라우드펀딩 커뮤니티에 제조과정의 어려움에 대한 상세한 보고서를 올렸다.

커뮤니티 회원들은 매우 협조적이었고, 심지어 잠재적인 해결방안과 업그레이드 사항을 제안하기도 했다. 적극적이고 충성스러운 커뮤니티와 소비자 기반을 통해 다른 대기업들이 실패한 시장에서 페블은 성공할 수 있었다.

빠른 상업화 속도

페블과 같은 소기업이 커뮤니티의 참여를 통해 정보를 제공받는 개발방식을 도입하는 동안 대기업은 속도를 바탕으로 차별화를 이룰 수 있을 것이다. 소비자의 요구가 어느 때보다 빠르게 변하고 있는 상황에서 시장 출시 속도가 점점 더 중요해진다. 예를 들어 탑숍TopShop과 같은 '패스트패션fast fashion' 업체의 성공은 소비자의 취향과 기호의 변화에 맞추기 위한 제조방식과 가치사슬의 최적화에 힘입은 것이다.

이러한 사업모델이 성공하자 다른 제조업체도 아이디어를 제품화해 시장에 출시하는 시간을 단축하려고 시도한다. 중국 셴젠의 가전 제조 기업은 '셴젠 속도深圳速度', 즉 빠른 시장 출시 속도 면에서 인정받는다. 이를 통해 판매자는 시장을 파악하자마자 시장의 가치를 확보할 수 있다. 오늘날 이런 빠른 상업화 속도는 특별한 것이 아닌 당연한 규칙이 되고 있다.

주문대응 제조 vs. 재고비축 제조

전통적인 제조방식은 여전히 '재고비축을 위한 제조' 모델 중심이다. 즉 수요를 예측하고 제품을 생산하면서 가치사슬 전반에 걸친 복수의 리드타임을 고려한다. 그러나 온라인을 통해 직접적인 소비자 참여를 이끌어내는 능력이 온라인 판촉과 선주문을 이용하는 '주문 대응을 위한 제조' 모델을 등장시켰다. 신제품을 위한 크라우드소싱은 일종의 선주문이다. 주문대응을 위한 제조를 실행하는 업체도 여전히 제조 효율성의 최적화를 위해 수요를 예측하지만 선주문은 소비자 수요를 파악하는 데도 탁월하다.

샌프란시스코에 위치한 의류 스타트업인 베타브랜드 BetaBrand 는 매주 몇 가지 한정판 제품을 디자인해서 공개하고 선주문을 받는다. 이러한 구조는 과잉재고의 위험을 줄여주고, 기업에 지속적인 수요 데이터를 제공한다. 소비자의 선호가 개인화, 맞춤화, 창작으로 이동함에 따라 소비자에 대한 직접적 접근이 핵심적인 성공요인이 될 것이다.

오늘날 많은 대형 제조업체가 중개상에 크게 의존하고 있고, 그 결과 소비자와의 관계 설정에 한계를 가진다. 이 점은 대기업의 약점인데, 반면에 소기업은 직접적인 관계를 통해 변화하는 소비자들의 니즈에 보다 빠르고 적합하게 대응할 수 있다. 대형 제조업체는 소기업과 직접적으로 경쟁하는 대신에 큰 규모를 이용해 어떻게 소기업을 활용할 수 있을지를 고민해야 한다.

미래의 제조업 환경에서 항해하기

제조업이 급변하고 있다. 가치창출이 더욱 어려워지고 현재 가치를 창출하는 기업도 이를 유지하기가 쉽지 않다. 가치는 제품 내에만 머물러 있지 않고 이들 제품에 의해 촉발된 정보와 경험 속에도 존재한다.

오늘날의 텔레비전은 약 10년 전의 제품에 비해 몇 배나 뛰어난 기능을 지녔음에도 불구하고, 치열한 경쟁에 따른 낮은 가격 때문에 이익을 보기 어렵다. 대신에 TV는 기기 자체의 가치보다 가치생성을 위한 수단으로서 중요해졌는데, 즉 시청자들이 보는 콘텐츠를 통해 가치가 창출된다는 의미다. 이러한 제품가치에서 경험가치로의 근본적인 변화에 대응해 제조업체는 자신의 역할과 사업모델을 재정의해야 한다.

이러한 트렌드는 더욱 낮은 가격에 더 많은 가치를 제공하도록 제조기업을 몰아붙이며 향후 십여 년 동안 더욱 분명해질 것이다. 성공적인 제품은 더 스마트해져야 하고, 보다 개인화되어야 하며, 보다 반응성이 있어야 하고, 보다 연결성을 가지며, 더 저렴해져야 한다.

미래의 제조업 환경을 평가해볼 때 기존 기업을 위한 단일한 지침서도 없고, 신규 진입자를 위한 단일한 경로도 없다. 대신에 기업은 개선된 가치의 창출과 획득을 향한 경로로 항해하기 위해 다음의 사항들을 고려해야 한다.

- 기업이 속한 특정 시장에서의 변화 속도와 긴급성을 파악한다.
- 가장 유망한 사업유형에 집중한다.
- 아웃소싱과 협력을 통한 성장기회를 추구한다.
- 영향점을 식별하고 점유하기 위해 노력한다.

기업이 속한 특정 시장에서의 변화 속도와 긴급성 파악
앞으로 다양한 분야의 소규모 사업자가 특정한 틈새시장을 중심으로 장악력을 높여갈 가능성이 크다. 이들 기업이 모여 넓은 분야의 소비자들과 시장 수요에 대응할 수 있겠지만, 어떤 단일 기업도 이를 장기적으로 좌우할 수 있을 정도의 높은 시장점유율을 유지할 수 없다. 시장 진입과 유지가 소규모의 자본으로도 충분하고, 대기업이 경쟁력을 갖추기 어려운 '규모의 비경제' 현상 때문이다.

분산화는 특화된 제품과 서비스 시장을 중심으로 일어날 것이며, 다양한 분야의 소기업이 틈새상품이나 서비스를 설계하고 조립·제조하거나 특정 분야의 자문 또는 계약업자로 활동할 것이다. 과거에는 산업이 성숙하면 소수의 주요 기업으로 통합되었지만, 미래의 제조업은 분산화가 지속적으로 진행되면서 시장 변화의 속도는 감소하지 않을 것이다.

분산화는 지역, 제조업 하류부문, 그리고 제품군에 따라 다른 강도로 발생할 것이다. 모든 제조업 분야가 궁극적으로는 영향을 받겠지만, 시장 변화의 시점과 속도는 트렌드에 대한 노출 정도에 따라 차이가 있으며, 동일한 산업 내에서도 차이가 클 것이다. 예를 들어 전자완구 제조업체는 보드게임, 봉제인형, 조립식 완구 제조업체와는 매우 다른 경로를 걷게 될 것이다. 제조기업이 속한 산업과 하류부문에서 일어나는 변화의 시점과 속도를 이해하면 향후 대응방안을 수립하는 데 도움이 될 것이다.

규제환경은 시장 니즈에 대응해 지속적으로 진화하고 있다. 제품의 복잡성, 크기, 디지털화 정도는 모두 기하급수적으로 발전하는 기술의 영향을 받고 있다. 이들 요인을 고려할 때, 분산화를 가속할 수 있는 기업환경을 구성하는 요소들의 잠재적인 변화를 평가해야 한다.

규제환경: 공공정책과 규제는 현재와 미래의 제조업 생태계에 중요하다. 무역협정, 노사 관계, 소비자 안전 및 환경 규제, 그리고 개인정보 및 보안 규제는 생태계의 역동성과 존립 근거를 변화시킬 수 있다. 주요 산업의 CEO 400명을 대상으로 한 설문조사에서 응답자들은 '규제환경'을 최우선 고려사항으로 선정했고, 34% 이상이 "점점 더 많은 시간을 규제당국과 정부관료를 상대하는 데 쓰고 있다."라고 답했다. 많은 지역에 걸친 복잡한 공급사슬을 가지고 있는 산업은 실무관행을 규제요건에 맞춰 변경하는 데 어려움을 겪을 수 있다.

일반적으로 산업의 규제가 강할수록 시장 진입 및 분산화의 속도가 느려진다. 정부는 규제 완화와 신규 진입 및 혁신 장려를 통해 보다 분산화된 생태계로의 전환을 촉진할 수 있다. 예를 들어 중국 경제특구의 세금 혜택은 많은 외국 및 국내 기업의 진입을 불러와 제조업의 빠른 성장을 이끌었다.

제품의 복잡성: 제품이 복잡할수록 최종부품 설계에 관여하는 관련자들끼리 의사소통을 늘려야 한다. 이 과정은 설계 및 시제품 제작 단계에서 가장 중요하다. 제품이 복잡해질수록 자체 R&D 또는 밀접하게 연관된 소수의 참가자 간 협력의 가치가 더욱 커지기 때문이다.

그러나 1세대 애플 아이팟iPod의 경우 설계자인 포털 플레이어Portal Player는 여유가 없는 출시일정을 맞추기 위해서 개별 부품에 대한 경계조건을 엄격하게 정의한 후, 다수의 관계기업을 초청해 각 부품군에 대한 최고의 디자인을 제안하도록 경쟁을 붙였다. 이러한 방식은 아이팟의 각 부분별로 전문가들이 작업하도록 유도해 혁신적 제품을 만들 수 있었다.

제품의 크기: 제품의 복잡성과 상관없이 물리적 크기도 중요하다. 제품의 크기가 클수록 시제품 제작·제조·저장·배송 비용도 커진다. 소형 가전기기의 시험과 제조에 필요한 장비와 공간은 일반 가전 제품보다 훨씬 줄어든다. 그리고 이러한 요구사항은 제품의 시험에서 시제품 제작·생산 단계로 이동할수록 더욱 증가한다. 따라서 대형 제품의 분산화 속도 또한 느려질 것이다. 그러나 제품의 모듈화 증가와 새로운 제조공정의 발전이 제품 크기를 축소시키고 있다.

인도 타타^{Tata}그룹의 2천 달러짜리 자동차 나노^{Nano}는 최종 단계 직전까지 납작하게 포장해 배송이 가능하도록 설계되었다. 로컬 모터스^{Local Motors}의 랠리 파이터^{Rally Fighter}는 완전히 조립된 형태 또는 자가 조립이 가능한 키트 형태를 선택해 구매가 가능하다. 제품 크기 또한 더이상 고정변수가 아니다.

디지털화: 제품이나 산업이 '디지털화'될수록, 즉 더 많은 센서와 전자장비가 통합될수록 제품의 수명주기가 짧아진다. 디지털 제조도구의 활용이 증가함에 따라 디지털화된 제품 수도 증가하고, 더 많은 공정에서 디지털 정보가 전송되고 관리되며, 진화의 속도와 집단적 학습이 증가하면서 분산화의 속도도 빨라지고 있다. 가전제품과 스마트폰이 이러한 가속을 경험하고 있으며, 제품의 수명주기는 과거보다 대폭 짧아졌다. 다만 제품의 소프트웨어와 응용프로그램이 제품 자체에 더 많은 가치를 더해준다면 제품 수명주기를 연장할 수 있다.

디지털화는 과거 '멍청했던' 제품들에까지 파급되고 있다. 웨어러블 기기, 커넥티드 카, 스마트 전구와 같은 신규 제품군의 출현은 해당 분야 기존 제품들의 노후화 속도를 더욱 가속시킬 것으로 전망된다.

지금까지 살펴본 규제, 복잡성, 크기, 디지털화와 산업 내 이러한 요인들의 움직임을 고려하면 향후의 변화 속도와 강도를 평가하기 쉬워지고, 그 평가결과는 기업이 변화하는 제조업 환경에 적응하고 경쟁력을 확보하는 최선의 길을 선택하는 데 도움이 된다.

얼마나 빠른 속도로 산업 또는 제품군이 분산화되고 있는가? 어떤 요인이 그러한 진화를 추진하고 있는가? 지속적인 변화에 직면한 기업은 한발 물러서서 '감지하고 대응하는' 접근법으로 변화를 추진하는 요인들을 지켜보고 새로운 시장환경에 대응할 수 있도록 준비하고 있다. 이제 리더는 시장의 변화를 수용하고 기업 경쟁력을 유지하는 방향으로 사업과 조직을 이끌어나가야 한다.

가장 유망한 사업유형에의 집중

가치를 창출하고 확보하는 능력은 사업의 유형에 따라 달라질 것이다. 앞서 기술한 대로 개인화와 맞춤화에 대한 수요 증가는 시장의 분산화를 일으키며, 단일 기업이 소비자의 모든 요구를 지속적으로 충족시키는 것을 더 어렵게 만들고 있다. 분산화의 흐름을 거스르기보다 대응방안을 신속히 파악하는 기업이 앞서갈 것이다. 제조업 상류부문은 부품과 플랫폼의 제공을 위해 규모가 확대되고, 반면 하류부문은 다양한 조립업체가 증가하면서 범위가 확대되어 소비자에 이르는 '최종 단계last mile'를 구성하게 될 것이다.

기존 기업과 신규 진입자 모두 시스템에서 가능한 역할에 대해 인지해야 하고, 자사의 자산과 강점, 그리고 기업으로서의 핵심 DNA에 근거해 적합한 역할을 결정해야 한다. 일반적으로 대기업은 인프라 관리 또는 고객관계 관리 역할에 강점이 있고, 소기업은 틈새제품과 서비스 사업에 적합하다. 지속 가능한 성장을 추구하는 기존 대기업은 분산화가 심해지는 제조업 하류부문보다는 상류부문으로 이동하는 것이 유리할 것이다. 대기업은 단일의 사업 유형이나 역할에 집중해 대규모 투자자본을 모으고 대규모 기술 인프라 또는 빅데이터와 같은 자원을 활용해 보다 분산화된 사업자들에게 정보, 자원, 플랫폼을 제공해 가치창출을 할 수 있다.

이러한 통합과 집중이 일어나는 상류부문은 규모 및 범위의 경제에 의해 좌우되기 때문에 신속하게 필요한 역량을 확보할 수 있는 초기 시장 진입자가 경쟁우위를 확보할 가능성이 높다. 따라서 이러한 역할에 집중하기를 선택한 기업들은 선도적 추격자(패스트팔로어fast follower)보다는 얼리무버early mover가 되는 것이 바람직하다.

규모 및 범위의 경제 사업자는 다음 3가지 유형으로 나눠질 것으로 예상된다.

- 인프라스트럭처 공급자
- 통합 플랫폼
- 대리인 사업자

첫 번째 범주인 인프라스트럭처 공급자는 대규모 투자가 필요한 물리적 인프라를 구축해 규칙적이고 반복적인 대규모 처리 프로세스를 제공한다. 이러한 인프라의 예로는 운송 네트워크(UPS, 페덱스FedEx), 대규모 제조공장(플렉스트로닉스Flextronics, 폭스콘), 디지털 기술(아마존 AWS, 시스코Cisco)과 대규모 비즈니스 프로세스 집중처리(인포시스Infosys, 위프로Wipro) 등이 있다.

두 번째 범주는 통합 플랫폼이다. 통합 플랫폼은 참가자들의 상호 연결을 촉진하고 장터를 제공하거나 데이터를 통합하는 실제 및 가상 플랫폼을 의미한다. 킥스타터는 예술가, 제조자, 혁신가들을 그들의 팬들과 연결시켜 활동자금을 조달해주며, 페이스북은 지식 또는 정보를 공유할 수 있도록 사람들을 사회적으로 연결시킨다.

세 번째 범주는 대리인의 역할이다. 소비자 대리인은 신뢰받는 조언자로서 소비자가 선택 가능한 다양한 구매 옵션 탐색을 돕는다. 제조 분야의 분산화로 인해 소비자가 최적의 구매를 선택할 수 있도록 도와주는 대리인의 역할을 적극적으로 수용하는 유통업체가 살아남고 발전할 가능성이 높으며, 개별 소비자의 독특한 니즈 충족에 집중하는 전문적 사업자들이 다수 등장할 것이다.

이상의 3가지 역할은 디지털 혁명시대에 지속 가능한 성장을 추구하는 기업들에게 매력적인 선택지를 제시하고 있다. 분산화된 틈새 시장 참가자는 제품 관련 사업자로서 창조적인 새로운 제품 및 서비스의 설계와 개발에 집중해 이들을 시장에 빠르게 출시함으로써 소비자를 확보한다. 이러한 사업유형의 성패는 시장 출시 시간과 속도다. 이들 기업은 신속한 디자인과 반복 개발에 집중하고, 시장기회의 빠른 포착과 대응을 지원하는 기술과 시스템이 필요하다.

인프라스트럭처 제공자들과 통합 플랫폼은 인프라 관리 사업의 대표적인 사례다. 이 사업의 추진력은 강력한 규모의 경제다. 규칙적이고 반복적인 대용량 처리의 관리기술이 필요하며 표준화, 비용 통제, 예측 가능성을 우선시하는 문화를 가지고 있다. 이러한 사업문화에서는 설비와 자산이 사람보다 중요하다.

대리인 역할은 고객관계 관리사업의 대표적 사례다. 이는 늘어나는 고객들과 광범위한 관계를 구축하는 범위의 경제에 의해 추진된다. 개별 고객을 깊이 이해할수록 고객에게 적절한 추천이 가능하다. 또한 많은 고객에게 서비스를 제공할수록 소비시장의 큰 흐름을 이해하는 능력이 생겨나고, 이는 다시 개별 고객에게 더 큰 도움을 줄 수 있다. 기업문화는 극도로 고객 중심적이어서, 고객 수요가 발생하기 전에 미리 예측하기 위해 노력하고 신뢰받는 조언자로 인정받는 것이 중요하다.

인프라 관리자나 고객관계 관리사업을 목표로 하는 대기업은 기존 규모 및 범위의 경제를 활용해 집중화가 일어나고 있는 산업환경을 선점할 수 있다. 반면 소기업은 제품 및 서비스를 제공하는 사업을 목표로 하고, 분산화되고 있는 환경의 일부분을 확보하는 최적의 위치에 있다.

경쟁이 심해지는 환경에서 성공하기 위해서 기업은 모든 것을 다 하겠다는 유혹을 뿌리치고 주요 역할에 에너지를 집중해야 한다. 한 가지 이상의 사업유형을 보유하고 있는 기업은 일단 운영 측면을 분리하는 것이 유리하다. 이후 장기적으로 기업의 DNA를 집중할 핵심 사업유형을 선택하고 나서, 나머지 두 사업유형의 운영을 완전히 분리할 수 있다. 복잡해지는 세상에서 역설적으로 이러한 단순화가 보다 지속 가능하고 수익성 있는 성장을 위한 발판을 마련하는 계기가 될 수 있다.

기존 대기업이 기존 가치사슬에서의 강력한 지위를 포기하지 않으려는 것은 당연하다. 그러나 새로운 환경에 적응하지 못하면, 새로운 가치사슬에서 영향력 있는 위치를 차지할 수 있는 중요한 기회를 놓치게 된다. 수많은 소규모 시장 참가자를 기반으로 삼을 기초 플랫폼을 선점할 기회를 상실한다는 의미다. 그러나 대기업이 기초 플랫폼을 선점하고 역할을 제대로 수행하게 되면, 소규모의 전문화된 틈새시장 공급자들의 새로운 생태계는 변화에 성공한 대기업을 중심으로 형성될 것이다.

협력을 통한 성장 추구

역사적으로 기업에게는 다른 기업을 사거나 자체적으로 성장하는 2가지 성장방식이 있었다. 그러나 디지털 기술과 연결성의 발전은 '협력을 통한 성장'이라는 세 번째 방식을 만들었다. 즉 분산화된 제조업 환경에서 기업은 제3자와 연계해 동원하는 방식으로 성장할 수 있다. 플랫폼, 인프라, 대리인 역할을 담당하는 기업은 조직 외부의 신뢰할 수 있는 자원을 활용하는 유연한 성장방식을 선택할 수 있다. 이 경우 신뢰할 수 있는 네트워크 구축이 중요한데, 이는 미래의 제조업 환경에서 필수적인 사항이다.

이러한 수준의 변환은 시장요인에 영향을 미칠 수 있는 자원을 보유한 대기업에서 두드러진다. 이들 기업이 더 많은 분산화된 소규모 시장 참가자를 끌어들이고 지원할 수 있는 플랫폼을 개발한다면 더 큰 성공을 거둘 수 있다. 또한 협력을 통한 성장은 대기업이 변화하는 환경을 보다 정확하게 감지하고 환경 변화에 대해 신속하게 적응하는 데 도움이 된다.

반대로 소기업은 플랫폼을 활용해 초기 투자자본을 줄이면서 자금 확보, 학습 수행, 시제품 제작, 시장 출시 속도를 높일 수 있다. 이들은 인프라 공급자를 활용해 수요 증가에 대응할 수 있고, 대리인을 통해 보다 효과적으로 관련 고객과 접촉할 수 있다. 비록 개별적으로 시장을 움직일 능력은 없지만 더 큰 생태계의 일부로서 영향력을 극대화할 수 있다.

제조업 환경에서 부상하고 있는 2가지 유망한 사업모델로 기존 대기업은 협력을 통한 성장이 가능하다. 이는 제품에서 플랫폼으로의 변화와, 소유에서 접근으로의 변화다.

디지털 제품과 물리적 제품이 플랫폼화함에 따라 다양한 범위의 참가자가 협력하는 방식의 혁신이 가능해졌다. 플랫폼은 참가자가 늘어날수록 중요성이 증가하고 기능도 확대되는 네트워크 효과가 핵심이고, 참가자가 특정 산업에 진입할 때 저렴하고 유연하며 안전한 방식을 제공한다. 플랫폼이 일단 추진력을 가지고 임계질량을 넘어서면 대체하기가 어렵다.

소유에서 접근으로의 변화는 제조업체의 주요 관심을 제조에서 긴밀한 고객관계의 장기적인 구축으로 이동시키고 있다. 이러한 변화의 중심에는 자원을 통합하고 고객의 접근을 가능하게 해주는 플랫폼이 있다. 고객은 플랫폼을 통해 필요할 때마다 제품에 접근할 수 있다. 플랫폼 제공자가 고객과 그들의 니즈에 대해 더 깊은 지식을 가질수록 고객 가치를 향상시키는 제3자를 더욱 정확히 식별하고 활용할 수 있게 된다.

부상하는 영향점을 식별하고, 가능하다면 이를 점유하기

가치사슬에서의 전략적 위치나 영향점이 변하는 제조업 환경에서 가치를 획득할 수 있는 여지는 많다. 과거에는 지식의 축적을 통해 경쟁력을 얻을 수 있었지만 이제는 지식의 흐름에서 어떤 위치를 확보하고 있느냐에 따라 경쟁력이 결정된다. 특허와 지적재산은 여전히 가치가 있지만, 전략적 중요성은 혁신 속도의 증가와 제품 수명주기의 단축으로 인해 약해지고 있다. 대신 새로운 영향점이 지식의 흐름을 중심으로 부상하고 있다. 이러한 흐름에 대한 신속한 접근을 통해 남들보다 앞서서 변화를 파악하고 예측할 수 있으며, 미래 지위를 확보할 수 있다.

그렇다면 영향점은 어떻게 발생해 진화하는가? 이들은 제공하는 가치를 통해 참가자를 모으고, 긍정적인 인센티브를 통해 행동을 촉진한다. 영향점은 다음의 영역에서 발생할 가능성이 높다. 광대한 플랫폼 또는 생태계에 중대하고 지속 가능한 기능을 제공할 수 있는 분야, 기능이 빠르게 진화할 수 있는 분야, 네트워크 효과가 참가자의 통합과 집중을 촉진하는 분야, 그리고 플랫폼 또는 생태계 나머지 부분의 분산화를 촉진할 수 있는 분야다. 예를 들어 초기 PC 산업에서 마이크로프로세서와 운영체제의 실질적인 표준 수립이 분야가 다른 기술영역의 광범위한 분산화를 촉진시켰다.

변화하는 영향점의 또 다른 사례는 물리적 제품에서 스마트 제품에 의해 생겨난 디지털 흐름으로의 지속적인 가치 이동이다. 제품이 디지털화하면서 가치는 제품에서 제품이 만드는 데이터의 흐름으로 이동하고 있다. 이러한 변화는 새로운 영향점을 기존 제조업체의 핵심역량에서 멀리 떨어진 영역에 생성시킨다. 즉 구글, 페이스북, 애플, 아마존과 같이 제조업 외부의 대형업체가 강점을 가지는 분야에서 영향점이 생성된다. 이러한 맥락에서 볼 때 구글의 가정용 IoT 기기 제조업체 네스트 Nest의 인수와 페이스북의 가상현실 기기 스타트업인 오큘러스 VR Oculus VR의 인수는 합리적인 선택이었다. 구글의 안드로이드 모바일 운영체제, 애플의 아이폰과 아이패드, 아마존의 킨

들Kindle을 같은 맥락에서 볼 수 있다.

제조업 환경과 가치사슬이 진화하면서 과거의 영향점은 약화되고 새로운 영향점이 부상할 것이다. 기존 수준의 영향력을 유지하거나 확대하기 위해 제조업체는 자신의 가치사슬을 평가하고, 기존의 영향점과 기업의 지위에 영향을 미칠 수 있는 가능한 변화를 파악해야 한다. 다음으로 기업은 자신이 거점을 수립할 수 있는 잠재적인 새로운 영향점이 어디인지를 파악해야 한다. 이것은 한때 기업가치에서 핵심이었던 요소를 포기하고, 가치 흐름에서 잠재적인 위치를 설정하는 맥락에서 가치에 대해 다시 생각해야 함을 의미한다.

대기업은 여기서 우위에 있다. 다수의 분산화된 시장 참가자에게 가치 있는 자원을 보유하고 있는 경우가 많기 때문이다. 특허 포트폴리오는 지식의 고정적인 축적 수단이나 진입장벽이라기보다 지식 흐름을 증가시키고 집중시키기 위한 수단으로 볼 수 있다. GE는 이러한 관점을 채택해 쿼키Quirky 커뮤니티 회원들에게 GE의 특허에 대한 사용권한을 제공함으로써 기존 특허 영역 외부에서의 혁신을 장려하고 있다.

분명히 모든 기업이 영향점을 목표로 하지만 소유할 수는 없다. 그렇게 할 수 있는 기업은 소수에 불과하며, 그것이 성공을 위한 필수적 요건도 아니다. 그러나 영향점을 통제할 수 있는 기업은 보다 지속 가능한 우위를 창출하고, 진화하는 시장에 대해 앞선 정보를 획득할 수 있다.

향상된 가치의 창출과 획득을 위한 경로를 항해할 때, 기업은 이들 아이디어가 조직과 제품뿐만 아니라 특정 산업과 산업 내 기업의 지위에 어떻게 적용되는지를 우선 판단해야 한다. 다음 단계로 성장을 위한 잠재력이 가장 큰 역할이 무엇인지를 결정하고, 그러한 역할 중 하나 또는 그 이상을 차지하기 위해 어떻게 행동해야 할지를 탐구해야 한다. 마지막으로 기업은 관계 있는 생태계의 대기업 및 소기업, 기타 참가자들과 협력하기 위한 기회를 찾아야 하고, 새롭게 부상하는 영향점을 차지할 수 있는 방법을 모색해야 한다. 끊임없이 변화하는 제조업 환경의 속성을 고려할 때 이러한 탐색과 진화는 지속적인 과정이며, 기업이 시장에서의 유효성을 유지하기를 원한다면 반드시 해야 하는 일이다.

새로운 제조업 환경에서 성공의 기회 잡기

제조업 환경은 급격히 변화하고 있다. 소비자의 요구, 제품의 속성, 제조 및 유통의 패러다임이 달라지고 있다. 한편으로는 제조업과 첨단 기술업 간의 경계가 불분명해지고, 또 한편으로는 제조업과 유통업 간의 경계도 불분명해지고 있다. 이런 환경에서 가치획득을 위해 사업모델에 대한 근본적인 재검토가 필요하다. 내부 역량, 외부 변화, 그리고 부상하는 영향점에 기반해 기업의 전략적 위치를 재설정해야 한다.

기존 대기업 중 일부는 이미 이런 방향으로 이동하고 있다. GE 항공사업부는 제트엔진 판매에서 마치 전력회사처럼 시간당 서비스 판매로 이동했다. 그리고 기민한 스타트업은 새로운 제조업 환경에 맞춰 사업모델을 개발하고 있다. 샤오미Xiaomi는 고객관계를 우선하는 직판모델로 사업을 시작해 현재는 전통적인 유통채널로 확장했다.

이 회사는 소비자와의 근접성이 영향점임을 깨달았고, 이를 확보해 유통업자들에게서 좋은 거래조건을 이끌어낼 수 있었다.

제조업 환경은 획기적인 변화에 직면하고 있다. 이런 새로운 환경에서 가치의 창출과 확보를 위해서는 특정 제조 분야에서의 변화를 추진하는 요인들에 대한 이해, 구조적 우위를 제공하는 활동에 대한 집중, 제3자의 기술과 역량의 활용, 사업모델에 대한 근본적인 재고, 그리고 영향점의 파악이 필요하다. 성공을 위한 길이 하나만 있는 것은 아니다. 기업은 성공을 위해 이 기회를 잡아 새로운 제조업 환경에서 자신만의 길을 개척해나가야 한다.

존 하겔 John Hagel III은 딜로이트 컨설팅에 몸담고 있으며 딜로이트 센터 포 더 엣지Deloitte Center for the Edge의 공동 회장이다. 경영 컨설턴트, 작가, 강연자, 기업가로서 거의 30년의 경험을 가지고 있으며, 기업전략을 재구성하는 데 첨단 기술을 반영해 기업의 성과개선에 공헌해왔다. 하겔은 『Net Gain』『Net Worth』『Out of the Box』『The Only Sustainable Edge』와 『The Power of Pull』 등의 경영 베스트셀러를 저술한 작가이기도 하다.

존 실리 브라운 John Seely Brown은 딜로이트 센터 포 더 엣지의 독립 공동 회장이다. 왕성하게 활동중인 작가, 강연자, 교육가인 브라운은 남캘리포니아대학 교무처장의 고문이자 객원 연구원으로도 일하고 있다. 과학 저널에 100건 이상의 논문을 발표했고 『The Social Life of Information』『The Only Sustainable Edge』『The Power of Pull, and A New Culture of Learning』 등을 포함한 7권의 책을 독자적으로 혹은 공동으로 집필했다.

두리샤 쿠라수리야 Duleesha Kulasooriya는 딜로이트 센터 포 더 엣지의 전략 총책임자다. 지난 몇 년간 그는 계속 진화하는 디지털 인프라와 공공정책 자율화의 결과로 세계가 얼마나 역동적으로 변화하고 있는지와, 이것이 개인과 조직에 시사하는 바를 탐색했다. 쿠라수리야는 기업 성과 개선을 위한 신기술의 이용, 정적 생태계에서 동적 생태계로의 이동, 제도적 혁신에서의 기업과 개인의 역할 재정의, 제조자 운동, 공유경제, 버닝맨Burning Man행사 등과 같은 '엣지들'의 의미에 대해 광범위하게 저술하고 강연했다.

크레이크 기피 Craig Giffi는 딜로이트 컨설팅 LLP의 프린시펄principal이다. 미국 딜로이트 자동차산업 부문 인더스트리 리더인 그는 제조업위원회의 이사회 임원이기도 하다. 『Competing in World-Class Manufacturing: America's 21st-Century Challenge』의 공동 저자이며 GE Whitney 심포지엄, 미국 국가경쟁력위원회, 국제 경쟁력위원회 연맹, 스위스의 다보스에서 열린 세계경제포럼, 우드로 윌슨 국제 학술센터, 아스펜 연구소의 객원 강사로 활동하고 있다.

밍밍 첸 Mengmeng Chen은 딜로이트 센터 포 더 엣지의 전 리서치 펠로우다. 딜로이트 컨설팅의 인력 자본 부문에서 획기적인 산업의 전환에 직면한 고객을 돕기 위해 일했고, 엣지 센터에서는 오늘날 사업환경을 새롭게 형성하고 있는 제조자 운동, 제조업, 그리고 거시적 트렌드에 대한 연구와 분석을 수행했다.

4

제조업 생태계 변화를 좇아라

한국 제조업, '지는 해'로 전락할 것인가?

제조업 강국인 한국의 위기에 대한 우려의 목소리가 높다. 경제 및 기업 전문가들이 언론과 세미나를 통해 제조업의 경쟁력 약화에 대한 진단과 처방을 쏟아내는 가운데 무역 규모가 감소하고 있고, 중국 등 신흥개발국들의 도전도 갈수록 거세지고 있다. 기업 일선을 방문해서 임직원을 만나보아도 활력이 많이 떨어지고 있음을 피부로 느낀다. IMF 금융위기 전후를 제외하고는 우리나라 기업의 사무실과 공장의 문을 열고 들어갈 때 느낄 수 있는 활력이 있었다. 그 활력의 느낌은 회사마다 달라서 'OO회사식 활력'으로 구분할 정도로 개성도 뚜렷했지만, 최근 기업 분위기는 예전 같지 않다.

2015년 12월 딜로이트 글로벌과 미국경쟁력위원회가 공동으로 발표한 '글로벌 제조업 경쟁력지수 보고서'에 따르면 한국의 2020년 경쟁력 지수는 세계 6위로, 2015년 5위보다 하락한 것으로 나타났다. 반면 11위인 인도는 세계 5위로 2020년에 한국을 추월할 것이며, 말레이시아는 현재 17위에서 13위로, 베트남은 18위에서 12위로 상승할 것으로 예상된다.

현재 1위인 중국은 2위로 밀리고, 독일과 일본은 각각 3·4위로 지금과 같은 순위를 유지하고 있어서 한국의 경쟁력 지수가 한 단계 하락한 것이 심각하지 않게 느껴질 수 있으나 현실은 그렇지 않다. 이는 제조업 경쟁력이 정점을 치고 하락하기 시작했다는 의미이고, 인도를 위시해 동남아시아 개발도상국의 급상승에 대처하지 않으면 앞으로 한국 제조업 경쟁력은 급락할 위험도 있다.

1960년대 이후 산업화에 성공했던 한국 제조업에 대해 단기적인 어려움이 아닌 장기적 미래 경쟁력 약화를 예상하는 것은 제조업 패러다임 변화에 대한 효과적 대응이 부족하다고 보기 때문이다. 국가 경제 차원에서 제조업 경쟁력 약화의 대안으로 서비스업의 고부가가치화를 논의하기도 하지만, 미국·독일 등 경제강국들의 제조업 강화 정책에서 볼 수 있듯이 제조업이 뒷받침되어야 튼튼한 경제가 가능하며, 첨단 서비스업 발전도 첨단 제조업과 융합되어야 이룰 수 있다.

제조업에 부는 변화의 바람과 ICT 기술

제조업이 경쟁력을 회복하기 위해서는 먼저 제조업에 불고 있는 변화의 방향을 이해할 필요가 있다. 스마트기기, 3D 프린팅, 나노기술,

바이오테크, 빅데이터, 첨단소재, IoT, 클라우드 컴퓨팅, 디지털과의 융합 등으로 표현되는 제조와 관련된 환경의 변화는 단순한 응용기술의 변화를 넘어선 '패러다임의 변화'라는 맥락으로 파악할 수 있다. 이러한 제조업 환경의 변화는 크게 다음 4가지 관점으로 구분할 수 있다.

소비자 수요의 변화

소비자의 권리 증대, 개인화, 맞춤화, 그리고 더욱 진화한 형태인 창조자로서 소비자의 요구는 DIY 제품을 넘어 제조자 운동 등으로 공급자 생태계를 변화시키고 있다.

제품의 스마트화 · 플랫폼화 · 서비스화

의류가 웨어러블 기기로, 자동차는 커넥티드 카로, 전구는 스마트 조명으로 바뀌며, 애플의 앱스토어뿐만 아니라 모듈화된 스마트폰이나 자동차의 애프터 마켓처럼 제품에도 플랫폼 개념이 적용되고 있다.

또한 서비스의 개념이 부가된 에어비앤비 같은 서비스 상품이 나오고, 납품으로 끝나던 기업 판매 사이클이 유지 보수, 사용시간당 청구와 같은 서비스가 부가된 형태로 진화하고 있다.

전통경제학적 개념의 변화

3D 프린팅 같은 새로운 기술과 저렴해진 가격에 편리성을 더한 로봇공학, 그리고 새로운 재료의 출현은 고정비를 낮추고 맞춤화된 제조를 가능하게 하며, 초기 투자 부담을 줄여 제조업 진입장벽을 낮

추고 있다. 한편 온라인 커뮤니티와 공동작업 공간 및 크라우드펀딩
은 각각 지식과 시장 및 상업화를 위한 전통적인 제조업 진입장벽을
약화시키고 있다.

제조업 생태계 변화

레이밴Ray-Ban · 오클리Oakley 등의 브랜드를 보유한 이탈리아 룩소
티카Luxottica 그룹이 80%를 장악하고 있는 세계 안경테 시장에서 와
비파커Warby Parker라는 신생 기업이 온라인 맞춤안경을 저렴한 가격
에 판매해 돌풍을 일으키면서 시장구조에 균열이 생기고 있다. 소비
자가 홈페이지에서 안경테 5개를 골라 신청해서 배송받은 시착용 안
경테를 직접 써본 뒤 마음에 드는 제품을 온라인상에서 주문할 수 있
다. 고도로 개인화된 상품인 안경 시장에도 온라인으로 손쉽고 값싸
게 구입할 수 있게 하면서도 고객의 선택 시간을 충분히 보장하는 혁
신적 서비스가 도입된 것이다.

주문-제조-배송-AS에 이르는 공급사슬 관리 전 과정을 인공지
능 수준으로 혁신한 개별 맞춤형 제조는 안경, 의류, 컴퓨터부터 가
전, 자동차, 심지어 애완동물 사료에 이르기까지 산업 전반으로 확산
되면서 경쟁구도를 급변시키고 있다.

기업 간 협력 패러다임의 엄청난 변화

우리나라의 산업화 과정에서 대기업은 완제품 수출시장 개척과 대규
모 투자를 담당하고, 중소기업은 부품 공급과 관련 투자를 분담하는

방식으로 협력했다. 특히 1970년대 일본에서 기술을 도입해 태동한 전자산업이 2000년대 초반 디지털 혁명을 기점으로 글로벌 리더로 올라서면서 반도체, LCD TV, 스마트폰 등에서 관련 장비 및 부품을 생산하는 중소기업들의 규모도 급성장했고, 이는 자동차를 비롯한 기타 분야에서도 마찬가지다.

규모와 역량을 확보한 중소기업들이 독자적 기술을 확보하고 글로벌 시장으로 영역을 확대하는 가운데, 최근의 제조업 패러다임 변화로 향후 대기업과 중소기업의 협력방식도 과거의 완제품-부품의 하청관계 중심에서 플랫폼 개발자와 참가자의 형태로 변화할 것으로 예상된다.

세계 최대 제조기업 GE와 신생 벤처 '퍼스트빌드'의 사례가 우리나라에서도 확산될 것이다. 대기업은 개발과 마케팅을 위한 플랫폼을 구성하고 운영하며, 중소기업은 플랫폼에 참여해 제품 개발 초기부터 협력하는 형태로 변화할 것이다.

제조업의 기본, 모방할 수 없는 기본기

앞에서 언급한 바와 같이 ICT 기술을 이용해 생산성과 효율성뿐 아니라 관련 생태계와 빠른 속도로 상호교감을 하는 것이 제조업의 새로운 방향임은 분명하다. 그리고 이런 방향이 그럴듯한 용어와 재미있는 사례와 함께 소개되면 신선하고 충격적이라, 이를 따라가지 못하면 뒤처지는 느낌이 드는 것도 사실이다.

그러나 여기에서 한 가지 분명히 기억해둘 것은 제조업의 기본을 잊지 말아야 한다는 사실이다. 즉 고객이 원하는 좋은 제품을 싼 값에 공급해야 한다는 것이다. 더 좋은 제품을 만들기 위해서 회사는 지속적으로 연구개발과 투자를 하고, 생산성을 높이기 위한 방법을 모색해야 하며, 생산하는 제품이 기본적인 경쟁력을 갖추어야 한다. 기초체력을 무시한 채 일시적인 유행에 휩쓸리다가 큰 실패를 맛본 예는 적지 않다.

경쟁력 있는 제품을 만들기 위해서는 축적된 제조 역량이 있어야 한다. 제조 역량이 기업이나 기업 생태계 내에 축적되고, 사람과 기업 또는 기업 생태계 내에 체화될 때 다른 경쟁자들이 흉내낼 수 없는 무기가 된다.

남을 따라 하는 쏠림보다는 새로운 생각을 하고, 새로운 생각을 구현할 수 있는 역량을 확보하는 것이 중요하다. 독일과 미국의 제조업 부흥정책은 ICT 산업과의 융합이라는 공통점이 있는 반면에, 독일은 자국이 가진 제조업의 강점을 기반으로 ICT 기술의 힘을 합쳐서 산업을 부흥시키고자 하는 것이고, 반대로 미국은 갈고 닦아온 ICT 기술의 기반 위에서 제조업을 다시 불러들여 부흥시키려 한다는 점에서 차이가 있다.

모두 제조업과 ICT 기술의 융합이라는 키워드를 가지고 시작했지만, 육성하고 보완하는 방식은 다양하다. 제조업과 ICT 기술의 융합도 이렇게 다를 수 있다는 점을 고려하면, 남과 다른 생각을 하고 역량을 개발해 체화시키는 작업이야말로 제조업 경쟁력의 근간이라는 것을 알 수 있다.

쏠림보다는 '다름'을 추구할 때다

중국의 기업들이 따라오기 전까지 선도적 추격자로서 한국 기업들의 역량은 전 세계가 주목할 정도였다. 심지어 한발 늦게 출발해 시장 추격의 가능성이 없어 보이던 스마트폰의 경우, 애플에게 시장을 잠식당하고 심지어 몰락하는 다른 나라 기업이 속출하는 상황에서도 2~3년 안에 자원을 집중해 애플의 스마트폰과 경쟁하는 제품을 생산해냈다.

하지만 이러한 추격자로서의 성장 역사는 과도한 쏠림 현상으로도 나타났다. 우리끼리 서로 보고 모방하면서 특정 산업, 특정 제품, 특정 기술의 유행에 지나치게 민감하게 반응하는 폐해도 있었다. 이미 국내시장 대비 과잉인 철강산업에 후발주자들이 대규모 투자로 신규 공장을 설립했고, 해양플랜트 산업에 같이 뛰어들어 한국 기업끼리 가격 경쟁을 벌이면서 위기를 증폭시킨 측면도 있다.

20세기 후반 한국 제조업은 반 세기 만에 제조업 강국으로 발전한 세계적으로 유래가 없는 성과를 이루어냈다는 것은 부인할 수 없는 사실이다. 21세기에도 지속적으로 가치를 창출하고 지위를 유지하려면 지금껏 해당 산업 내에서 확보한 우위로 변화를 촉발하는 요인들을 이해하고, 구조적 우위를 확보하는 활동에 집중해야 한다. 성공을 위한 길이 하나만 있는 것은 아니다. 새로운 환경에서 한국 기업이 성공하기 위해서는 자신의 길을 개척해나가야 한다.

김준철 전무 | 딜로이트 안진 | 제조업 리더

3부

금융:
이륙 준비가 끝난 금융 서비스

새로운 변화는 기존 금융기관을
공격적이고 적응력 있는 혁신가로 재등장시켜,
스타트업 생태계에서 최고의 아이디어를 낚아채
결실을 맺게 하는 장기적인 트렌드를 형성할 것이다.

금융 서비스를 변화시킬
5가지 메가트렌드

파괴적 혁신과 금융의 미래

금융 서비스의 미래를 전망하기 위해서는 과거를 되돌아보아야 한다. 1967년, 바클레이즈Barclays가 ATM을 도입했을 때는 벽에 구멍을 하나 뚫어놓은 것에 불과했으나 사용자들은 혁신적이라고 생각했다. ATM은 1980년대 초반까지는 널리 사용되지 않았지만, 그때 비로소 마그네틱 카드가 은행이 쉽게 보급시킬 수 있을 정도로 저렴해졌다. 카드가 본격적으로 보급되자 고객들은 앞다투어 이를 사용했고 혁신은 이루어졌다.

미국 딜로이트 컨설팅은 최근 세계경제포럼World Economic Forum, WEF과 함께 금융 서비스의 미래에 대한 대규모 연구를 수행했다. 연구의 목적은 파괴적인 혁신이 오늘날의 금융 서비스업계를 어떻게 재편하는지를 이해하는 것이었다. 본고의 기반이 된 이 연구는 기존 금융기관, 금융 서비스 스타트업, 학계, 그리고 산업 전문가와 함께 논의한 중요 내용을 포함하고 있다.

우리가 발견한 사실은 혁신이 집단적으로 이루어지고 있다는 점이다. 이러한 집단은 언뜻 보기에는 홀로 동떨어진 것 같지만 사실은 상당한 공통점이 있다. 명백한 공통점은 가시적인 혁신이 플랫폼 기반으로 이루어지고, 데이터 집약적이며, 적은 자본만이 필요하다는 점이다. 또한 그들은 경쟁의 경계를 넘나들고 있었다. 일례로 기존의 금융기관은 신규 진입자에게 인프라와 서비스에 대한 접근성을 제공했고, 이에 상응해 혁신적인 서비스 제공자는 중소형 금융기관에 정교한 새로운 역량들을 제공했다.

이러한 집단적 혁신들은 기존의 금융기관과 고객뿐만 아니라 전체적인 금융 서비스 생태계에 영향을 미칠 수 있는 중요한 시사점을 가지고 있다. 규모의 경제가 주는 혜택은 줄어들 것이고, 종합뱅킹모델은 해체되어 분산화될 것이며, 새로운 자본의 원천이 등장할 것이라는 점이다. 파괴적 혁신의 영향은 뱅킹에서 처음 드러나겠지만 보험에서 가장 강하게 나타날 것이다. 고객 위험을 측정하는 기존의 방법은 더이상 통하지 않게 될 것이다.

우리는 집단적 혁신들이 주계좌, 지급결제, 자본시장, 투자관리, 그리고 보험에 어떠한 영향을 미치는지 살펴보았다. 그리고 우리가 지금 알고 있는 것들을 고려하고 몇 가지 특정 조건을 가정해 이러한 혁신이 어떻게 서로 다른 방식으로 전개될 수 있는지를 검토해보았다.

본고를 통해 우리가 어디에 투자해야 할지는 알 수 없지만 어디서부터 투자 검토를 시작해야 할지는 알 수 있을 것이다. 왜냐하면 이

그림 1 금융 서비스별 11가지 집단적 혁신

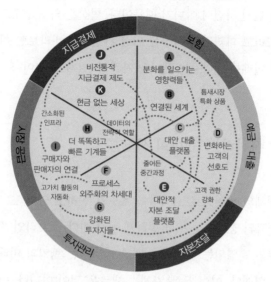

범례

A
공유경제
자율주행차
디지털 유통
유동화와 헤지펀드

B
사물인터넷
진보된 센서
웨어러블 컴퓨터

C
P2P 대출
대안적 대출 심사

D
가상화 기술
모바일 3.0
제3자 API

E
가상 거래소 & 스마트 계약
크라우드펀딩
대안적 실사

F
고급 알고리즘
클라우드 컴퓨팅
역량 공유
오픈 소스 IT

G
자동화된 자문 및 관리
소셜 트레이딩
소매 알고리즘 트레이딩

H
인공지능 · 기계학습
기계 판독 뉴스

소셜 정서(Sentiment)
빅데이터

I
시장 정보 플랫폼
자동화된 데이터 수집 및 분석

J
암호화 화폐
모바일 화폐

K
P2P 외환거래
통합 고지서
모바일 지급결제
간소화된 지급결제

출처: Deloitte Analysis

연구에서 확인한 바에 따르면, 파괴적 혁신은 금융 서비스 전체에 대한 것이지 단일 사건이 아니기 때문이다. 혁신은 의도적이고 예측 가능하다. 그리고 파괴적인 혁신을 이런 관점으로 바라보면 여러 가지로 가능한 미래를 내다보는 혜안을 가질 수 있게 될 것이다.

주계좌: 변화하는 고객의 선호도

디지털 경제의 발전으로 고객의 선호도가 변하고 있다. 그 결과, 주요 거래계좌의 공급자들 또한 변하게 될 것이다. 오프라인 지점 없이 ATM으로만 운영되는 다이렉트 뱅크direct bank는 뱅킹의 미래 모습을 보여주는 일례다. 이런 은행 자체는 새로운 것이 아니다. 이들 대부분은 전통적인 대형 금융기관의 자회사로, 가격에 민감한 고객을 상대하기 위해 수년 전에 만들어졌다. 이 은행은 자발적으로 전화나 온라인을 통해서만 거래하려는 사람들에게 그 대가로 낮은 수수료와 우대 금리를 보장해주었다. 그러나 오늘날 이들은 발전된 기술 덕분에 가격경쟁력 이상의 가치로 경쟁할 수 있게 되었다.

모바일 뱅킹은 또 다른 예다. 다른 산업처럼 금융기관도 기본적인 거래만 가능한 모바일 사이트를 추가해 모바일 기기의 빠른 확산에 대응했다. 그러나 이러한 초창기 솔루션은 곧바로 모든 기능을 갖춘 모바일 앱으로 대체되었다. 그 후 경쟁우위는 모바일 사용자에게 P2P식 자금이체, 스마트폰을 이용한 종이청구서 인식 및 결제 서비스photo bill payment, 음성인식 서비스와 같이 편리함을 제공하는 비전통적 사업자에게 넘어갔다.

그러나 이 분야도 조만간 평준화될 것이다. '뱅킹 플랫폼'은 API^Application Programming Interfaces를 표준화해 제공함으로써 개발자가 쉽게 금융기관의 핵심 서비스에 향상된 고객 대응 기능을 구축하고 통합할 수 있게 해준다. API는 프로그램이나 앱이 운영체제에 어떤 것을 처리하기 위해 호출할 수 있는 서브루틴(프로그램 속에서 필요할 때마다 반복해 사용하는 부분적 프로그램) 또는 함수의 집합이다. 이러한 플랫폼은 신규 진입자뿐만 아니라, 기존 시스템과 고비용의 맞춤제작 솔루션 간의 자원 배분 문제로 고생하고 있는 기존의 업체에도 큰 도움이 될 것이다.

미래의 뱅킹은 다음과 같이 전개될 것이다.

- **완전한 가상세계:** 가상채널은 기본적인 거래를 넘어 온보딩^onboarding 서비스와 같은 폭넓은 기능을 제공하도록 진화할 것이다.
- **고객 중심:** 고객이 첨단 기술에 보다 정통해지면서 금융기관이 제공하는 가치 제안과 고객 경험에 더 큰 영향력을 행사할 것이다.
- **매끄럽고 일관된 서비스:** 은행은 첨단 기술 기업이 제공하는 매끄럽고 일관된 서비스에 익숙해진 고객의 높아진 기대를 충족시켜야 한다.
- **맞춤화:** 서비스 제공방식은 한 가지 방식으로 모든 대중시장을 상대하는 접근법에서 각 고객 부문과 커뮤니티의 니즈를 겨냥하고 충족시키는 접근법으로 진화할 것이다.
- **외주화:** 금융기관은 온라인과 모바일 솔루션을 적시에 제공하기 위해 외부업자를 이용하게 될 것이다.

표 1 주계좌 제공자의 변화가 미치는 영향과 필요 조건

잠재적인 영향	필요 조건
• 비금융권 기업이 금융 서비스의 유통 뿐만 아니라 고객관계까지 차지한다. • 전통적인 금융기관은 보다 더 정교해진 금융상품의 공급자가 된다.	• 비전통적인 시장 참가자가 높은 신용도를 가지고 있고, 기존 금융기관과 경쟁하기에 충분한 서비스를 제공하고 있다는 강력한 평판 • 전체 가치사슬에 걸쳐 이루어진 통합
• '가벼운' 혹은 가상 금융기관이 계좌관리에 특화된 형태로 나타나서 틈새 대안 서비스 제공자와 협력해 모든 금융상품을 제공한다. • 파트너십은 대안 서비스 제공자의 네트워크가 모든 서비스를 제공하는 소매은행과 경쟁할 수 있게 해준다.	• 고객 대부분의 핵심 요구사항을 충족시키고, 기존의 업체에서 이탈하기에 충분한 가치를 제공하는 틈새 대안 서비스 제공자의 서비스와 상품 • 틈새 대안상품 사용시 금융 규제요건을 충족할 수준의 상당한 개선
• 금융기관이 고객과의 관계를 강화하기 위해 가상채널을 사용한다. • 가상채널은 금융기관이 금융 서비스 뿐만 아니라 적은 추가비용으로 비금융 서비스도 제공할 수 있게 해준다.	• 교란자로부터의 지속적인 경쟁 압박이 기존 금융기관의 혁신을 유발함 • 고객의 파악되지 않은 니즈에 대한 이해와 이를 충족시켜주는 경쟁력 있는 서비스를 개발하는 능력

그렇다면 이 모든 현상의 결과는 어떨까? 대안업체가 고객관계를 대신 차지할 정도로 성장할 가능성이 있다. 그들은 기존의 사업자와 정면으로 경쟁하기 위해 다른 틈새 사업자와의 네트워크에 참가할 것이다. 그리고 가상채널은 더 큰 상호작용을 이끌어내어, 기존 금융기관과 대안 금융기관이 고객의 일상생활에 더 깊숙이 자리하게 될 것이다.

이러한 트렌드는 소매금융 서비스의 미래를 몇 가지 방법으로 형성할 수 있다. 만일 금융기관이 더이상 개인들의 금융 데이터의 대부

분을 소유할 수 없을 정도로 분산화된다면, 독립적으로 더 매력적인 상품과 서비스를 개발할 수 있는 서비스 공급자의 능력이 제한을 받을 것이다.

게다가 기호의 변화는 비전통적인 업체를 성장시킬 수 있다. 금융기관은 이런 상황에서도 여전히 주체적으로 기능할 수 있지만, 고객 경험을 처음부터 끝까지 통제할 수 있는 능력은 약화될 것이다. 마지막으로, 금융기관이 고객과의 관계를 유지하기 위해 서비스를 진화시키면서 발생하는 새로운 리스크와 모호한 규제 준수 문제를 해결할 필요가 있다.

이 결과들 중 어떤 경우라도 기존 금융기관의 자체 상품과 서비스를 교차보조cross-subsidization(동일한 산업 내에서 한 부문의 결손을 다른 부문에서 나오는 이익으로 충당하는 것)하는 능력을 약화시킬 여지가 있다. 따라서 새로운 상품, 서비스, 유통기회의 이점을 활용할 수 있도록 비전통적 시장 참가자들과 협력할 방안을 찾을 필요가 있다.

지급결제: 현금 없는 세계

이동성과 연결성은 오랫동안 기대하던 대로 현금 없는 사회를 현실화하고 있다. 모바일 앱 덕분에 지갑을 소지하고 다니지 않아도 되고, 계산대 앞에서 줄을 설 필요도 없어졌다. 첨단 기술이 통합되고 능률적으로 발전해 계좌 정산도 더 쉬워졌다. 위치 태그, 생체인식과 토큰은 거래사기로부터 모든 사용자를 보호해주며, 소비자는 이러한 기술을 적극적으로 수용하고 있다. 한편 카드 발행사는 고객 경험에 대한 통제권을 디지털 지급결제 플랫폼에 내어줌에 따라 스스로를 차별화해야 하는 과제에 직면했다.

이러한 경쟁으로 생길 수 있는 한 가지 결과는 아마도 지급결제 시장의 통합일 것이다. 여기서 발생하는 이득은 대형 독립카드사 혹은 네트워크 카드사의 차지가 될 가능성이 크다. 그들이 은행계 카드사를 몰아내기 위해 규모의 경제를 이용할 수 있기 때문이다. 어느 쪽이 승리하든 간에 그 보상으로 고객의 지급결제 활동 대부분에 대한 가시성을 확보하게 되어, 고객의 생활방식과 기호에 대한 가치 있는 데이터를 얻을 수 있을 것이다.

미래의 지급결제 양상은 다음과 같다.

- **현금 없는 거래:** 더 많은 고객이 소액거래에서도 현금이 아닌 카드를 사용하게 될 것이다.
- **비가시성:** 지급결제 과정이 최종고객으로부터 숨겨져 고객의 니즈와 행동을 변화시킬 것이다.
- **연결성:** 상인과 금융기관에게 거래과정은 고객과의 더욱 중요한 접점이 될 것이다.
- **데이터 중심:** 지급결제 거래에서 데이터 흐름을 가지고, 금융기관과 서비스 제공자 및 상인은 소비자와 사업을 더 잘 이해할 수 있을 것이다.
- **경제성:** 전자거래는 새로운 솔루션이 확산되면서 점점 더 저렴해질 것이다.

반대로 지급결제 시장의 파편화가 이루어질 수도 있다. 고객이 여

표 2 지급결제 시장의 변화가 미치는 영향과 필요 조건

잠재적인 영향	필요 조건
• 빠른 결제시스템이 단일의 기본카드를 통한 거래처리를 더욱 강하게 유도함에 따라 다른 지급결제 대안에 대한 매력이 감소한다. • 기본카드의 지갑 점유율이 상승하는 반면, 카드 브랜드와 디자인의 영향력은 줄어든다.	• 고객과 일반 상점의 빠른 결제 솔루션의 폭넓은 도입 • 지급결제 방법의 선택에 대한 통제권을 포기하겠다는 고객의 자발적 의향
• 디지털 지갑은 실물카드를 필요없게 하고, 고객이 카드 사용을 최적화할 수 있게 해준다. • 틈새 유통업체의 카드가 확산되어 지갑 점유율을 많은 업체가 나눠 가지게 될 것이다.	• 스마트 지급결제 솔루션에 대한 상인들의 수용 • 지원 시스템(예: 유통업체의 앱과 연결된 모바일 지갑)을 갖춘 지급결제 플랫폼 • 고객의 신뢰를 얻을 수 있는 효율적이고 공정한 추천 엔진
• 리볼빙(일부 결제금액 이월 약정)을 사용하는 고객은 판매시점에 더 유리한 조건을 제시하는 유통업체의 금융 융자 서비스를 이용한다. • 카드 사용자가 은행계좌와 연결된 지급결제 솔루션으로 이동하면서 신용카드의 사용은 줄어들 것이다.	• 고객이 지급결제 방법을 바꾸는 대가로 제공되는 인센티브 • 명확하게 정의된 손해배상 규칙에 힘입은 은행계좌 제공자와 지급결제 솔루션 제공자 사이의 협력 • 신용 리스크를 떠안고자 하는 은행계좌 제공자의 의지

러 개의 카드를 이용할수록 신용카드는 금융기관을 위한 고객 유지력을 상실하게 될 것이다. 또한 금융기관이 고객의 신용도를 평가하기가 더욱 어려워질 것이다.

한편 신용카드가 한꺼번에 대체되어버릴 가능성도 있다. 만일 그런 일이 일어난다면, 소매 금융기관은 신용카드 대출을 통해 획득했던 수익을 대체할 다른 방법을 찾아야 한다. 또한 금융기관은 고객 충성도를 높일 수 있는 새로운 방법을 고안해야 한다. 은행계좌를 이용해 거래를 할 때 낮은 수수료를 선호하는 경향이 더욱 강해지고 있기 때문이다.

어떤 변화가 일어나든 금융기관은 적어도 고객의 거래경험에 대한 영향력의 일부를 잃게 될 것으로 보인다. 다각화된 시장에서 특정 고객 부문의 데이터는 카드의 채택률을 높이고 지갑 점유율을 확보하는 데 더욱 중요해질 것이다. 그리고 금융기관은 특정 상인들 사이에서 자사의 신용카드 사용을 유도하기 위해 마케팅 파트너에게 더 의존하게 될 것이다.

자본시장: 분산화된 자본조달 플랫폼

미래 자본시장의 모습이 궁금한가? 사업가와 투자자가 서로를 찾도록 도와주는 웹사이트인 분산화된 자본조달 플랫폼을 들여다보자. 분산화된 자본조달 플랫폼은 투자자문을 제공하지 않는다. 주식을 팔거나 채권투자를 직접 주선하지도 않는다. 그들은 가상의 장터에서 기업에게 잠재적인 투자자를 유치할 수 있는 공간을 제공해준다. 투자자는 플랫폼을 통해 편리하게 투자기회를 둘러보고 이를 서로 비교할 수 있다.

분산화된 자본조달 플랫폼은 제공하는 투자기회에 따라 차이가 있다. 예를 들어 일부는 스타트업을 전문으로 다루고, 또 몇몇은 선도 투자자에게 수수료 수익을 올리게 해준다. 많은 플랫폼이 유가증권 발행인을 위해 법적구조의 수립을 도와주거나, 투자자를 위한 '우대

조건' 보상방안 같은 독특한 조항을 포함시킬 수 있게 해준다.

그러나 개인 투자자에게 이 새로운 자산집단^{asset class}이 실제로 얼마나 적정한지에 대한 의문은 여전히 남는다. 이에 대한 한 가지 방안은 자금조달을 원하는 기업이 최소 목표수익률을 달성하도록 요구하거나 경험 많은 투자자의 리더십을 받아들이도록 하는 것이다. 기업실사^{due diligence}(기업의 재무 내용이나 기술력 등을 상세히 조사·평가하는 작업)까지 수행하는 고객 보호를 제공하는 것은 또 다른 이야기다. 분산화된 플랫폼이 장기적인 성공을 달성하기 위해서는 투자희망기업과 투자자가 원하는 바를 서로 일치시켜주는 신뢰성 있는 방법이 필요하다. 자본시장의 미래는 다음과 같다.

- **접근가능성:** 더 많은 기업과 프로젝트를 투자자 앞에 선보일 것이다.
- **통제가능성:** 개인 투자자가 투자 의사결정에 대해 더 많은 통제권을 가지게 될 것이다.
- **효율성:** 자본조달 과정에서 기업을 검증할 수 있게 되어 투자자는 가장 가능성 있는 기회를 찾게 될 것이다.
- **유연성:** 기업이 필요한 것을 더 잘 충족시키고 더 많은 투자자에게 어필할 수 있는 자금조달 수단을 구축하게 될 것이다.
- **경제성:** 중개기관이 쇠퇴함에 따라 개인 투자자의 투자비용도 감소할 것이다.

분산화된 플랫폼 모델이 시장을 장악하게 될 경우 금융기관이 얻을 수 있는 3가지 시사점이 있다. 첫째, 경쟁에 노출될 수 있다는 위험을 감수하더라도 플랫폼은 사업 초기단계의 회사에게 거부할 수

표 3 자본조달 플랫폼 분산화가 미치는 영향과 필요 조건

잠재적인 영향	필요 조건
• 피어(peer) 기반의 펀딩 플랫폼은 고위험의 초기단계 기업을 위한 자본조달 중개인으로서의 입지를 굳힐 것이다. • 자본조달 네트워크는 초기 단계 기업을 위한 펀딩기회뿐만 아니라, 후기단계 벤처캐피털 자금조달을 위한 투자기회를 증가시켜 더욱 풍성해질 것이다.	• 피어 기반 펀딩모델에 자발적으로 참여하려는 일정 규모의 투자자 집단 • 투자자가 실사를 진행하도록 도와주는 정확한 고품질 정보 • 투자자의 리스크를 이해하기 위한 충분한 금융 이해력
• 금융수익 이상의 동기(예: 지속가능성 혹은 사회적 영향력)를 가진 투자자가 전통적인 중개기관을 통해서는 자본을 조달받지 못할 낮은 이익률을 가진 투자기회에 투자한다. • 성장을 위한 적절한 지도를 제공할 수 있는 전통적인 중개기관이 초기단계의 기업에 투자한다.	• 전통적인 금융기관을 통해서는 지역 스타트업에게 제한적인 펀딩기회만 제공됨 • 프로젝트의 성공을 위해 시장수익률 미만의 이익을 감수하는 커뮤니티 • 초기단계 기업의 추가적인 자금확보 실패로 인해 대안적 펀딩 플랫폼에 초점을 이동하도록 만드는 압력
• 대기업이 고객에게서 직접적으로 자본을 조달하기 위해 피어 기반 플랫폼을 이용한다. • 고객은 대기업에 암묵적인 마케팅과 강화된 고객 충성도를 제공해 비금전적 인센티브(예: 미래의 할인)를 받고, 대기업의 자본비용을 추가적으로 줄여준다.	• 대규모 금융사업을 위한 전통적인 금융 생태계에 견줄 수 있는 피어 기반 플랫폼을 통한 펀딩 방식의 낮은 총 금융비용 • 기관 투자자가 받는 정보와 동등한 수준의 정보를 대중 투자자에게 제공할 수 있는 대안 펀딩 플랫폼의 역량

없을 정도로 매력적이다. 이와 경쟁하기 위해 전통적인 중개인은 독특하거나 독점적인 투자기회를 제공할 수 있도록 노력을 배가해야 한다.

둘째로, 전통적인 금융기관이 소규모 투자를 수행하는 편리한 방

법으로 분산화된 플랫폼을 직접 사용할 가능성도 있다. 세 번째 시나리오는 분산화된 플랫폼이 대기업을 위한 인기 있는 펀딩 대안으로 진화하는 것이다. 이 경우 전통적인 중개기관이 자본조달과 직접적으로 관련되지 않은 가치를 제공하는 것이 더욱 중요해질 것이다. 어떤 경우에도 분산화된 플랫폼이 투자자들, 특히 엔젤투자자들을 놓고 전통적인 중개기관과 경쟁할 것이라는 점은 거의 확실하다. 더 많은 펀딩 옵션은 펀딩 단계 간의 평균시간을 줄여줄 것이며, 신규 기업이 더 빠르게 성장하도록 도와줄 것이다.

마지막으로, 개인 고객이 더 넓어진 선택의 폭을 활용하게 된다면, 전통적인 자산관리 상품들은 투자 포트폴리오의 변화를 모색해야 할 것이다.

자산관리: 강화된 고객권한

자산관리는 더욱 보편화되고 있다. 한때 값비싸고 노동 집약적이었던 서비스는 점점 더 일용품화되고 있다. 첨단 기술은 금융지식을 연줄 있고 부유한 계층 너머까지 확대 전파하고 있다. 로봇 자문가robo-advisor는 마치 SF 소설에나 나올 법한 이야기처럼 들리지만 이미 현실화되었다. 실제로는 자동으로 고객의 재정현황을 분석해 맞춤화된 권고를 제공하는 온라인 도구다. 또한 기존 금융기관이 판매하는 금융상품에 투자하는 전형적인 방식으로 투자 포트폴리오를 관리할 수도 있다. 일부 로봇 자문가는 상장지수 펀드 같은 수동적인 투자 포트폴리오에만 투자하고 고객이 투자전략을 수정할 수 없게 한다. 다른 로봇 자문가는 투자주식의 선택과 같은 고객의 능동적인 투자 참여를 일부 허용한다. 포트폴리오 재조정과 기타 서비스는 약간의 수수료를 추가하면 자동적으로 제공받을 수 있다.

다른 기술 분야에서는 소셜 트레이딩 플랫폼이 사용자 간의 의견, 전략, 시장 인사이트의 교환을 지원하기 위해 등장했다. 동시에 개인들은 이를 통해 투자 포트폴리오를 구축하고 그 결과를 다른 투자자와 공유할 수 있다. 소매 알고리즘 트레이딩algorithmic trading(일정한 논리 구조, 즉 알고리즘에 따라 주식시장에서의 상품거래를 컴퓨터 시스템이 자동으로 수행하도록 한 거래방식) 등의 다른 종류의 플랫폼은 투자자가 기술적 지식이 부족하더라도 트레이딩 알고리즘을 쉽게 구축하고 실행할 수 있도록 해준다.

미래의 자산관리 특징은 다음과 같다.

- **접근가능성:** 자동화는 정교한 자산관리 서비스를 대중 부유층과 대중시장 고객에게까지 확대할 것이다.
- **투명성:** 고객은 투자에 대해 더 넓은 시야를 가지게 되고, 보다 쉽게 조정할 수 있게 된다.
- **편의성:** 고객과의 상호작용과 서비스 제공이 점점 더 온라인과 모바일 채널을 통해 이뤄질 것이다.
- **개인화:** 대중 부유층과 대중시장 고객은 더욱 개인화된 서비스와 자문의 혜택을 입게 될 것이다.
- **가격 효과성:** 자산관리 자문과 서비스의 비용은 새로운 시장 진입자가 경쟁을 촉발시킴에 따라 줄어들 것이다.

금융기관에게는 이러한 트렌드가 부유층을 대상으로 한 시장의 쇠퇴를 의미할 수도 있다. 이럴 경우 소매 은행은 더 저렴한 자산관리 상품을 제공하는 신규 진입자에게 예금 고객을 잃게 될 수 있다. 반대 측면에서는 고객과의 접촉이 많은 부유층 대상 시장에서의 개인 관리자 역할이 훨씬 더 중요해질 것이다.

한편 소매 은행은 자동화된 서비스를 자체적으로 제공하는 방향으로 이동해 자산관리 고객의 니즈를 대부분 충족시키게 될 것이다. 기존 금융기관은 상품 및 서비스를 조정하고 새로운 고객층에게 서비스를 제공하는 과정에서 도전과제에 맞닥뜨리게 될 수도 있다. 오늘날의 자산관리자는 사업을 유지하기 위해 가치 제안을 개편해야 할 수도 있다.

또 다른 가능성은 영향력 있는 소비자가 직접적인 경쟁자가 되는 것이다. 이렇게 되면 분산화되고 지속적으로 변하는 소비자 전문가의 구성을 고려해볼 때, 전통적인 자산관리 상품 간의 성과를 비교·평가하기가 점점 더 어려워질 것이다. 이 경우, 전통적 금융기관은 비슷한 수익률을 올리는 전문 소비자와 차별화하기 위해 더욱더 브랜드와 평판에 의존하게 될 것이다.

그러나 이런 트렌드가 전개되면서 자문 서비스는 상품에서 분리될 것으로 보인다. 고객이 비용 면에서 효과적인 자동화 자문 시스템을 이용하게 되면, 기존의 자문채널에는 전보다 적은 자산관리 상품만이 팔리게 될 것이다.

또한 전통적 자산관리자는 규모의 경제에 기반한 우위를 상실하게 될 것이다. 더 많은 절차가 자동화되고, 더 많은 사람이 가상 채널을 이용할 것이며, 새로운 신규 진입자가 지속적으로 저비용 인프라를

표 4 자산관리 서비스의 변화가 미치는 영향과 필요 조건

잠재적인 영향	필요 조건
• 온라인 도구와 자동화된 서비스는 본래 금융 서비스를 충분히 제공받지 못하는 소비자들을 대상으로 했지만, 전통적인 자산관리자에게서 대중 부유층 시장의 점유율을 빼앗고 있다. • 자산관리자는 수익성이 높은 부유층을 위한 맞춤화된 세심한 서비스를 제공할 것이다.	• 새로운 시장 진입자에 대한 고객의 신뢰와 인지 • 제공하는 서비스가 고객이 전통적인 자산관리자를 새로운 업체로 대체하도록 유도할 만큼 충분히 강력해야 함
• 자동화된 플랫폼은 과거 고비용이었던 서비스(예: 손실수확효과, tax loss harvesting)를 일용품화하고, 심지어 자산관리자가 최상위 부유층 고객에게 제공하는 가치까지 감소시킨다. • 기존의 자산관리자는 재무 위임관리 서비스나 세대 간 자산이전 서비스와 같은 맞춤 서비스를 점점 더 많이 제공하게 된다.	• 새로운 역량을 획득하고 실행할 수 있거나 자동화 서비스 제공자와 쉽게 협력할 수 있는 기존 금융기관 • 고객과의 개인적인 관계를 통해서만 가능한 고부가가치 서비스를 제공하는 기존의 금융기관
• 개별 투자자가 기술적 지식이나 전통적으로 요구되던 인프라 없이도 투자 전문가로 활동할 수 있다. • 소매, 소셜 트레이딩 플랫폼은 개개인이 투자 전문지식을 나누고 팔 수 있는 효과적인 방안이 되어 전통적인 자산관리자와 직접적으로 경쟁하게 될 것이다.	• 고객의 신뢰를 얻기 위한 투자 전문가의 충분한 실적 기록 • 수익, 리스크와 비용을 두고 경쟁하는 투자 전문가로부터의 가치 제안 • 자문 서비스의 내용이 충분히 이해되고 있음을 확실히 하는 감독 당국의 규제

이용할 것이다. 이에 따라 전통적 자산관리자의 이익은 줄어들고, 보다 특화된 영역이나 서비스에서 전통적 업체 간의 경쟁이 심화될 것이다.

보험: 증가하는 연결성

센서, 통신 프로토콜, 고급 애널리틱스, IoT 등 우리에게 모든 것이 연결된 생활방식을 가져다준 기술들이 보험산업에도 변화를 일으키고 있다. 자동차 또한 변화하고 있다. 오늘날 차량은 운영체제를 갖추고 있고, 사용자가 설치한 앱을 실행하며, 인터넷에 접속하기도 한다. 센서는 차량의 모든 부분에서 원격 정보를 수집할 수 있다. 헬스케어도 변화하고 있다. 사람들은 웨어러블 기기를 통해 일상활동을 관리할 수 있으며, 특정한 의학적 상태를 측정·추적·분석할 수 있다. 헬스케어 전문가는 데이터에 근거해서 패턴을 확인하고 조언할 수 있다. 또한 연결성은 가정을 변모시키기도 한다. 기기들은 내부환경을 모니터링하고 지표와 기계학습 결과에 따라 이를 수정한다. 화재 경보장치와 스프링쿨러처럼 방재활동이 필요한 위험 요인들을 찾아낼 수 있다.

우리는 이 모든 시스템을 연결할 수 있는 기술을 이미 가지고 있고, 개인의 생활을 형상화하기 위해 표준화된 플랫폼으로 정보를 상호교환하고 데이터를 전송하고 있다. 차와 사람과 가정을 연결하는 장치들은 그물망을 형성해 텔레매틱스 보험모델을 제공하고 있다.

미래 보험의 특징은 다음과 같다.

- **개인화:** 보험료 산정은 집단의 리스크가 아닌 개인의 리스크에 근거해 책정될 것이다.
- **정확성:** 교차보조는 감소하고, 각 고객의 개별 리스크에 걸맞은 보험료 지불을 유도할 것이다.

- **투명성:** 보험사가 보험금 청구가 일어나는 상황을 더 자세히 알게 되면서 보험사기가 줄어들 것이다.
- **풍부한 데이터:** 보험사는 점점 더 역사적이고 통계적인 데이터(예: 소유 차량의 종류)뿐만 아니라 행동 관련 데이터(예: 차량 운행거리)도 관리하게 될 것이다.
- **몰입:** 더 좋은 데이터는 보험사가 고객에게 좀더 유의미한 콘텐츠를 제공할 수 있게 해준다.

이러한 모든 연결성의 잠재적인 결과는 보험의 개인화다. 보험과 보험료가 고도로 개별화되면, 여러 고객에 걸쳐 이루어지는 현재의 교차보조 사업모델은 더이상 가능하지 않을 것이다.

또 다른 결과는 아마도 보험 가입자의 리스크에 대한 적극적인 관리일 것이다. 이를 실행하기 위해 보험사는 보험설계사 및 기타 전통적인 채널과의 협업보다는 고객과 직접 상호작용해야만 한다. 또한 보험사는 고객이 이러한 수준의 개입을 받아들이고 그들의 행동을 수정하도록 해야 한다.

세 번째 가능성은 보험사가 고객에게 더 의미 있는 가치를 제공하기 위해 개인정보를 활용할 것이라는 점이다. 이는 보험사가 상인들과의 관계를 더 잘 관리할 수 있는 방법을 마련해야만 한다는 것을 의미한다.

기존 보험 사업자에게 이러한 변화는 지대한 영향을 끼칠 것이다. 지금까지는 보험사가 주로 리스크를 보고하고 완화시키기 위한 수단으로 데이터를 사용해왔다. 그러나 새로운 데이터의 흐름에 접근하는 능력은 과거의 경쟁우위를 흔한 것으로 만들어버리고 있으며, 고

표 5 연결성 증가가 보험사에 미치는 영향과 필요 조건

잠재적인 영향	필요 조건
• 보험사는 커넥티드 기기를 이용해 리스크 프로파일을 추적하고, 지속적으로 실증 데이터로 이를 정제한다. 이를 통해 보다 정확하게 개개인의 리스크를 언더라이팅(계약 심사)할 수 있다. • 고객은 사건 기반의 보험 커버리지를 제공하는 보험상품의 구매와 더 나은 보장을 위해 커넥티드 기기를 보험상품을 개인화하는 데 사용한다.	• 개인이 소유한 커넥티드 기기의 폭넓은 도입 • 실시간 데이터를 사용해 지속적으로 리스크의 언더라이팅 현황을 업데이트하는 애널리틱스 • 보험사, 기기 제조업체, 통신사 간의 협력 • 보험사와 추가적인 개인정보를 공유하고자 하는 고객의 의지
• 커넥티드 기기는 보험사가 고객과 좀 더 자주 상호작용하게 하고, 고객의 리스크를 사전적으로 관리(예: 웨어러블 기기를 통해 수집된 데이터를 기반으로 한 건강 상담)할 수 있게 도와준다. • 보험사는 손실을 줄이고 더 많은 가치를 고객에게 제공할 수 있는 리스크 관리자로 진화한다.	• 미래 리스크의 예측이 가능한 선진적 애널리틱스 • 자문과 관련한 책임 정도의 명확한 파악 • 자신의 리스크를 관리해주고 자문을 제공하는 보험사를 신뢰하는 고객
• 커넥티드 기기는 보험사가 고객의 성향과 생활방식에 대한 행동 데이터를 수집할 수 있게 해준다. • 보험사는 더 명확한 목표집단을 대상으로 한 홍보(예: 서비스 제안)를 목적으로 고객정보를 수집하기 위해 유통업체 및 다른 외부업체와 협력한다.	• 개인정보가 안전하게 보호되고 이를 통해 더 나은 가치를 얻을 수 있다고 고객을 설득할 수 있는 보험사 • 개인정보 사용과 관련한 기존과 미래의 규정 준수

객에게 권한이 더 강화된 고객 경험을 제공할 수 있는 매력적인 새로운 경쟁자의 등장을 불러오고 있다.

보험사는 이에 대응하기 위해 단순히 신규 가입 및 갱신 시점에만 주목할 것이 아니라 보험의 생애주기 전체에 걸쳐 데이터를 수집하고 분석할 필요가 있다. 그들은 고객의 재정 현황과 니즈에 대한 더 나은 이해가 필요하다. 또한 고객이 직면하는 위험에 대해 짚어줄 수 있는 조언자로 발돋움해야 한다. 이러한 변화가 쉽지는 않겠지만 빠르게 이루어져야 한다. 우량 고객들을 한번 놓치면 되찾기 매우 어렵다.

새로운 변화가 부를 장기적인 트렌드

첨단 기술은 획기적으로 금융 서비스를 재편하고 있다. 소비자 행동이 진화할수록 전통적인 금융기관은 직접 뱅킹, 모바일 뱅킹 시장에서 새로운 경쟁자와 상대하게 될 것이다. 지급결제 시장에서 현금과 신용카드는 디지털결제 대안방식에 자리를 내주고 있다. 이로 인해 금융기관은 최소한 거래경험과 관련해 영향력을 일부 잃게 될 것이다. 분산화된 자본조달 플랫폼은 자본시장의 문을 열고 있으며, 전통적인 중개자가 새롭게 경쟁할 수 있는 새로운 가치제안을 개발하도록 강요하고 있다.

로봇 자문가와 소셜 트레이딩 플랫폼은 투자관리를 보편화하고, 부유층 시장을 잠식하고 있다. 이는 과거의 섬세한 맞춤형 자문 서비스의 복귀를 시사한다. 보험에 대해서는 연결된 생활방식을 제공해주는 첨단 기술이 극한의 개인화를 가능하게 할 것이며, 고객의 '이탈 비용'은 그 어느 때보다도 높아질 것이다.

이러한 변화는 파격적이지만 갑작스럽게 일어난 것은 아니다. 이 변화는 고객층이 불안정하고 가벼우면서 확장 가능한 기술이 쉽게 적용되는, 가장 가능성 높은 영역을 노리고 있다. 이와 함께 새로운 변화는 기존 금융기관을 공격적이고 적응력 있는 혁신가로 재등장시켜, 스타트업 생태계에서 최고의 아이디어를 낚아채 결실을 맺게 하는 장기적인 트렌드를 형성할 것이다.

롭 갈라스키_{Rob Galaski}는 모니터 딜로이트의 파트너로 은행 및 증권 사업부의 리더이며, 금융 서비스 전략부문의 수장이다. 그는 캐나다에 근거지를 두고 미국, 영국, EU, 아시아 및 중동의 다양한 클라이언트와 국제적으로 업무를 수행하고 있다. 기업 및 사업부 전략, 채널 전략, 고객 전략, M&A를 포함한 성장 중심 전략의 개발에 특화된 전문지식을 보유하고 있다.

4부

보험:
연결된 세상에서의 보험

소셜 미디어를 통한 좀더 균질화된 보험소비자군이 탄생하고,
스마트 모바일 기기는 보험상품의 설계부터
보험급부의 지급 완료시까지의 프로세스 중 상당 부분에서
지금보다 한층 향상된 효율성을 제공할 것이다.

6

당신이 아는 것과는
다른 보험

기존의 보험사를 위협하는 디지털 기술

손해보험사가 가진 운영모델의 고유한 본질이 가치사슬 전반에서 디지털 기술로 위협받고 있다. 연결된 세상의 빠른 기술 발전을 전통적인 손해보험사의 상품과 서비스가 따라가지 못해 고객들에게 외면받기 때문이다. 여기에는 크게 2가지 문제가 있다.

첫째, 손해보험General Insurance, GI은 고객들에게 구체적인 혜택을 자주 제공하지 못하는 데 반해, 고객들은 모바일 내비게이션과 같은 대중적인 연결 서비스에서 이미 많은 혜택을 받고 있고 더 기대하고 있다. 둘째, GI 상품의 혁신이 사이버 공격과 같은 새로운 리스크에 대처하지 못하고 있다.

GI의 온라인 고객경험은 낮은 수준일 가능성이 높다. 또한 고객들은 온라인으로 손해보험을 계약할 때 입력해야 하는 데이터가 많다는 불만을 가질 수 있다. 이러한 손해보험사업의 속성이 손해보험사의 혁신을 어렵게 만든다. GI는 많은 중개자가 개입하고 고객관계가 긴밀하지 않은 로터치low touch 상품이기 때문에 고객들에 대한 인사이트가 부족할 수 있다. 실제로 관련 설문조사에 따르면 보험 가입자 중 절반 이상이 1년에 1회 이하로 보험사와 접촉하고 있었다.

그리고 손해보험사에는 혁신적 사고방식을 가진 사람이 부족하다. 2014년 12월에 세계경제포럼WEF에서 금융혁신을 주제로 개최한 이벤트에 초대된 100여 개의 기업 중 보험사는 한 곳에 불과했다. 그 결과 새로운 시장 진입자들이 디지털 기술을 이용한 전통적인 GI 모델의 혁신을 통해 급부상하고 있다.

실례로 소셜 미디어를 이용한 사적 단체손해보험P2P GI 네트워크에 고객들의 자가보험 참여가 활발해지면서 기존 보험사가 위협받고 있다. 그렇다면 앞으로 10년 동안 어떤 디지털 기술이 GI를 뒤흔들 가장 큰 잠재력을 가지고 있는가? 디지털 기술은 어느 정도까지 기존 보험사를 위협할 것인가?

이러한 질문에 대답하기 위해 우리는 GI에 특별히 적용되는 디지털 기술이 무엇인지를 연구했다. 영국 딜로이트는 총 2,955명의 보험 가입자(자동차 1,424명, 주택 877명, 건강 654명)를 대상으로 온라인 설문조사를 실시해 디지털 기술에 대한 고객들의 시각을 알아보고, 결과적으로 어떤 적용 분야가 가장 높은 가능성을 가지는지 살펴보았다.

손해보험산업의 새로운 킬러 애플리케이션

본고에서는 향후 10년간 손해보험산업을 변화시킬 잠재력이 있는 디지털 기술의 9가지 적용분야, 즉 GI의 9가지 킬러 애플리케이션 Killer Application을 선정했다. 9가지 킬러 애플리케이션은 다음과 같은 4가지 특징이 있다.

- 고객들 사이에서 잠재적 수요가 높다.
- 손익에 대한 잠재적 영향이 크다.
- 규제장벽이 없다.
- 현재 기술로 가능하다.

9가지 킬러 애플리케이션이 무엇이며, 이들이 언제 얼마나 큰 영향을 미칠지는 〈그림 1〉에서 확인할 수 있다.

이 9가지 킬러 애플리케이션은 까다로운 선별과정을 거쳤다. 우선 애널리틱스와 같이 손해보험업뿐 아니라 다른 산업에도 영향을 미칠 수 있는 디지털 기술을 배제했다. 또한 자본시장에서 보험산업으로의 자본 이동처럼 기술적 측면이 분명하지 않은 잠재적인 와해성 요인도 제외했다.

이제 이 9가지 킬러 애플리케이션이 어떤 측면에서 손해보험산업을 뒤흔들 수 있는 잠재력이 있는지, 그것이 보험사에 어떤 기회와 위협을 내포하는지 살펴보려 한다.

그림 1 손해보험산업의 디지털 기술을 응용한 9가지 킬러 애플리케이션

출처: Deloitte

킬러 애플리케이션 1: 텔레매틱스 기반 서비스

텔레매틱스 기술이 텔레매틱스 기반의 보험을 출현시켰다. 텔레매틱스 기술을 적용해 가입자의 행동을 추적한 데이터를 보험사로 전송하면 보험사는 데이터를 활용해 리스크를 평가하고 맞춤형 보험료를 산정한다. 이때 고객들은 보험료 할인이나 긴급출동 서비스와 같은 추가 혜택의 기회를 얻는다. 텔레매틱스 기반의 자동차보험은 이미 10여 년 전부터 유럽에서 많은 보험사가 판매하고 있다. 최근에는 텔레매틱스 기반의 건강보험이나 주택보험 상품도 출시되었다. 텔레매틱스 기반 보험은 사람들의 높은 관심을 끌고 있다. 딜로이트가 조사한 건강 · 주택 · 자동차보험 고객 중 1/3 이상이 보험료가 더 정확히

128

산정된다면 기꺼이 행동 추적을 허용하고 데이터를 보험사와 공유하겠다고 응답했다.

보험사와 행동 추적 데이터를 흔쾌히 공유하려는 가입자들이 늘어나는 배경은 젊은 고객층이 데이터 공유에 거부감이 적기 때문이다. 딜로이트가 실시한 설문조사에 따르면 25~34세 고객 중 63%는 주택보험회사와 데이터를 공유하는 대신에 더욱 정확한 보험료 책정을 원한다고 응답했다. 전 연령층 평균인 38%에 비해 매우 높은 수치다.

영국에서는 텔레매틱스 기반의 자동차보험이 10여 년 전부터 판매되고 있다. 그러나 가입고객은 5%에도 못 미친다. 텔레매틱스 기반 보험을 원하는 이들이 많은 것처럼 보이지만 실제 가입자가 적은 이유는 무엇일까?

주요 원인 중 하나는 일반 보험에 비해 보험료 절감 효과가 적기 때문이다. 그러나 텔레매틱스 기반 보험을 통한 절감 효과가 큰 소비자 그룹, 예를 들어 영국의 젊은 운전자들에게는 텔레매틱스 기반 보험의 인기가 높다. 2015년 4월 기준, 17세를 대상으로 한 일반 자동차보험료(1,901파운드)는 전체 보험 가입자의 평균 보험료(591파운드)에 비해 3배 이상 비쌌다. 결과적으로 영국의 18~24세 운전자들이 텔레매틱스 기반 보험에 가입할 가능성은 전체 평균 대비 1.7배 높았다.

텔레매틱스 기반 보험은 보험료 절감 효과만 제공하는 현재 방식으로는 많은 고객을 확보하기 어려워 보인다. 그러나 텔레매틱스가 새로운 연결 서비스를 촉진할 경우 GI를 뒤흔들 커다란 잠재력을 가지고 있다. 특히 2가지 새로운 연결 서비스는 고객의 확보 측면에서 주목받고 있다.

첫째, 텔레매틱스는 사람들이 정말로 원하는 정보를 제공할 수 있다. 예를 들어 텔레매틱스는 환경친화적인 사람들에게 운전방식의 변화로 탄소배출을 줄일 수 있는 방법을 알려줄 수 있다. 또 다른 이들은 보다 안전한 길을 택하거나 운전방식을 바꿔 리스크를 최소화할 수 있는 방법을 알고 싶어할 수 있다. 종합해보면 개별적인 맞춤형 텔레매틱스 플랫폼을 통해 사람들은 필요한 정보 욕구를 충족시킬 수 있다.

둘째, 텔레매틱스는 사람들이 손해를 피하거나 최소화하도록 기여할 수 있다. 일례로 텔레매틱스 기능은 주택보험 가입자가 스마트폰을 통해 누수 수도관의 작동을 중단시켜 피해를 줄이도록 할 수 있다. 현재 많은 사람이 이러한 서비스를 원하고 있으며 이를 원하는 사람들이 앞으로 더 늘어날 것이다.

이렇듯 새로운 연결 서비스는 보험사에 엄청난 기회가 된다. 모바일 내비게이션 앱과 같은 대중적 서비스가 다양한 혜택을 제공하는 디지털 시대에 보험사들은 새로운 연결 서비스를 통해 존재감을 높일 수 있다. 새로운 연결 서비스를 개발하는 보험사는 2가지 이유로 선도자의 우위를 확보하게 될 것이다. 첫째, 선도 보험사는 경쟁사보다 빠르게 축적한 데이터를 인사이트로 바꾸는 경험을 할 수 있다. 둘째, 선도 보험사는 서비스 사용자가 늘어날수록 신규 고객에게 더 매력적인 네트워크 효과를 누리게 한다.

자동차 제조사나 첨단 기술 기업은 새로운 연결 서비스를 제공하는 데 보험사보다 우위를 가진다. 이들은 보험사에 비해 텔레매틱스 기술 구축비용이 적게 들기 때문에 텔레매틱스의 새로운 기회를 쉽게 포착할 수 있는 위치에 있다. 현재 고객들은 새로운 연결 서비스의 제공자로 뚜렷이 선호하는 업체가 없다. 딜로이트 설문조사에서도 자동차 리스크 관리를 위한 서비스 제공자로 선호된 최상위 3개의 업계 간 차이는 크지 않았다. 보험사(44%)가 1위였고 자동차 제조사(37%)와 긴급출동 서비스업체(34%)가 뒤를 이었다.

킬러 애플리케이션 2: 자율주행차보험

다양한 기술의 결합 적용이 자율주행차를 만들어냈다. 가장 중요한 3가지 기술은 인공지능, 센서, 연결성이다. 인공지능은 자동차 운전 중 의사결정을 가능하게 하고, 센서와 연결성은 의사결정을 위한 정보를 수집하고 전달한다.

자동차 제조사와 첨단 기술 기업들은 발 빠르게 자율주행차를 개발하고 있다. 2014년 4월 구글은 자사의 자율주행차가 70만 마일을 달렸다고 발표했다. 이들 업체는 4~8년 안에 자율주행차를 출시할 수 있을 것이라며 자신하고 있다.

자율주행차가 일반도로에 나올 수 있는 생태계를 조성하는 과정은 복잡하고 많은 시간이 소요될 것이다. 여기에는 정부와 다양한 산업의 기업들의 높은 수준의 협력이 필요하다. 이러한 생태계가 언제 조성될지는 불확실하다. 그럼에도 불구하고 빠른 기술 개발 속도를 감안할 때, 딜로이트는 2025년까지 일반도로를 달리는 자동차 중 최대 50%가 '스마트'해져서 기존 자동차보다 안전해질 것으로 추정한다.

또한 스마트한 자동차와 기존의 자동차가 함께 도로를 달리는 보다 복잡한 세상으로 전환될 것이다. 앞으로 10년에 걸쳐 자율주행차는 다음 3가지 요인의 복합적인 작용으로 자동차 리스크 유형을 훨씬 복잡하게 만들 것이다.

첫째, 자율주행차는 인간 운전자보다 더 안전할 수 있다. 자율주행 메커니즘은 피로와 같은 인간 운전자의 약점에 영향을 받지 않는다. 초기 테스트 결과에서 자율주행차가 인간 운전 자동차에 비해 안전한 것으로 나타났다. 따라서 자율주행차는 자동차 사고를 줄일 수 있는 잠재력을 가지고 있다고 볼 수 있다. 일부 추정에 따르면 자동차 사고의 90%가 인간의 실수 때문에 발생한다.

둘째, 그럼에도 불구하고 자율주행차는 리스크를 없애지 못할 것이다. 아무리 자율주행차라도 환경적 요인이나 인적 요인으로 발생하는 사고를 피할 수 없다. 구글의 자율주행차는 6년의 테스트 기간 동안 총 11차례 사고가 났는데, 모두 인간 운전 자동차가 자율주행차에 충돌한 경우로 인간의 잘못이 사고 원인이었다.

셋째, 자율주행차는 새로운 리스크를 낳을 수 있다. 자율주행차 때문에 새로운 리스크가 발생할 수 있으며, 자율주행 체계의 오류에서부터 해킹에 이르기까지 리스크의 범위도 다양하다.

장기적으로 자율주행차는 자동차 사고를 줄이고 보험료를 인하시키는 결과를 가져와 자동차보험 시장을 위축시킬 수 있다. 그러나 단기적으로 볼 때 자율주행차의 도입과 그에 따라 증가하는 리스크의 복잡성은 일부 보험사에게 기회다. 리스크 변화 추이를 더 정교하게 이해하는 보험사가 승기를 잡을 것이며, 데이터 확보와 리스크 변화에 대한 이해가 성공의 핵심이다. 현재는 텔레매틱스 서비스를 보유한 보험사가 데이터를 먼저 확보하고 있기 때문에 가장 유리한 고지에 있다.

킬러 애플리케이션 3: 모바일 인터넷 보험거래

스마트폰과 태블릿 PC는 고객들에게 시간과 장소에 관계없이 온라인으로 GI 상품을 검색·가입·관리할 수 있게 해준다. 많은 고객이 스마트폰을 이용해 GI 거래를 하고 싶어한다. 젊은 고객층에 비해 스마트폰 이용이 적은 55세 이상 고객들 중 절반 이상인 57%가 스마트폰으로 하는 GI 거래를 원하고 있었다. 그러나 실제로 스마트폰으로 GI 거래를 하는 이들은 별로 없다. 스마트폰으로 GI 거래를 원하는 고객이 그렇게 많은데도 실제 이용자가 적은 이유는 무엇일까? 그 이유는 많은 고객이 컴퓨터를 이용한 GI 거래에 만족하고 있기 때문이다. 딜로이트 설문조사에 따르면 고객 중 74%는 PC나 노트북을 통한 GI 거래에 만족한다고 답했다.

스마트폰은 보험사가 고객경험을 개선할 수 있는 기회를 제공한다. 일례로 스마트폰은 보험금 청구와 관련한 자료를 제출하는 과정을 자동화할 수 있다. 고객들은 스마트폰으로 언제 어디서건 발생한 피해 사진을 찍어서 보험사에 제출할 수 있게 된다. PC나 노트북으로는 이런 편리함을 구현하기 어려워서 이는 고객 만족도를 크게 향상시킬 것이다.

과거 딜로이트 연구에 따르면, 보험금을 청구하는 과정에서 예상했던 것보다 적은 노력을 들인 고객의 85%가 고객경험에 만족한다고 답했다. 반면 보험금 청구에 예상했던 것보다 많은 노력을 들인 고객 중에 만족한다는 비율은 24%에 그쳤다.

고객들을 가장 효과적으로 스마트폰으로 이동시키고 우수한 멀티채널 경험을 제공하는 보험사가 가장 만족하고 충성도가 높은 고객들을 확보할 가능성이 크다. 여기에서 우수한 멀티채널 경험이 열쇠가 된다. 많은 고객은 계속해서 PC를 이용해 거래하면서 보험금 청구와 같은 복잡한 문제는 보험사 직원과 직접 이야기하려 할 것이다.

새로운 시장 진입자들은 GI 경험 개선을 위한 스마트폰 이용 면에서 기존의 보험사에 비해 더 뛰어날 수 있다. 이들은 기존 보험사가할 수 없는 방식으로 디지털 기술을 중심으로 한 시스템을 구축할 수 있기 때문이다. 예를 들어 건강보험 스타트업인 오스카Oscar는 디지털 기술을 이용해 고도로 고객중심적인 모델을 구축했다고 말한다. 오스카는 여러 디지털 서비스 중에서 온라인 의사검색 서비스를 고객에게 제공하고 있다. 2013년에 창업한 오스카는 이미 연 매출 2억 달러를 달성했다.

킬러 애플리케이션 4: 가격 비교 웹사이트

가격 비교 웹사이트Price Comparison Websites, PCW는 공시가격을 기반으로 여러 보험사의 보험 상품들을 나열해 고객들이 신속하게 보험 정보를 찾을 수 있도록 돕는다.

PCW는 영국보다 유럽 대륙에서 이용률이 낮다. 예를 들어 영국 자동차보험 고객 중 68%가 PCW를 이용하는 데 반해 독일은 38% 만이 이용하고 있다. 그러나 유명 브랜드를 보유하고 웹사이트 제작 노하우를 알고 있어 보험 판매에 적합한 입지에 있는 IT 기업이 유럽 대륙에서 PCW를 출범한다면 유럽 대륙의 PCW 이용은 훨씬 가속화될 것이다. IT 기업은 기존의 PCW보다 훨씬 인기 있는 브랜드를 보유하고 있으며, 또한 더 편리한 PCW를 구축해 인기를 끌 수도 있다. 일례로 구글의 자동차보험 검색 목록에는 기존의 PCW보다 빠른 구글의 종합엔진을 통해 견적을 내는 도구가 포함되어 있다.

PCW 이용이 증가하면 고객들이 가격에 더 민감해져서 독일 자동차보험 시장과 같은 유럽 최대 시장이 일용품화될 수 있다. 일용품화가 진행된 시장에서는 저가 보험사가 시장점유율을 높일 수 있고, 규모와 효율성이 가격 경쟁을 위한 메커니즘으로서 더욱 중요해진다. 보험사들은 규모를 확대하기 위해 합병할 수도 있다. 이러한 경우 새로운 시장 진입자는 기존의 보험사에서 시장점유율을 빼앗기 좋은 위치에 있다. 새로운 진입자는 기존 경쟁사보다 현대화된 시스템과 프로세스를 바탕으로 비용을 낮출 수 있기 때문이다.

킬러 애플리케이션 5 : 사적 단체보험

소셜 미디어는 보험 고객들의 온라인 네트워크를 통한 리스크 공유를 가능하게 해 사적 단체보험P2PI의 확산을 촉진한다(〈그림 2〉 참고). P2PI 작동방식을 단순화된 6단계 프로세스로 정리하면 다음과 같다.

- 고객들이 리스크 공유를 위해 온라인 소셜 네트워크를 개설하고 가입한다.
- 네트워크 회원들은 보험료 일부를 공동기금으로 모은다.
- 회원들은 남은 보험료를 보험사에 지불한다.
- 청구된 보험금은 공동기금에서 지급한다.

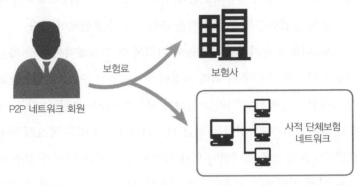

그림 2 P2PI의 운영방식

출처: Deloitte

- 보험사는 공동기금이 소진되었을 경우 청구된 보험금을 지급하는 재보험사와 같은 역할을 하며 공동기금에 계약관리 등의 서비스를 제공한다.

- 보험금이 지급된 뒤 연말에 남은 공동기금은 회원들에게 반환하거나 이듬해로 이월되어 회원들의 보험료 절감에 사용된다. 전통적인 보험 모델의 경우 이러한 잔액은 보험사의 수익으로 처리되었다.

영국의 P2P 자동차보험 네트워크인 게바라Guevara는 회원들이 보험료를 최대 80%까지 절약할 수 있다고 주장한다. 독일의 P2P 네트워크인 프렌드슈어런스Frendsurance는 부동산보험 회원들이 평균적으로 보험료를 1/3가량 줄일 수 있다고 밝힌다. 프렌드슈어런스에 따르면 회원들은 다음 4가지 이유로 보험료를 아낄 수 있다.

첫째, 회원들은 전통적인 보험 고객들에 비해서 보험사기를 저지를 가능성이 낮다. 보험사기를 저지를 경우 다른 회원들이 그 회원을 제명해 네트워크에서 내쫓을 위험이 있기 때문이다.

둘째, 회원들은 자신들의 네트워크와 관련한 리스크를 보험사보다 더 잘 선별할 수 있다. 회원들은 의무 고지사항이 아닌, 보험사가 알 수 없는 리스크 정보까지도 공유한다.

셋째, 프렌드슈어런스는 P2PI의 손해사정비용이 보험사보다 낮아질 수 있다고 본다. P2PI에서 작은 사건은 손해사정사의 개입 없이 회원들끼리 보험금 지급을 처리하기 때문이다.

마지막으로, P2PI에서는 회원들이 직접 마케팅을 하기 때문에 전통적인 보험사에 비해 고객 확보 비용이 적게 든다. 회원들은 네트워크에 더 많은 회원을 유치해야 한다는 동기를 가지고 있다. 네트워크가 커지면 공동기금 규모도 같이 커져서 회원들이 부담해야 하는 보험료가 절감되기 때문이다.

P2PI는 보험료 절감 혜택이 크기 때문에 많은 고객을 확보할 수 있다. 실제로 게바라가 영업 개시 이틀 만에 거둬들인 보험료는 10만 파운드에 달했다. 프렌드슈어런스 또한 매월 20%씩 성장하고 있다고 밝혔다.

P2PI가 많은 고객을 유치하게 되면 기존 보험사에게 위협이 될 것이다. 고객들은 기존 보험사와 계약하지 않고 P2PI 네트워크를 통해 서로 보장해주게 될 것이다. 이러한 변화는 손해보험 시장을 위축시키는 한편, 기존 보험사가 제공하던 보험상품을 일용품화시킬 것이다. 전통적인 보험상품에 대한 수요는 줄지만 그만큼 공급은 줄지 않아 보험료 인하로 이어질 수 있다.

또한 이러한 상황에서 위험도가 높은 피보험자가 네트워크 심사 회원들에 의해 네트워크에서 배제될 경우, P2PI는 기존 보험사의 역선택을 초래하게 될 것이다.

킬러 애플리케이션 6: 소셜 보험중개사

소셜 보험중개사는 새로운 유형의 온라인 중개인인데, 그 중 보트바이매니Bought By Many, BBM는 유럽 최초의 소셜 보험중개사다. BBM은 간략히 정리한 다음의 3가지 프로세스에 따라 작동하며 그 첫 단계에서 소셜 미디어의 역할이 크다(〈그림 3〉 참고).

- BBM은 여행자보험이 필요한 심장병 환자처럼 보험 수요가 충족되지 않는 고객군을 파악한다. 이를 위해 사람들이 과거 소셜 미디어에 남긴 말(예: '좋아요')이나 온라인에서의 행동을 수집해 분석한다.
- 유사한 니즈를 가진 고객들을 그룹화한다.
- 그룹을 대신해 보험사와 협상한다.

소셜 보험중개사는 2가지 측면에서 많은 고객을 확보할 잠재력이 있다. 첫째, 소셜 보험중개사는 고객들의 보험료를 크게 줄여줄 수 있다. BBM은 집단 구매력을 이용해 평균 보험료를 19% 정도 낮출 수 있다고 밝힌다. 둘째, 보험 수요를 제대로 충족시키지 못하는 고객들이 많을 수 있다. 예를 들어 영국에서는 매년 최대 약 100만 명

그림 3 보트바이매니의 운영 방식

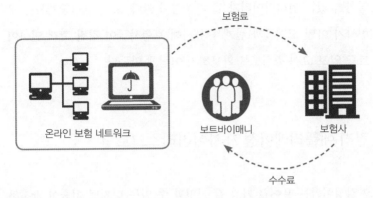

보험료

온라인 보험 네트워크   보트바이매니   보험사

수수료

출처: Deloitte

이 생애 첫 자동차보험에 가입한다. 이 중 다수가 실제 위험에 걸맞은 보험료보다 더 많은 보험료를 납입해야 하므로 제대로 대접받지 못하는 셈이다. 높은 보험료가 산정되는 이유 중 하나는 개인의 조심성을 증명할 수 있는 운전기록이 없기 때문이다. 2015년 5월 기준으로 BBM은 1만 명이 넘는 젊은 운전자 회원을 보유하고 있으며, 총회원 수는 6만 5천 명을 넘어섰다.

소셜 보험중개사는 보험사에 기회가 된다. BBM은 다른 채널보다 그들이 보험사에게 더욱 가치 있을 것이라고 주장한다. 소셜 보험중개사가 사고 위험이 낮은 사람들을 파악해 모을 수 있기 때문에 결과적으로 보험사가 할인을 제공해도 충분히 이익을 거둘 수 있다는 것이 BBM의 설명이다.

다른 한편으로 소셜 보험중개사가 보험사에 위협이 될 수도 있다. 현재 소셜 보험중개사는 중간자의 역할을 하며 리스크를 부담하지 않는다. 그러나 소셜 보험중개사가 자신의 고객 인사이트를 이용해 영향력 있는 언더라이터가 될 가능성이 있다. 소셜 보험중개사는 보험사가 아닌 고객들과 관계를 유지해 보험사들이 직접 고객 인사이트를 얻고 고객 충성도를 확보하기 어렵게 만든다.

킬러 애플리케이션 7: 사이버리스크보험

연결성이라는 용어로 가장 잘 설명할 수 있는 디지털 기술이 발전하면서 사이버 공격 리스크도 증가하고 있다. 보험사는 방대한 양의 고객 데이터를 디지털 형식으로 수집하고 있다. 이 데이터의 가용성은 점점 증가하고 있으며 스마트폰, 태블릿 PC, 웹사이트, 보험사, 클라우드, 보험사 파트너 업체의 시스템 등 계속 늘어가는 다양한 접점을 통해 접근하고 있다. 최근 몇 차례 눈에 띄는 해킹 사건이 불거진 이후, 데이터 보안 문제에 대한 인식이 커지면서 보안에 대한 고객과 규제당국의 우려는 증가하고 있다. 보험사의 IT 인프라는 잠재적인 해킹 위협을 확대시키는 방향으로 진화하고 있다. 특히 기존 플랫폼에 새로운 시스템을 덧입히면서 보험사는 네트워크의 핵심을 사이버 공격에 한층 더 노출시킨다.

사이버 공격은 보험사 고객들을 위협한다. 2015년 2월 자산규모 기준 제2위의 미국 건강보험사가 해킹을 당했다고 발표했다. 해킹으로 고객들의 사회보장번호, 이름, 전화번호 등 약 8천만 명의 민감한 개인정보가 유출되었다. 유럽 보험사들도 언론에 보도되지는 않았지만 수차례 해킹을 당했을 가능성이 높다.

사이버리스크보험은 거대한 미개척 시장이다. 영국 기업혁신기술부의 의뢰로 수행한 연구에 따르면 2013년 3월까지 1년간 중소기업의 87%가 시스템 침입을 당했는데, 이는 전년 같은 시기보다 11%나 높아진 수치다. 또한 대기업의 93%가 해킹의 표적이 되었고, 일부 사이버 공격으로 100만 파운드 이상의 피해가 발생하기도 했다. 그러나 최근 보험사 마시Marsh와 취리히Zurich가 공동으로 실시한 사이버리스크 설문조사에서 사이버리스크보험(단독 보험 및 다른 보험에 포함된 사항)에 가입한 기업은 10%에 불과했다.

킬러 애플리케이션 8: 공유경제보험

소셜 미디어는 공유경제를 촉진하고 있다. 소셜 미디어를 통해 판매자와 구매자는 온라인 장터에서 거래할 수 있다. 우버나 에어비앤비 모두 빠르게 성장하는 공유경제의 대표적인 사례다. 에어비앤비를 이용한 고객 수는 2013년에 600만 명으로 2배가 늘었다.

공유경제는 새로운 유형의 보험을 위한 시장을 창조한다. 예를 들어 온라인 장터들은 판매자를 위한 책임보험을 필요로 한다. 미국 보험사인 홈프로텍트Home Protect는 에어비앤비 호스트를 위한 보험을 제공하는 유일한 보험사로 알려져 있다. 서비스 구매자들 또한 판매자의 과실이 발생했을 경우, 번거로운 보상 절차 혹은 법적 소송에 수반되는 비용 없이 보험으로 문제를 해결하기를 원한다.

궁극적으로 보험은 현재처럼 자산의 소유자만 보장하는 형태에서 자산의 사용자도 일반적으로 보장하는 형태로 변할 것이다. 현재의 자동차 종합보험은 자동차 소유자나 명의자가 아닌 운전자도 보장해준다. 하지만 이러한 '타인 차량 운전', 즉 DOC^{driving other cars} 약관은 긴급 상황이나 불규칙적인 사용만을 보장하기 위해 고안되었다. 현재 보험시장에는 어떤 차를 이용하건 보험보장을 받고 싶어하는 개인들을 위한 보험이 없다. 영국의 한 보험사는 이러한 개인들을 위한 스마트폰 기반의 보험을 실험했지만, 시장에 출시하지는 못했다. 이러한 상황에서 사람들을 모든 위험에서 보호하는 보험계약, 즉 옴니라인 계약이 등장할 수 있다. 이때 종합보험사는 보다 넓은 보장범위를 제공할 수 있기 때문에 다른 보험사에 비해 유리한 위치를 차지할 수 있다.

킬러 애플리케이션 9: 가치 비교 웹사이트

가치 비교 웹사이트^{Value Comparison Website, VCW}는 새로운 유형의 온라인 중개자다. 프랑스에서 2013년 설립된 플루오^{Fluo}는 유럽 최초의 VCW다. 플루오는 고객들이 가격이 아닌 가치를 기준으로 보험상품을 선택하도록 지원한다. 고객의 니즈를 얼마나 잘 충족시킬 수 있는지를 결정하는 요소들, 이를테면 보장 위험과 같은 요소를 기준으로 보험상품을 나열해주는 것이다. 이와 반대로 PCW는 가격을 기준으로 보험상품을 보여준다.

VCW는 중요한 판매채널로 자리 잡을 수 있다. 많은 고객이 GI 상품의 가치를 파악하는 데 어려움을 겪고 있어 VCW의 인기가 높아지기 때문이다. 실제로 딜로이트 설문조사에 따르면 건강·주택·자동차보험 고객 중 1/4 이상이 보험이 가격 대비 충분한 가치가 있는지 알기 어렵다고 답했다.

한편 VCW는 설문결과가 보여주는 것보다 호소력이 클 수 있다. 보험상품의 가치 계산이 쉽다고 답한 고객 중 다수가 가치와 가격을 혼동하고 있을 가능성이 있기 때문이다. 그 이전의 딜로이트 연구에서 이 사실이 확인된 바 있다. VCW 이용이 늘어난다는 것은 고객들이 GI 상품을 더욱 깊이 이해하고 그 결과에 따라 현명한 구매 결정을 내린다고 해석할 수 있다.

9가지 킬러 애플리케이션에 어떻게 대응할 것인가?

새로운 텔레매틱스 기반 서비스를 개발하라

디지털 기술은 보험사가 GI의 중요한 약점, 즉 보험금 청구가 없을 경우 실질적인 혜택이 없는 문제를 해결할 수 있는 기회를 제공한다. 이 기회를 포착하는 보험사가 많은 고객을 유치할 수 있을 것이다. 여기서는 향후 인기 있을 것으로 보이는 텔레매틱스 기반의 2가지 새로운 서비스를 제시했다. 그 밖에도 아직 알려지지 않은 많은 서비스가 있을 것이다. 보험사는 다른 업종에서 보험업으로 진출한 기업과 협력해 더욱더 효과적으로 텔레매틱스 기반의 서비스를 제공할 수 있다. 이를테면 주택보험사는 데이터 확보를 위해 유틸리티 업체와 협력할 수 있다. 이는 보험사가 데이터를 직접 얻기 위해 텔레매틱스 기술에 투자하는 것보다 비용 측면에서 효율적이다.

디지털 리스크 신상품을 개발하라

사이버리스크보험은 보험사에게 2가지 핵심적인 기회를 제시한다. 첫째, 사이버리스크보험은 거대한 미개척 시장이라는 것이다. 둘째, 보험사는 새로운 사이버리스크 솔루션 개발을 통해 정부, 고객 및 여타 이해 관계자에게 디지털 사회에서 보험업이 중요한 역할을 수행할 수 있음을 보여줄 수 있다. 특히 보험사는 사이버 공격대응 전문가들과 공조하는 등 파트너십을 통해 사이버 서비스를 강화할 수 있다.

디지털 기술은 경제의 구조적 변화를 초래한다. 점점 더 많은 사람이 온라인 장터에서 거래하고 있다. 공유경제에 대한 준비를 시작한 보험사는 자산을 소유하는 대신, 타인의 자산을 이용하는 사람들에게 의미 있는 보험상품을 제공하는 선구자가 될 것이다.

지금 바로 자율주행차에 대비하라

보험사는 자동차 관련 리스크가 더욱 복잡해질 세상에 대한 만반의 준비를 갖춰야 한다. 그 이유는 자율주행차 때문이다. 보험사는 자율주행차가 자동차보험에 미칠 잠재적 영향을 이해하기 위한 데이터를 확보하고 분석해야 한다. 따라서 텔레매틱스 기반 보험은 2가지 중요한 목적에 부합한다. 텔레매틱스 기반 보험은 고객 확보의 수단인 동시에 미래의 위험을 더 잘 이해할 수 있는 도구인 것이다.

스마트폰을 이용해서 고객경험을 개선하라

스마트폰이 제공하는 기회가 여전히 잘 활용되지 않고 있다. 스마트폰을 통해 GI를 개선할 수 있는 수많은 방법이 있지만 여기서는

144

단지 그 중 하나인 보험금 청구를 위한 데이터 제출의 자동화만을 가볍게 다루었다. 그러나 GI 거래에서 고객들의 여전히 낮은 스마트폰 이용률은 도전과제다.

보험사가 많은 고객이 PC에서 스마트폰 거래로 이동하도록 설득하려면 더 혁신적인 자세가 필요하다. 기존의 기술에서 자유로운 스타트업이 먼저 이 과제를 달성할 수 있을 것이며, 그 보상으로 만족도와 충성도가 높은 고객들을 확보할 수 있을 것이다.

데이터와 애널리틱스를 활용하라

PCW 이용 증가와 사적 단체보험의 확산은 미래의 GI 시장이 한층 더 일용품화될 것임을 시사한다. 다른 한편으로 보험사는 디지털 기술을 이용해 가격 경쟁을 피하고 수익성 없는 사업을 정리할 수 있다. 데이터와 애널리틱스는 가격 책정과 운영 효율성을 개선할 수 있는 막대한 잠재력을 가지고 있다.

사이버 공격에 대한 방어를 강화하라

보험사는 2가지의 명확한 조치를 취해 점점 증가하는 사이버 공격에 대한 강력한 방어벽을 구축할 수 있을 것이다. 첫째는 내부 IT 보안의 성숙도 평가를 강화하는 것, 둘째는 보안을 강화해 디지털 거래의 고객경험 개선과 고객 데이터 손실과 같은 새로운 리스크 사이에서 최적의 균형을 잡는 것이다.

새로운 유형의 중개인과 협력하라

소셜 보험중개사와 협력하는 보험사는 리스크 분산에 도움이 되는 높은 가치의 틈새시장을 확보할 수 있다. 또한 소셜 보험중개사의 고객은 온라인 커뮤니티에서 서로 교류하기 때문에 다른 판매채널을 통한 고객보다 충성도가 높은 것으로 확인되고 있다.

VCW 도입을 지원하는 보험사는 오로지 가격만 따지던 고객들의 성향을 변화시킬 수 있을 것이다. 보험사는 고객 각각의 니즈에 부합할 수 있는 유연한 보험상품과 같이 VCW에서 비교에 적합한 보험상품을 개발함으로써 이를 가능하게 할 수 있다.

우리는 손해보험업을 뒤흔들 커다란 잠재력을 가진 디지털 기술의 9가지 적용 분야를 조망했다. 9가지 킬러 애플리케이션은 모두 기존 보험사에게 위협이 될 뿐만 아니라 상당한 기회 또한 제공한다. 그러므로 이러한 기회를 놓치지 않으려면 보험사는 생각의 틀을 바꾸고 더욱더 혁신적이고 발 빠르게 움직여야 한다.

리치 헐리 Rich Hurley는 영국 딜로이트 컨설팅의 파트너이며, 보험 분야에서 14년 이상의 경력을 가지고 있다.

피터 에반스 Peter Evans는 영국 딜로이트 인사이트Insight 팀의 매니저다.

아룬 메논 Arun Menon는 딜로이트 투시 토머츠 유한회사 리서치 및 애널리시스 부문의 보험 전문 시니어 애널리스트다.

7

향후 10년의 손해보험산업을
좌우할 디지털 기술

보험의 '위험'도 진화하고 변화한다

2015년 10월 16일 우리나라 정부는 보험산업이 질적으로 재도약하기 위한 처방책으로 '보험산업 경쟁력 강화 로드맵'을 발표했다. 로드맵의 골자는 보험사업자의 경쟁력을 글로벌 수준으로 끌어올리고, 소비자의 신뢰를 확보하기 위해 상품 개발, 판매 및 자산운용과 관련된 규제는 최대한 폐지하며, 소비자보호 기능은 더욱 강화한다는 것이다. 과거에도 보험산업의 경쟁력 강화는 중요한 문제였지만 최근 환경 변화로 대대적인 변화가 불가피하다는 정책당국의 인식이 반영되어 있다.

우리나라 경제가 선진국형으로 진입하면서 성장이 둔화되고, 경제·사회 전반적으로 투자수익률이 하락하면서 저금리가 일반화되었다. 생산가능인구의 감소와 고령화는 이와 같은 상황을 고착화시키고 있다. 더불어 디지털 기술에 기반한 소셜 미디어를 통해 유사한 니즈가 있는 개인들이 집단화되면서 소비자 반응과 행동에 다른 양상을 보이고 있다.

이러한 '국경 없는' 글로벌 시대를 맞아 우리의 보험산업도 위기의식을 느끼는 것은 당연하며, 이러한 배경에서 정부의 대응책이 마련되었다. 또한 보험산업은 사회안전망의 역할을 수행하기 때문에 국내 보험사업자의 경쟁력 하락은 중대한 국가적 손실을 초래할 수 있다는 인식이 있었을 것이다.

보험연구원에서는 우리나라 보험산업의 미래 변화 방향에 대해 많은 연구보고서를 발표하고 있다. 보고서들은 디지털 기술 발달이 조성할 새로운 환경에서 보험산업이 요동칠 것으로 전망하고 있는데, 사이버리스크 및 기업평판 리스크 확대, 공유경제 확산에 따른 전통적인 기업보험과 개인보험의 중간 보험상품의 출현 등을 주요 현상으로 강조하고 있다.

빅데이터의 축적과 가공에 따라 위험에 대한 평가는 더욱 정교화될 것이고, 전산유체역학Computational Fluid Dynamics, CFD을 리스크 시나리오 모형에 도입함으로써 손해의 범위와 규모 측정을 정교화할 수 있을 것이다. 또한 IoT 기술 발달에 따른 새로운 보험상품의 출현, 소비자 니즈에 맞는 맞춤형 상품 등장, IT기업이 새로운 보험업 경쟁자로 등장할 수 있다는 점을 글로벌 컨설팅 기관의 예측을 빌어 강조하고 있다.

무한영역의 디지털 시대, 보험의 진화 필요성

보험은 본질적으로 미래에 발생 가능한 사고에 따른 손해를 보전하거나 담보하는 상호부조적 경제제도다. 경제가 발달하고 사회가 변모하면서 새로운 손해를 초래할 수 있는 새로운 위험이 생성되는 동시에 특정 위험은 수명을 다한다. 즉 보험의 영역은 꾸준히 진화하고 있고, 위험은 새로운 기술과 접목됨에 따라 그 정도가 낮아지기도 하며, 측정방법 또한 정교해지고 있다.

우리나라 보험의 역사를 돌이켜보면 해방 이후 1960년까지 손해보험부문에서는 화재보험이 사실상 유일했다. 1970년대 경제 발전과 더불어 수출입 물량이 증가하면서 국내 보험시장에는 해상보험이 출현해 성장하기 시작했다. 이렇듯 보험은 사회 발전에 따라 변화하는 시대가 요구하는 새로운 보험을 담보하기 위해 지속적으로 진화하고 발전해왔다.

또한 과거에 존재했던 위험도 인간생활에 대한 영향력이 커지면서 급속히 확대되는 경우가 생겨난다. 예를 들면 대재해 채권 도입을 통해 지진이나 태풍과 같은 거대재난을 담보하는 보험과 재해·날씨 등 자연현상을 기초로 하는 지수형 날씨보험 등 대상이 되는 현상의 영향도가 증가함에 따라 새로운 수요가 발생하고 있다.

바야흐로 세상은 무한영역의 디지털 시대로 진입하고 있다. 사람 간, 사물 간, 사람과 사물 간 막힘 없이 연결된 세상으로의 여행이 시작되었다. 이러한 변화는 새로운 보험상품의 탄생 외에도 보험 공급 채널과 업무 프로세스에도 많은 변화를 몰고 올 것이다. 소셜 미디어를 통한 좀더 균질화된 보험소비자군이 탄생하는 등 새로운 형태의 보험상품 공급구조를 선보일 수도 있고, 스마트 모바일 기기는 보험 상품의 설계부터 보험급부의 지급 완료시까지의 프로세스 중 상당 부분에서 지금보다 한층 향상된 효율성을 제공할 것이다.

손해보험산업의 9가지 킬러 애플리케이션

일반도로 주행 시험단계에 접어든 자율주행차는 교통사고 발생시 책임의 주체와 범위가 완전히 재규정되는 기존 손해보험 패러다임의 변환을 의미한다. 자율주행차가 사고를 냈을 경우, 사고 원인을 둘러싸고 인간과 주행시스템 간에 격렬한 논쟁이 불가피하기 때문이다. 주행시스템의 경우도 전체 솔루션에서 개별 센서, 심지어 주행도로에 이르는 전체 구조에서 원인을 제공한 기기를 특정해 보상책임을 지우는 것은 쉽지 않은 문제다. 이처럼 변화된 시대에서는 보험시장의 변화도 불가피하다.

딜로이트 글로벌은 어떠한 디지털 기술이 향후 10년간 손해보험산업에 가장 크게 영향을 미칠지에 대한 온라인 설문조사를 실시해 킬러 어플리케이션 9가지를 선정했다. 이러한 킬러 애플리케이션은 상당 부분 국내의 연구기관이 강조하고 있는 보험산업의 미래 변화와 흐름을 같이 하지만, 좀더 세부적이고 구체적이다.

딜로이트 글로벌이 발표한 보험산업의 9가지 킬러 애플리케이션을 새로운 리스크 출현과 확산, 리스크의 감소 및 측정 정교화, 상품 공급구조의 변화, 프로세스 효율화를 기준으로 살펴보면, 첫 번째는 텔레매틱스 기반 서비스의 출현이다. 텔레매틱스 기술로 기기를 통해 데이터를 보험사로 전송하면 보험사는 그를 기반으로 리스크 및 오류를 현저히 줄일 수 있다. 두 번째는 자율주행차보험인데, 운행상 리스크는 현저히 줄이지만 자율주행 메커니즘 오류 및 해킹 위험 등 새로운 위험이 등장할 것이다. 세 번째인 모바일 인터넷 거래는 프로세스 효율화로 보험료 절감을 가능하게 할 것이다. 네 번째인 가격 비교 웹사이트, 다섯 번째인 가치 비교 웹사이트 출현은 판매 프로세스 효율화와 상품 공급구조의 변화를 초래할 것으로 예상된다. 여섯 번째인 사적 단체보험과 일곱 번째인 소셜 중개인 출현은 마케팅 비용 절감과 업무 효율화 상승 효과를 가져올 것으로 전망했다. 마지막으로 사이버리스크보험, 공유경제보험은 새롭게 창출되는 보험 영역으로, 특히 사이버리스크보험은 엄청난 폭발력을 가진 새로운 시장을 형성할 것이다.

보험은 보험사업자, 보험소비자, 정의된 보험위험, 보험위험의 인식과 측정, 보험상품의 공급, 보험사고의 발생과 손해액 사정, 보험급부 이행, 고객 서비스 제공, 수수한 보험료로 형성된 자금의 운용과 보상이 중요한 영역이다. 따라서 사업 관점에서 사회 구조의 변화에 따라 새롭게 탄생하는 보험의 영역은 성장할 수 있는 신시장을 의미한다. 디지털로 일체화되고 연결된 세상에서는 위험측정이 정교화될 수 있음은 물론, 실시간 모니터링 등을 통해 위험 자체를 현저히 낮추는 것이 가능해진다. 또한 SNS를 매개체로 새롭게 형성된 소셜 커뮤니티는 보험상품과 서비스의 수요와 공급에서 지금껏 경험하지 못했던 새로운 방식의 접근을 시도할 것이다. 다만 조달된 자금을 운용해 생성된 자산운용이익은 보험상품의 가격에 영향을 미치기 때문에 이에 대한 전문성이 부족한 소셜 커뮤니티 기반의 보험조직은 자산운용 측면에서는 간접운용방식을 채택할 가능성이 높아 위탁방식의 자산운용시장은 더욱 활성화될 것으로 전망된다.

한편 보험 소비자는 그들의 니즈에 따라 보험을 구매하지만, 보험 외에 개인으로서 수많은 다른 니즈가 있다. 따라서 연결된 세계 connected world에서 보험사업자가 주목해야 할 요소는 보험상품의 가격 외에 부가적으로 제공하는 서비스의 가치다. 서비스는 보험상품과의 관련성 여부를 떠나 고객이 가치를 느끼는 것이면 종류와 형태를 불문한 모든 것이 될 것이다. 어쩌면 서비스와 보험상품의 주객이 전도되는 상황이 발생할 수도 있고, 소비자의 선택은 보험상품 가격이 아닌 부가 서비스의 우수성에서 판가름이 날 수도 있다.

요동치는 변화의 시대, 정부의 기대역할

인간의 욕심은 끝이 없다. 기술의 발전, 영역의 융합, 신개념 서비스의 출현은 우리의 상상에서 오는 것이므로 우리가 무엇을 어떻게 상상하는가, 우리가 무엇이 어떻게 되기를 갈구하는가, 얼마나 갈구하는가에 따라서 어떤 영역에서 새로운 것이 창조될지 결정될 것이다. 이는 공간과 시간이라는 피할 수 없는 제약, 자연환경에서 생명을 유지해야 하는 생리학적 요소, 오욕칠정伍慾七情으로 대변되는 욕구와 감정들, 사회적 소속감에 대한 기대, 타인에게 인정받고 싶은 욕구와 자기만족 등과 같은 제반 욕구들이 어떻게 해결되고 극복될 수 있는지를 생각해보는 것과 같다. 효율적 공간 이동, 시간의 절약, 동일 시간 내 최대의 효과, 공간 이동과 시간의 동시적 절약, 공간과 시간 효율화와 결합된 여러 가지 욕구충족의 수단과 서비스 제공 등 좀더 근원적인 측면에서 접근할 필요가 있을 것이다.

미래가 어떻게 변할 것인가? 모든 사람이 로봇을 하나씩 거느리고, 로봇이 주인을 대신해 업무를 처리하고, 기계끼리 대화하며 의사결정하는 시대가 올지도 모를 일이다. 퇴근길에 주행하는 동선에서 앞에 다가오는 신호등이 몇 초 후에 빨간색에서 초록색으로, 초록색이 빨간색으로 바뀌는지 자동차가 운전자에게 인지해 알려줄 수 있을 것이고, 교통량을 실시간으로 인지해 최적화하는 인공지능형 신호체계(특정 권역을 중심으로 수십 개의 신호가 연계되어 작동하는 체계)가 가능해질 수도 있다. 신호를 기다리는 상태에서 근거리 무선충전 시스템으로 전기자동차를 초고속으로 충전하고, 과금부터 납부까지 진행할 수도 있을 것이다.

내가 구매하고자 하는 성능, 사이즈, 색상, 디자인을 더욱 쉽게 검색하고 주문하고 결제를 수행할 수 있는 능력 덕분에 실물자산의 원활한 이동이 공간의 활용방식을 바꿀 것이다. 더 나아가 3D 프린팅을 활용해 가까운 매장에서 제품을 프린팅해 도어 투 도어door to door 서비스로 물건을 손에 넣는 것이 가능할 수도 있다. 세상이 스케줄화될수록 사고나 사건이 발생할 확률은 그만큼 낮아진다. 종국에는 사이버리스크만 남고 여타의 리스크는 거의 없어지게 되어 보험회사가 보험상품의 포트폴리오를 걱정해야 할 세상이 올지도 모른다.

아마도 보험사 인력의 80~90%는 컴퓨터 · 전기 · 전자적 설계 및 구조화에 특화된 전문인력이 차지할 수도 있고, IT기업이 보험사를 지배하거나 장악하는 시나리오도 가능할 것이다. 획일화 · 정형화되어가는 사회에서 휴머니즘적 가치가 더욱 중요해지게 되면, 보험사가 사람다움의 가치를 누릴 수 있는 서비스를 부가적으로 제공할 수도 있다. 보험 계약자의 건강도 유지시키고 모니터링도 하는 시대가 도래해 이러한 부가서비스가 보험사의 가장 중요한 영역으로 자리매김할 수도 있다. 서비스 제공자로서의 역할을 대비하지 않으면 연결된 세상과 열린 세상, 경계 없는 세상에서 순식간에 낙오자로 전락할 수 있음을 유의해야 할 것이다.

국내 보험산업이 경쟁력을 꾸준히 유지하면서 보험소비자를 보호하고, 글로벌 시장에서 생존하는 사회안전망으로서의 기능을 제대로 수행하기 위해서 정부는 보험산업과 유관한 사회 각 부문의 근원적 변화가 어떻게 유발되고 진화되는지를 살펴야 한다. 이에 근거해 정책적 방향을 설정하고 적정한 규제영역과 규제수준을 마련하며, 창의적이고 혁신적인 아이디어와 실행이 이루어질 수 있도록 기업환경을 조성하고 안내할 필요가 있다. 또한 보험 관련 기업은 개인적·사회적 위험이 아날로그에서 디지털로 이동하는 패러다임 전환에 대응해 시장과 고객을 재규정하고, 전략과 프로세스를 혁신해 미래의 변화에 대응해야 생존하고 발전할 수 있다.

전성기 전무 | 딜로이트 안진 | 금융산업 리더

5부

유통업:
유통업의 대변혁

현재의 변화에도 살아남을 수 있는 가능성이 가장 높은 유통업체는
동네 모퉁이의 가게들이 주던 인간적 손길을 유지하거나 되살리면서
훨씬 다양한 선택을 제공할 수 있는 업체다.

선택, 경험, 신뢰의
함양

유통업의 변화를 주도하는 주요 요인

1900년대 초반의 유통업은 지역의 소규모 상인들이 주로 담당했고, 이들은 지역 주민들에게 매우 개인화된 쇼핑경험을 제공했다. 소비자의 선택 범위는 진열선반의 크기와 구매자가 집으로 들고 갈 수 있는 양에 따라 제한되었다. 자동차의 발명으로 구매자들이 한 번에 가져갈 수 있는 양이 늘었고, 그 덕에 대형 상점과 백화점이 부상할 수 있었다. 제2차 세계대전 이후의 인구 증가와 교외 지역의 번창, TV 광고의 등장에 힘입어 유통 매장은 실내·실외·번화가 상점, 대형 유통업체 등으로 다양하게 발전했다.

이런 상황은 1970년대와 1980년대에 대형 할인마트^{big box store}의 등장으로 또 한 번 지각변동을 겪었다. 그 후 약 30여 년 동안 대형 할인마트와 더불어 창고형 할인매장club store, 단일품목 할인매장 category killer, 가치 플레이어value player 등이 가세해 유통업계에서 소상인 은 설 곳을 더욱 잃게 되었다. 이후 21세기 초에 인터넷이 대중화되 면서 전자상거래 유통업이 이 분야를 또 한번 뒤흔들었고 그 여파는 컸다. 1980년대 미국 상위 8개 유통업체 중 7곳이 2000년까지 파산 또는 피인수되어 시장에서 물러났다.

한 세기 치고는 많은 변화가 있었다. 하지만 위에 열거한 각각의 변화상은 모두 거대한 기술적·사회적 변화에 기인했고, 소비자의 쇼핑방식을 근본적으로 바꿔놓았다. 또한 이런 모든 변화는 소비자 의 시간, 돈, 기회비용을 줄이는 동시에 선택권은 늘려주었다.

오늘날 우리는 또 다른 변화를 눈앞에 두고 있다. 기술적 발전과 소비자 사고방식의 변화가 합쳐져 다시 한 번 유통업의 속성을 바꾸 고 있다. 소비자에게는 더 많은 선택권이 있고, 전환 비용과 브랜드 충성도가 모두 낮다. 많은 유통업체가 개인 소비자의 필요와 선호에 대응하는 방식으로 활로를 모색하고 있으며, 이를 위해 제안하는 가 치와 사업모델을 변환시키고 있다. 현재의 변화 속에서도 살아남을 가능성이 가장 높은 유통업체는 동네 모퉁이의 가게들이 주던 인간 적 손길을 유지하거나 되살리면서 훨씬 다양한 선택을 제공할 수 있 는 업체다.

유통업 분야를 깊이 파고들기 전에 유통업 환경을 형성하고 있는 몇 가지 거대한 원동력을 좀더 탐색해보자. 오늘날 유통업 환경의 급격한 변화를 주도하는 2가지 주요 요인이 있는데, 하나는 높아진 소비자의 정보수준이고, 다른 하나는 상품과 틈새시장의 확산이다.

소비자의 정보수준 향상

오늘날 소비자는 더 많은 정보에 쉽게 접근할 수 있고, 가격과 세부사항을 즉시 비교할 수 있으며, 손쉽게 브랜드나 상품을 바꿀 수 있다. 더구나 정보는 점점 더 실제 물건과 분리되고 있다. 상품에 관해 알고 싶다고 해서 꼭 상점에 갈 필요는 없다. 딜로이트 센터 포 엣지Deloitte Center for Edge의 소비자 설문조사에 따르면, 2012년 설문에 응답한 미국 소비자 중 약 67%가 예전보다 브랜드에 관한 정보를 훨씬 많이 갖고 있다는 점에 동의했고, 70%는 예전보다 상품과 관련한 선택권이 훨씬 많다는 점에 동의했다.

이런 트렌드는 우리가 '거대한 변화big shift'라고 지칭한 근본적인 거시경제로 변환한 결과다. 핵심 디지털 인프라의 비용과 성능의 기하급수적인 개선이 전반적인 공공정책의 자유화 트렌드와 맞물리면서 끝없이 변화하고 지각변동이 일어나는 환경을 조성했고, 이로 인해 개인과 기업 간 힘의 균형 또한 변화하고 있다. 이 거대한 변화는 기업이 더 치열해진 경쟁을 버텨야 하는 상황으로 내몰고 있지만 동시에 연결성 구현, 지식공유, 선택의 투명성을 가능하게 해 소비자의 힘을 더욱 강화하고 있다.

상품과 틈새시장의 확산

기술 발전과 더불어 테크숍과 같은 플랫폼을 통해 제작도구를 쉽게 이용할 수 있게 되면서 소규모의 민첩한 기업, 수공업 장인, 발명가와 같은 신규 제품 제작자들의 시장 진입이 쉬워졌다. 3D 프린팅과 같은 기술은 주문제작과 소규모 생산을 가능케 한다. 엣시, 스토엔비Storenvy, 이베이 같은 온라인 장터는 이런 신규 시장 참가자들이 목표 소비자에게 접근할 수 있게 해준다. 제조자 운동의 인기가 상승하고 이를 지원하는 인프라와 플랫폼의 이용이 손쉬워지면서 상품의 다양성은 확대되고, 비주류 수요도 커지고 있다.

일반인들이 제조 부문의 많은 기능에 쉽게 접근하고 인터넷 접속이 보편화되어 많은 상품군에서 구매자들이 대량생산 제품 시장환경에서 이탈해 접근 가능한 틈새시장 환경으로 이동하고 있다. 크리스 앤더슨은 2004년 〈와이어드Wired〉 기사 '롱 테일'을 통해 이런 방식으로 선택권이 급증하리란 것을 여러 방면으로 예측해 "오늘날 온라인 배송과 유통 덕분에 우리는 다양하고 풍부한 선택의 세계로 진입하고 있다."라고 서술했다.

거대한 변화는 25가지 변화지표로 측정되어 설명되지만 크게 2가지 근본적 동인이 있다. 첫 번째는 기술 진보다. 핵심 디지털 기술의 비용/성능 비율이 기하급수적으로 개선되면서 디지털 인프라를 사용하는 다른 기술 분야에도 급속한 혁신과 발전이 일어났고, 산업과 기술 간의 전통적인 구분은 모호해지고 있다. 두 번째는 공공정책 자유화다. 지난 60여 년간 공공정책의 전반적인 트렌드가 인력, 자본, 기타 자원의 지리적·정치적 경계를 넘어 자유롭게 이동하면서 개인이 사업을 시작하고 확장하기가 용이해졌다.

유통업체에 대한 시사점

소비자의 정보 수준이 향상되고 상품 및 틈새시장이 확산되면서 전통적인 유통기업이 위협받고 있다. 역사적으로 유통업체는 자극·정

160

보·공급이라는 3가지 기능을 담당해왔다. 예전에는 소비자가 특정 상품을 매장에서 보기 전까지 자신들이 무엇을 원하는지 정확히 알지 못했지만 현대의 소비자, 특히 젊은 층은 자극과 정보를 대부분 온라인상에서 얻고 유통업체와의 상호작용은 이미 선택한 물품을 받는 정도로 한정한다. 2013년 입소스^Ipsos의 설문 결과, 밀레니엄 세대 소비자(18~34세)에게 신규 상품과 브랜드를 발견하는 가장 중요한 정보의 원천은 인터넷이고, 그다음이 친구와 가족이었다. 이렇게 인터넷과 공동체를 이용하는 연결된 소비자들은 매우 참여적이다. 그들은 리뷰, 검색, 공동창조를 통해 소비하는 상품의 브랜드 메시지를 적극적으로 재형성한다.

동시에 유통업체의 공급자로서의 역할은 변하고 있다. 상품 희소성이 효력을 잃고, 구매자가 지역 상점에서도 더 많은 선택권을 갖게 되면서 전통적 유통업 사업모델은 무너지고 있다. 대규모 유형자산과 재고비용 때문에 높은 고정비 구조로 운영되는 유통업체는 즉시 쓸 수 있는 재고만을 이용해 경쟁하는데, 이들은 고정비가 낮고 상품 구성이 광범위한 온라인 경쟁업체에 갈수록 뒤처지고 있다. 온라인 유통업체의 재고를 쌓아두지 않고 접수된 주문에 맞춰 상품을 발주하는 사업모델은 오프라인 자산을 크게 줄이면서도 고객가치를 높이고, 총비용(가격과 시간 모두)은 낮춘다. 예를 들어 아마존의 가격책정률^price markup은 15%에 불과하지만, 브랜드에 기반한 기존 유통업체의 가격책정률은 평균 65~80%나 된다.

이렇게 복잡하게 진화하는 환경에서 유통업체는 자신의 역할과 고객을 위한 가치창출 방법을 모두 근본적으로 재평가해야 한다. 유통경험을 근본적으로 재고하고, 물리적·가상적·공동체적인 경험을 모두 혼합한 사업모델을 개발하는 기업이 오늘날의 시장환경에서 가장 효과적인 유통업체가 될 것이다.

거대한 변화 속에서의 판매: 유통업의 재정의

거대한 변화란 근본적인 거시경제의 트렌드로, 전 세계 비즈니스 환경을 재편하고 있으며, 정보·사람·자본의 흐름을 촉발하고 있다. 이들 트렌드는 소비자들과 인재들에게 정보에 대한 접근과 낮은 전환비용을 통해 더 많은 힘을 제공하면서 자원에 관한 경쟁은 심화시켰다. 규모의 경제에 기반해 효율성을 추구하는 20세기의 모델에 맞춰 운영해왔던 기업들은 지금 모두 빠르게 변화하는 거대한 변화의 세계에서 적응하기 위해 고전 중이다.

거대한 변화는 다음의 4가지 측면에서 유통 분야에 영향을 미치고 있다.

- 시장장벽이 낮아지면서 소규모 업체의 진입이 늘고 있다.
- 시장수요에 대한 접근성의 증가는 지리적 근접성을 초월하고 있다.
- 주문형 상품수요로 유통업체가 재고를 보유할 필요성이 줄어들고 있다.
- 신기술과 고객관계가 새로운 가치창출 방법을 만들어내고 있다.

이 모든 변화가 기존 유통업체를 압박하면서 동시에 비전통적인 신규 진입자가 활동할 수 있는 새로운 공간을 열어주고 있다. 또한

그림 1 거대한 변화의 트렌드

근본적 트렌드	컴퓨팅 능력의 비용은 1992년에는 100만 트랜지스터 당 222달러였지만 2012년에는 0.06달러로 하락했다.
	데이터 저장비용은 1992년 1GB당 569달러였지만 2012년에는 0.03달러로 하락했다.
	인터넷 대역폭 비용은 1999년 1천Mbps당 1,245달러에서 2012년 23달러로 하락했다.
	헤리티지 재단이 측정한 10가지 지표의 종합 지수인 경제적 자유 지수는 전반적으로 1995년 이후 상승하고 있다.
결과적 트렌드	소비자의 70%가 브랜드 관련 정보와 선택권이 늘어났다고 답했다.
	지난 10년간 창의적 집단과 나머지 인력 간의 소득 격차는 꾸준히 벌어졌다.
	경제 전체적으로 자본 이익률이 지난 47년간 하락해 2012년에는 1965년의 1/4 수준이다.

출처: John Hagel, John Seely Brown, Tamara Samoylova, and Matt Frost, 2013 Shift Index metrics: The burdens of the past, Deloitte University Press, November 11, 2013, pp. 9~27, http://dupress.com/articles/the-burdens-of-the-past/.
그림: Deloitte University Press, DUPress.com

유통업 환경 전반에 걸쳐 더 많은 기회가 창출되면서도 추진에 필요한 투자 규모는 감소하고 있다.

시장장벽이 낮아지면서 소규모 업체의 진입이 늘고 있다

직접 뜨개질한 상품을 엣시에서 판매해 성공한 요쿠 지브란^{Yokoo} ^{Gibran}의 사례가 보여주듯 소비재 생산자나 판매자 모두에게 진입장벽이 급격히 낮아져 유통업의 판도가 바뀌었고, 새로운 경쟁자가 대규모로 유입되었다. 지금은 몇 시간 내에 유통업체 하나를 세울 수 있다. 지브란처럼 개인도 틈새시장 유통업을 빠르고 쉽게 시작할 수 있고, 이는 새로운 차원의 경쟁을 만들어내고 있다.

이러한 변화는 인프라를 직접 소유할 필요가 없어진 점에서 주로 기인한다. 대규모 투자는 통상 대량판매를 통해서만 회수할 수 있고, 따라서 소규모 업체는 이를 감당하기 힘들다. 하지만 이제는 종량제 서비스와 무료 또는 저렴한 인프라를 사용해 소규모 상인도 쉽게 시장에 진입할 수 있다. 실물 매장이 아닌 엣시의 '스토어프론트 storefront' 또는 이 플랫폼을 통해 임대할 수 있는 주문형 실제 팝업 매장처럼 유통업자가 인프라를 소유할 필요도, 미리 임대해놓을 필요도 없다. 대신 자산이 필요할 때만 비용을 지불하는 효율적인 방식으로 인해 유통업의 지형은 세분화되고 있다. 딜로이트의 분석에 따르면 상위 25개의 기존 유통기업 시장점유율이 2009년보다 2% 하락했는데, 축소 규모는 640억 달러에 달한다.

디지털 기술로 유통업의 많은 부분에서 막대한 비용절감이 이루어지고 운영도 크게 용이해졌다. 디지털 매장의 이용 비용부터 재고관리, 주문관리, 공급사슬 인프라까지 거의 모든 비즈니스 영역이 영향을 받았다. 〈그림 1〉과 같이, 핵심 디지털 인프라(컴퓨팅, 데이터 저장, 인터넷 대역폭)의 비용/성능 비율이 1990년대 초반 이후로 기하급수적으로 개선되어 기술을 더 저렴하게 이용할 수 있게 되었다. 현재 가장 작은 규모의 유통업체도 한때 대규모 자본 투자가 필요했던 강력한 인프라 도구를 사용할 수 있다. 따라서 개인과 소규모 업체도 유통업을 시작하고 시장에 진입하기가 그 어느 때보다 용이해졌다. 오늘날 사업을 시작하는 소매상인은 신용카드 한 장만 있으면 된다.

164

특히 클라우드 서비스는 필수 요소가 되어 유통업자들이 서버나 소프트웨어에 투자하지 않고도 지원과 관리업무를 처리할 수 있게 했다. 클라우드 기반의 프로그램은 제3자가 운영·관리하고 온라인으로 접근할 수 있으며, 필요에 따라 사용량을 늘릴 수 있다. 유통업 클라우드 서비스 수요는 2011년 42억 달러에서 2015년에는 151억 달러로 3배 이상으로 급증했다. 기술 인프라의 비용이 낮아졌을 뿐만 아니라 관리 또한 쉬워졌다. 집중적인 훈련이나 별도의 IT 부서가 필요 없는 클라우드 플랫폼은 기술적 지식이 없는 사용자가 접근하고 관리할 수 있을 정도로 사용법이 간단하다.

진입장벽이 낮아지면서 신규 업체가 대거 시장에 진입해 세분화되는 소비자 틈새시장을 적극적으로 노리고 있다. 그 결과 경쟁은 치열해지고 업계의 변동성은 커졌다. 일례로 1990년대 매출기준 상위 10대 유통업체 중 6곳이 2012년에는 10위 밖으로 밀려났다. 실제로 딜로이트의 분석 결과, 2009년 이후 유통업계의 시장점유율 변동성은 급격하게 커지고 있다. 더구나 상실한 시장 지분을 직접적인 경쟁자가 차지하지 못한 점은 신규 진입자가 많다는 것을 의미한다. 이러한 현상에 주목해야 하는 이유는 상위 10개 업체의 변동 때문만이 아니라 새로운 환경에서 가장 효과적인 유통업체의 유형과 유통모델에 대한 질문을 제기하기 때문이다.

또한 진입장벽의 축소는 제조업체와 제조자가 전통적 개념의 재판매업체를 거치지 않고, 직접 소비자에게 상품을 판매하기 쉽게 만들었다. 예를 들어 2014년 미국 온라인 구매자들 중 52%가 물건을 구입할 의도로 제조업체나 브랜드의 웹사이트를 방문했다. 기업은 직접 소비자와 접촉해 가치사슬에서 중간 단계를 없애 수익성을 높일 수 있다. 또 소비자와 직접 관계하는 제조업체는 신속하게 풍부한 소비자 피드백을 받을 수 있다. 이런 형태로 운영하는 제조업체가 많아지면서 세분화는 더욱 가속될 것이다.

시장수요에 대한 접근성 증가는 지리적 근접성을 초월한다

이제 우리는 디지털 기술로 지리적 경계를 넘어 수요를 끌어 모을 수 있다. 디지털 플랫폼이나 소셜 미디어 같은 도구는 지역, 심지어는 국가 간의 경계를 뛰어넘어 구매자와 판매자를 연결시킨다. 전자상거래는 유통업자를 전 세계의 소비자와 연결시켜주며, 지리적 제약을 없애주어서 온라인 판매자는 사실상 전 세계 시장을 효과적으로 상대할 수 있다.

오프라인에서는 근접한 지역의 고객들만 상대할 수 있었던 상점들도 온라인 방식으로 전 세계의 틈새 고객들에게 접근해 사업을 전개할 수 있다. 역으로 예전에는 '주요' 업체가 제공하는 선택범위에 만족했던 소비자들도 이제 예전에는 접근할 수 없었던 대안을 선택할 수 있다. 예를 들면 1998년에 아마존은 등산 관련 독서 붐을 일으켰던 베스트셀러 『희박한 공기 속으로Into Thin Air』를 구매하거나 살펴보고 있는 고객들에게 절판된 다른 등반기 『공허를 만지다Touching the Void』를 추천했다. 자동추천 기능을 활용한 결과 『공허를 만지다』가 『희박한 공기 속으로』보다 2배나 많이 팔렸다. 알려지지 않은 선택지를 고객에게 알려줌으로써 전자상거래는 개인의 기호도 재형성할 수 있었다. 현재 아마존 도서 매출의 절반 이상이 상위 13만 권 이외의 도서에서 발생한다.

주문형 상품수요로 인해 재고가 줄어들고 있다

거대한 변화의 세 번째 영향은 주문형 상품수요로 유통업체가 판매 전 재고에 투자할 필요성이 줄어들거나 아예 없어지고 있다는 점이다. 많은 소규모 업체가 판매를 확신할 수 없는 상태에서 재고에 투자할 필요가 없다.

유통업체는 드롭 쉬핑drop-shipping(제조업체 또는 산지 직송)을 통해 팔릴 때만 재고를 구매하면 된다. 드롭 쉬핑 업체는 주문자 상표부착white label 배송 서비스를 통해 주문에 맞춰 상품을 보낸다. 현재 드롭 쉬핑의 규모는 엄청나다. 100만 명 이상의 광고업자로 구성된 80억 달러 규모의 페이스북 광고시장 중 93%가 드롭 쉬핑을 통해 상품을 판매하는 유통업체들로 추산된다.

유통업체는 주문에 맞춰 상품을 구매할 수 있을 뿐만 아니라 생산 전에 미리 주문을 받을 수도 있다. 크라우드펀딩에 기반한 사전판매를 통해 생산이 시작되기도 전에 수요를 확보한다. 많은 프로젝트가 시제품만 만들고 실제 생산은 적은 경우가 많았지만, 크라우드펀딩 플랫폼인 킥스타터Kickstarter에서의 온라인홍보 캠페인을 통해 대규모 생산에 필요한 자본을 끌어들이고, 초기 주문량을 보장받아 더 큰 시장으로 진출할 수 있게 되었다.

크라우드펀딩은 제품 아이디어에 소비자가 돈으로 가치를 매겨 피드백을 줄 수 있게 한다. '원하는 제품에 기금을 내는 방식voting with their wallets'은 유통업체와 제조업체가 아이디어를 더 많이 내놓도록 자극하고, 이 중 소비자의 긍정적 반응을 얻는 제품만 생산할 수 있게 지원한다. 크라우드펀딩 절차는 수요를 보장할 뿐 아니라 판매업체와 유통업체가 소비자를 더욱 깊이 이해할 수 있도록 한다.

샌프란시스코의 맞춤의상 업체 제이크Jake는 공개영업을 시작한 지 3년 만에 2건의 크라우드펀딩을 마쳤다. 최근의 경우는 캡슐 컬렉션(소규모의 빈도 수가 높은 컬렉션 발표) ROYGBIV를 위한 것이었다. 후원자들은 컬렉션에서 남성 및 여성 기본 의류 5가지를 선주문할 수 있었다. 캠페인을 마치고 제이크는 생산을 시작하면서 각 고객에게 연락해 사이즈와 선호하는 색상 정보를 받고, 추가적으로 인구적·심리적 데이터도 수집할 수 있었다.

또한 거대한 변화는 제품 디자이너와 유통업체의 주문에 맞춘 제조를 한결 용이하게 만들었다. 3D 프린팅 기술을 사례로 들면, 가정에서 3D 프린터 사용이 늘어나면서 3D 디자인 자체를 위한 시장이 형성되었다. 초기 스타트업인 핀쉐이프Pinshape는 3D 프린팅에 기반한 시장 플랫폼을 개설했다. 이 회사는 참가자가 팔거나 무료로 제공할 수 있는 3D 프린팅 디자인을 선별해 회사의 사이트에 올려둔다. 그래서 고객은 디자인 파일을 사거나 3D 프린팅 결과물을 주문할 수 있다.

한편 팅커 테일러Tinker Tailor는 주문형 상품 제작을 더 고차원으로 끌어올렸다. 패션업체와 협업하는 온라인 명품 유통업체인 팅커 테일러는 고가의 패션상품을 고객들이 원하는 대로 맞춤화할 수 있게 한다. 고객은 3D 디자인과 시각화 툴을 사용해 80여 개의 디자이너 브랜드 옷을 원하는 대로 수정할 수 있다. 비비안 웨스트우드Vivienne Westwood, 마르케사Marchesa, 로다테Rodarte, 지암바티스타 발리Giambattista Valli 등 브랜드의 스커트 길이를 줄이거나 목선을 고치고, 심지어는 다른 천으로 교체해 디자이너가 보여준 상상력을 독특한 시각으로 재해석하기도 한다. 고객은 또한 팅커 테일러의 디자인과 천을 이용해 독특한 아이템을 창조할 수도 있다. 구매자는 최종 제품의 3D 이미지를 보고 실제 생산에 들어가기 전에 승인하면 된다.

신기술과 고객관계가 새로운 가치 창출 방법을 만들어내고 있다

거대한 변화의 기술적 진보가 전통적 유통업의 지형을 뒤흔들면서 새롭고 차별화된 사업모델을 가진 수많은 신규 판매자가 유입되고 있다. 이들은 샘플 판매를 디지털화하고 희귀한 일본산 술잔을 팔며 적당한 가격대의 개인 맞춤 물품이나 합리적인 가격대의 스타일 좋은 안경을 우편으로 판매한다. 이런 사업모델들의 실행과정에는 차이가 있지만, 공통적으로 소비자와 직접 연결된 소규모 팀이 개인화된 경험을 제공하면서 시작된다.

온라인 유통업체 길트그룹Gilt Group은 디지털 기술을 활용해 새롭게 시장에 진입했다. 공동 창립자인 케빈 라이언Kevin Ryan은 디지털 방식의 샘플 판매를 시도하면서(이전의 샘플 판매는 잉여재고의 판매가 목적이었다), 샘플 판매의 시급성과 독점성을 유지하면서도 일반 소비자들이 디자이너 브랜드나 명품 브랜드를 저렴한 가격에 접근할 수 있는 수단을 개발했다. 라이언이 처음 이런 아이디어를 디자이너들에게 설명했을 때는 낯설어 보였지만, 사업은 시작 후 빠르게 정상궤도에 올라섰다.

오클랜드에 위치한 일본산 주방용품과 술잔을 파는 자영업체 우마미 마트Umami Mart의 사례는 디지털 기술을 접목한 틈새 유통업체들의 잠재력을 보여준다. 우마미 마트는 주방장들과 다른 식품업계 전문가들이 만든 협력 블로그로 시작했다. 블로그의 팔로워가 늘어나자 블로그 참가자들과 독자들은 일본산 주방용품 수입에 대한 의견을 주고받았다. 이러한 수요가 온라인에 모이면서 유통업체로서 우마미 마트의 사업은 시작되었다.

안경업체인 와비 파커는 거대한 변화의 네 번째 영향을 보여주는 대표적 회사로 소비자와 유통업체 모두의 비용을 줄인 사례다. 기존의 업체가 안경테 하나를 수백 달러에 파는 반면, 와비 파커는 저렴하면서도 멋스러운 안경테를 주로 온라인으로 판매하고, 샘플과 완제품 모두를 소비자에게 직접 배송한다. 이 회사는 최근 온라인 매장과 연계해 오프라인 매장 몇 군데를 열었다. 이들 매장은 도서관을 연상시키는 디자인과 매장에서 판매하는 모든 안경테를 직접 만져볼 수 있게 하는 개방성으로 기존 업체와의 차별화를 이루었다. 고객은 매장을 둘러보고 원하는 안경테를 마음껏 써볼 수 있다. 이런 특징은 온라인과 가정에서의 경험을 보충하는 부가가치가 된다. 또한 매장에서는 저렴한 가격에 시력을 측정할 수 있다. 와비 파커에 따르면, 매장에서 안경을 사본 고객은 온라인으로 추가 구매를 하는 경우가 많다고 한다. 이 회사는 다섯 번에 걸쳐 16명의 투자자에게서 1억 1,500만 달러를 투자받았다.

새로운 게임의 규칙: 유통업체를 위한 선택

시장에서 의미를 가지기 위해 기존 유통업체는 거대한 변화가 새롭게 형성한 환경에서 자신들의 역할을 정의해야 한다. 다시 정리하면 유통시장의 신규 진입자가 시장을 세분화시키고 있고, 타깃 고객이 보다 분명한 틈새상품을 제공하고 있다. 이들은 소비자에 대한 이해를 바탕으로 인간적 유대감이 높은, 개인화 혹은 맞춤화된 서비스를 제공해 가치를 창출하고 있다. 이런 서비스는 깊은 전문성과 지식을 요구하는 경우가 많다. 이들은 디지털 시장 덕분에 운영이 가능해졌고, 현실 세계의 매장공간과 관련된 제약 없이 즉각적인 온라인 매장 운영을 가능하게 해주는 정교한 가상 플랫폼을 이용한다.

이렇게 빨리 변하는 환경에서 기존 유통업체는 어디에 자리를 잡아야 하는가? 매장 크기와 물리적 자산의 고정비와 같은 요소의 제약하에서 기존 업체는 소비자에게 차별화된 가치를 제공하려면 어떻게 해야 하는가?

이는 쉬운 일이 아니다. 빠르게 진화하는 환경의 도전에 맞서 대형 유통업체는 온라인과 오프라인 비즈니스 접근법을 모두 재고할 필요가 있다. 오프라인 매장의 혁신에 그치지 말고 새로운 고객경험을 제공하는 데 집중해야 한다. 또는 소규모 틈새업체를 위한 서비스 공급자가 되어 보유한 운영 및 인프라 역량을 서비스 형태로 판매하는 방안도 생각해야 한다. 또한 기존 업체는 소비자 대리인으로서의 역할을 할 수 있다. 즉 소비자에 대한 깊은 이해를 바탕으로 소비자의 상품 선택을 도와주는 새로운 사업체가 되는 것이다.

온라인과 오프라인의 구분을 넘다

현대의 많은 소비자는 쇼핑방식이 온라인인지 오프라인인지는 크게 신경 쓰지 않고 최고의 거래 조건을 찾는 데만 관심을 둔다. 즉 목표에 도달하는 도구는 관심거리가 아니다. 일반적인 소비자의 입장에서 유통업체는 가상 및 실제 매장 운영을 통합해 온라인과 오프라인 채널을 매끄럽게 넘나들 수 있는 쇼핑경험을 제공해야 한다. 예를 들어 온라인에서 산 상품을 매장에 반품할 수 있거나, 가까운 매장에 재고가 있는지를 웹사이트에서 확인할 수 있어야 한다. 실제로 온라인과 오프라인 매장의 경계가 완전히 없어지지는 않았다 하더라도 갈수록 흐려지고 있다.

가상과 실제 매장을 통합해 소비자에게 하나의 얼굴만 보여줘야 한다는 것은 많은 업체에게 큰 부담이 될 수 있다. 지금까지 대부분의 유통업체가 온라인과 오프라인 매장을 분리해 운영해왔다. 어떤 경우에는 오프라인 매장이 있는 지역에서는 온라인 매장을 아예 열지 않기도 했고, 온라인과 오프라인의 상품 구성이 다르기까지 했다. 이 2가지 사업은 문화도 달랐고, 별도의 재무제표를 유지하기도 했으며, 내부자원을 놓고 경쟁하기까지 했다. 그러나 더 많은 소비자가 어떤 방식으로 구매하건 간에 쇼핑경험이 일관되기를 바라기 때문에 기존의 접근법은 앞으로 유지되기가 힘들다.

쇼핑객을 유치하려면 유통업체는 디지털 채널과 물리적 채널을 구분하던 이중적 운영체계를 총괄적으로 통합하는 접근법을 취해야 한다. 즉 디지털 자산과 실물 자산이 회사가 선택한 사업모델을 실행할 수 있도록 서로를 효율적으로 강화해야 한다.

이런 사업모델은 어떤 형태여야 하는가? 일부 유통업체는 이런 결정을 그들의 실물 자산에 근거해 내리기를 원할 수도 있다. 즉 오프라인 매장의 설립과 유지에 얼마나 많은 투자를 했는지 따지는 것이다. 온라인 매장과 오프라인 매장 사이를 오가는 것은 쉽다고 해도, 온라인 매장 운영의 경제학은 오프라인 매장 운영의 경제학과는 매우 다르기 때문이다.

디지털 매장은 '진열 공간'의 제한이 없고 실시간 주문판매를 활용할 수 있는 능력이 있으므로, 상대적으로 적은 비용으로 오프라인 매장보다 더 다양한 종류의 상품을 구비할 수 있다. 고정비용이 낮은 구조인 데다 소비자가 가격을 비교하는 데 디지털 기술을 계속 사용하기 때문에 온라인 매장은 유통업체 이윤 창출의 전통적인 원천인 상품거래로 돈을 벌기에 적합하다. 온라인 가격에 맞추려고 노력하는 대형 가전양판점처럼 같은 기반(가격, 속도, 용이성)에 근거해 경쟁하려는 오프라인 매장 유통업체는 이러한 기반에 근거해 효과적으로 경쟁하기가 불가능하기 때문에 기업의 몰락을 재촉할 뿐이다.

반면 오프라인 매장은 소비자와 상품을 둘러싼 생태계와 관계를 맺고 서로를 연결해주는 촉매가 될 수 있다. 오직 상품 판매에만 의존하는 사업모델과는 매우 다르다. 따라서 대형 오프라인 매장을 보유한 유통업체는 고객경험에 초점을 맞추는 방향으로 나아가고자 할 것이다. 이때 경험의 속성은 시간이 지나면서 진화할 것이다. 개별화된 고객경험을 창조하기 위해서는 고정자산과 인프라에 대한 투자가 필요하고, 따라서 기존 실물 자산이 이런 전략에서는 우위를 제공할 수 있다. 예를 들면 애플이나 빅토리아 시크릿Victoria Secret과 같은 수직통합형 소매업체는 고급스러운 매장 경험을 제공하고, 높은 가격에 상품을 판매해 이윤도 높다.

그렇다면 현재 수직통합형이 아닌 유통업체는 경험가치를 이윤에 포함시킬 수 있는 경험 기반의 전략을 추구할 수 있는가? 이를 위해 회사의 비즈니스 전략을 근본적으로 바꿔야 할 수도 있다. 기업은 경험가치를 상품판매가에 포함시키기보다, 소비자가 고객경험 그 자체만을 위해 기꺼이 지불할 정도로 가치 있는 경험의 창조에 집중하는 편이 낫다.

고객에게 최대한 도움이 되는 경험을 제공하는 것은 필수적이다. 개인의 상황과 니즈에 맞춰 적절한 구매를 할 수 있는 능력을 키워주고, 구매 후 상품에서 최대한의 가치를 끌어내도록 도움을 주는 것이 중요하다. 그리고 이 과정에서 진정으로 기억에 남는 인상적인 경험을 창출해야 한다.

이런 유형의 사업모델은 가치 확보를 위해 재고자산을 회전시킬 필요가 없다. 실제로 고객은 심지어 다른 업체, 더 작고 민첩한 매장 혹은 대형 온라인 장터에서 상품을 사라는 권유를 받을 수도 있다. 이런 경우 상품은 이윤의 원천이 아니다. 효과적으로 시행되면 경험 기반의 판매는 소비자의 충성도를 높이고, 고객의 평생가치를 늘려주며, 심지어 소비자와 생태계 참가자들이 상호작용하고 협력하는 새롭고 혁신적 아이디어의 원천이 될 수 있다.

소비자를 놀라게 하고 즐겁게 만드는 '경험시장'

멋스러움과 분위기를 이용한 독특한 매장 경험 혹은 이미지를 전달하는 브랜드 라이프스타일 상품이란 개념은 새로운 것이 아니다. 하지만 지금까지 그런 경험은 근본적으로 '푸시Push' 마케팅이었다. 소비자는 자신의 경험을 형성하는 데 직접적인 의견을 거의 전달할 수 없었다. 따라서 이번 시즌의 최첨단 브랜드가 내년에는 한물간 유행이 되면서 경험이 빠르게 구시대의 유물이 될 위험이 있었다.

그러나 오늘날 유통업체는 소비자를 위해 완전히 새로운 경험을 창출할 수 있는 기회가 있다. 소비자 스스로 경험을 선택하고 공동창조할 수 있도록 해서 소비자를 놀라게 하고 교육시키고 즐겁게 하는 경험을 창출할 수 있다. 이는 사업모델을 바꾸고, 참여를 통해 가치를 창출해 소비자와 파트너가 활동하는 생태계를 구축한다는 의미가 될 수 있다. 예를 들면 유통업체가 취사도구와 요리교실, 유명한 셰프가 요리한 저녁 식사 같은 소소한 경험적 상품을 함께 파는 대신에 요리에 관심이 많은 소비자가 모일 수 있는 공동체를 만들고, 회원들끼리 함께 모여 요리에 대한 열정과 조언을 공유하는 모임을 제공해 줄 수 있다.

이상적으로는 이런 경험, 즉 '경험시장' 자체의 가치가 높아져서 유통업체는 관련 상품을 판매하기보다 경험 자체에 요금을 받을 수도 있다. 공동체가 자리를 잡으면, 유통업체는 자사 혹은 경쟁사의 도구와 상품까지도 공동체에 추천해 구매를 유도할 수 있다. 또한 데이터종합 플랫폼과 개인화 솔루션을 연계해 고객과의 상호작용 이전·중간·이후의 각 단계에서 개인화된 고객경험을 제공할 수 있다. 이는 고객이 구매한 상품에서 최대한의 가치를 끌어내는 데 초점을 둔다. 고객과의 모든 상호작용은 고객에 대한 깊은 이해와 참여에 근거를 두고 이루어진다.

선도적인 유통업체는 또한 실제 매장 공간을 '임대'하고 있다. 동일한 소비자 집단에 어필하는 소규모 독립 유통업체가 소비자와 교류하고 상품을 전시할 수 있도록 공간을 내주는 것이다. 노드스트롬 Nordstrom은 엣시 디자이너와 유통업체를 신부용 팝업매장으로 유치했고, 여성용 맞춤 구두업체인 슈즈 오브 프레이 Shoes of Prey와 합작하고 있다. 이런 기회는 소규모의 특화 업체에 상품을 공개하고, 소비자와 관계를 구축하는 기회를 제공해 개인에게 좀더 친숙한 맞춤형 경험을 만들어내고 있다.

레스토랑의 정찬이나 영화관과 같은 물리적 유통은 사라지지 않을 것이다. 하지만 그 외양과 역할에서는 대변혁이 예상된다. 많은 소비자가 계속해서 쇼핑의 사회적 측면과 새로운 상품을 발견하는 경험을 즐길 것이다. 유통업체가 성공하기 위해서는 고객의 이런 즐거움을 수용하는 사업모델을 새롭게 개발해 고객에게 탐험하고 배우고 공통의 이익을 위해 모이는 공간을 만들어줘야 한다.

인프라 제공자로서의 기존 유통업체

일부 유통업체가 오프라인 매장 공간의 초점을 소비자의 발견·학습·상호작용을 촉진하는 개인적 경험 플랫폼으로 바꾸고 있는 반면, 일부는 다른 업체에 인프라를 제공하는 기업 간 서비스B2B 공간으로의 가치를 만들어내는 전략을 선택할 수 있다.

〈그림 2〉는 전통적 유통업 가치사슬로서 상품을 시제품 단계에서 판매와 그 이후 과정으로 이동시키는 데 필요한 기능이 일반적으로 실행되는 순서를 보여준다.

유통업체는 기존에는 많은 부분을 맡아왔지만, 기술 발전으로 가치사슬의 요소가 와해되어 재구성되고 있으며, 한 업체가 하나의 기능만 맡거나 기존 순서의 변경도 이루어지고 있다. 상품 디자인과 판매 단계가 세분화되고 있지만 가치사슬의 중심 기능, 즉 구매와 조달

176

그림 2 전통적 소매 가치사슬

구분	디자인	구매와 조달	재고 관리와 유통	매장 운영	마케팅	판매	실행	지원
설명	제품 시안	재고 구매 또는 축적	판매될 상품 관리와 유통	판매 시점 관리	판매 또는 브랜드 홍보를 위한 상품 판촉	소비자에 판매 수행	소비자에 제품 배달	소비자의 상품 가치 극대화 지원

출처: Deloitte Analysis
그림: Deloitte University Press, DUPress.com

에서부터 실행에 이르는 단계가 통합되면서 규모와 범위의 경제를 이용해 효율성은 더 높아지고 있다. 이런 경제적인 혜택으로 인해 유통업의 기능이 지속적으로 집중화되면서 이 분야를 장악할 수 있는 업체가 성장기회를 얻게 될 것이다.

기능의 집중화는 유통업계의 인프라 수요를 처리하는 소수의 대형 업체가 부상할 수도 있음을 시사한다. 즉 하나의 비즈니스 기능이나 활동에만 집중하는 업체가 생겨날 수 있다. 이런 대형 인프라 제공업체의 출현은 규모와 범위의 경제뿐만 아니라 네트워크 효과의 잠재력으로 가능하다. 유통업계, 특히 B2B 분야가 집중화 과정을 겪으면서 기존 유통업체가 B2B 통합서비스 업체가 될 기회가 생길 수 있다. 즉 '규모와 범위'의 우위를 가진 업체가 구매, 재고관리, 매장운영, 마케팅, 실행 서비스 등을 소규모 유통업체들에게 제공할 수 있다.

신뢰받는 대리인으로서의 기존 유통업체

소비자 대리인은 새로운 개념이 아니다. 퍼스널 쇼퍼나 개인 자산관리자는 수십 년간 존재해왔다. 그러나 이런 서비스는 오랫동안 소수의 부유층만 이용 가능했는데, 이는 개인화된 조언이 가격이 높고, 확장하기 쉽지 않았기 때문이다. 그러나 최근 디지털 기술의 발전으로 데이터 플랫폼, 빅데이터 애널리틱스, 기계학습을 이용한 비용 효과적인 개인 서비스의 개발이 가능해졌다. 상품과 틈새시장이 계속 확산되면서 소비자는 점점 더 많은 선택 옵션을 탐색해주고, 적절한 상품 선택을 도와주는 신뢰할 만한 지원을 필요로 할 것이다.

이런 역할을 효과적이게 하려면 어느 정도 규모가 있어야 한다. 하나의 대리인이 맡는 고객이 많아질수록 패턴을 인식하고 수준 높은 조언을 제공할 여지도 커진다. 기존 대기업은 이미 대규모 고객에 대한 광범위한 구매활동 정보를 가지고 있기 때문에 이 분야에서 경쟁력이 있다.

오늘날의 유통업 환경에서 이런 유통업체는 소비자 대리인으로서의 새로운 역할을 담당할 수 있다. 업체가 그들의 개인 소비자에 대한 깊은 지식과 경험을 이용해 각 고객에게 가장 적합한 대안을 적극적으로 제안하는 것이다. 효과적인 대리인 사업은 소비자에 대한 봉사를 최우선으로 하고 상품 판매보다는 소비자의 니즈 충족에 집중해, 큐레이터 및 파트너들의 광범위한 네트워크를 이용함으로써 소비자가 선호하는 틈새대안과 연결시켜준다.

신뢰받는 소비자 대리인 비즈니스는 이미 부상하고 있다. 아마존의 알고리즘 기반 추천 시스템은 몇 가지 단순한 정보를 이용한다.

소비자가 이전에 구매한 상품, 쇼핑카트에 넣은 상품, 좋아했거나 점수를 높게 매긴 상품, 구매이력이 비슷한 다른 고객이 봤거나 구매한 상품 등이 그것이다. 알고리즘은 소비자 경험을 맞춤화해주는데, 아마존의 실적치는 이 방식이 효과적임을 보여준다. 회사의 최신 추천 엔진은 분기 매출 30억 달러, 전년 동기 대비 29% 매출 증가에 공헌했다.

고객의 니즈를 이해하고 대안을 추천하는 모델의 성공은 고객이 대리인을 신뢰해야만 가능하다. 대리인이 자사 상품만 권하는 경우에는 신뢰를 얻기 힘들다. 이를 아는 일부 대리인 기업은 당장 이용 가능한 재고에만 의존하는 대신, 원천이 어딘지 상관없이 고객의 니즈에 가장 부합하는 상품을 찾아줄 것이다. 마찬가지로 그들은 실물 자산의 보유는 제한하고, 애널리틱스 역량과 생태계 파트너들과의 관계 구축에 더 많이 투자할 것이다.

아마도 가장 지속가능한 대리인 사업모델은 고객에게 서비스를 제공하고 이에 대한 보수를 받는 형태여야 할 것이다. 그렇지 않고 광고수익에 의존하거나 판매된 상품 매출의 일부를 수수료로 받는 모델로는 고객의 신뢰를 얻기 힘들다. 대리인 사업의 성공요인은 강력한 규모의 경제와 네트워크 효과이며, 대리인이 개인 고객에 대해 더 많이 파악할수록 고객에게 더 도움이 될 것이다. 마찬가지로 하나의 대리인이 상호작용하는 고객이 많아질수록 고객들 사이에 충족되지 못한 새로운 니즈를 파악할 수 있게 되며, 이는 모든 개인 소비자에게 더 큰 가치를 제공할 수 있다.

유통업 환경을 동원하기

유통산업이 인프라 제공자의 도움을 받은 '경험시장'과 온라인 장터로 연결된 틈새업체들로 구성된 환경으로 진화함에 따라, 동원자 mobilizer의 역할을 하는 기업에게 기회가 생길 수 있다. 동원자는 빠르게 변하는 생태계의 여러 요소를 한데 묶어, 공통의 이익을 추구하고 학습을 활성화해 유통산업 전체의 공통목표를 지향하도록 도와준다.

동원자가 새로운 개념은 아니다. 미국소매협회National Retail Federation와 같은 유통업 연합은 회원기업들이 실적을 제고할 수 있는 자원을 제공하며 전시행사, 컨퍼런스, 워크숍, 세미나, 입법 로비 등을 통해 유통업체 전반을 지원한다. 그러나 지금과 같은 변화의 시대에는 세분화된 소비자의 관심을 모두 다룰 수 있는 새로운 조직이 부상할 것으로 보인다. 예를 들어 제조자 운동은 수공제조와 취미 제조활동을 격려하고, '글로컬리즘glocalism'은 소비자로 하여금 자신의 지역이 아니더라도 동아프리카 무역 협동조합의 상품처럼 특정 지역경제에 도움이 되는 상품을 사도록 권고한다. 이런 운동 내에 있는 조직이 동원자의 역할을 할 수 있다. 지역 제조업 부흥에 일조하도록 주민들에게 지역제품을 구매하도록 권장하는 시정부나, 개인 소비자에게 이런 운동을 교육하고 참여방법을 알리는 홍보업체가 모두 동원자 역할을 하고 있다. 기업은 지역사회와 보다 깊은 결속을 맺고, 소비자 행동 이면의 변화를 이해하기 위해 주변의 동원력에 주의를 기울여야 한다.

기존의 유통업체가 명심해야 할 것들

오늘날의 유통업 환경은 논란의 여지없이 한 세기 동안의 연속된 변화 중 가장 근본적인 변환이 이루어지는 과정에 있다. 다수의 대규모 변화요인이 유통업체가 활동하는 환경을 재형성하고 있고, 전통적인 사업모델에 압박을 가하고 있다. 이런 환경에서 생존하고 번영하기 위해 기존의 유통업체는 그들이 어떻게 가치를 창출하는지 재평가하고, 선택한 역할에 집중하기 위해 자산구성을 재조정해야 한다.

미래가 불확실할 때 변화는 어려울 수 있고, 내부의 저항에 직면할 수 있다. 동시에 불확실성의 시대는 방향을 선택하고 기회를 형성할 수 있는 이들에게 커다란 가능성을 제공한다. 사업의 '첨단'에서 변화를 추진해 유통업체는 새로운 사업모델을 고안·실험하고, 의미 있는 피드백을 수집하며, 내부의 긴장과 저항을 줄이면서 학습하고 반영할 수 있다. 작은 움직임을 현명하게 시작하면 거대한 변화의 시동을 걸 수 있다.

존 하겔 John Hagel III은 딜로이트 센터 포 엣지Deloitte Center for Edge의 공동 의장이며 경영 컨설턴트, 작가, 강연자, 사업가로서 거의 30년에 가까운 경력을 가지고 있다. 그는 또한 『Net Gain』『Net Worth』『Out of the Box』『The Only Sustainable Edge』『The Power of Pull』 등 베스트셀러 경영서의 저자다.

존 실리 브라운 John Seely Brown은 딜로이트 센터 포 엣지의 공동 의장이자 많은 책을 저술한 작가이며 강연자 및 교육자다. 또한 프로보스트Provost의 자문위원이며 USCUniversity of Southern California의 방문교수다. 그는 과학 저널에 100편 이상의 논문을 게재했으며 『The Social Life of Information』『The Only Sustainable Edge』

『The Power of Pull』 『A New Culture of Learning』를 포함한 7권의 경영서를 공동 집필했다.

타마라 사모이로바^{Tamara Samoylova}는 딜로이트 센터 포 엣지의 수석연구원으로 센터의 연구를 주도하고 있다. 센터에 합류하기 전에는 딜로이트 컨설팅 LLP의 성장 및 혁신 사업부의 시니어 매니저로 일하면서 성숙한 기업이 충족되지 않은 고객의 니즈, 산업의 역동성, 경쟁 상황을 이해해 새로운 성장 영역을 찾도록 지원했다.

케이시 M. 로바흐^{Kasey M. Lobaugh}는 딜로이트 컨설팅 LLP의 프린시펄로 와해적 기술, 혁신, 차세대 유통업에 요구되는 전략에 관심을 기울이고 있다. 그는 세계 최대의 유통업체들을 대상으로 18년 이상 컨설팅을 수행해왔으며, 대형 유통업체의 인력, 프로세스, 기술의 변환에 초점을 맞춰왔다. 그는 Shop.org의 이사회 임원이자 크로스 채널 컨소시엄^{Cross Channel Consortium}의 공동 의장이다.

네하 고엘^{Neha Goel}은 딜로이트 센터 포 엣지의 리서치 펠로우로 특히 금융 서비스와 지급결제를 열정적으로 연구하고 있다. 그녀는 딜로이트 컨설팅 LLP의 전략 및 운영 사업부의 컨설턴트로서 은행, 신용카드사, 보험거래소들과 협업해왔다. 특히 고객경험과 금융기관과의 관계를 개선하기 위한 모바일 기술의 활용에 관심이 많다.

6부

소비재:
소비재 트렌드 내비게이팅

소비재 유통기업은 적절한 디지털 채널을 개발해
일관되면서도 실시간으로 소비자와 소통해야 하며,
현재의 소비자뿐만 아니라 미래의 잠재 소비자와도
일대일로 소통해야 한다.

9

2020년
소비재 트렌드

과거의 운영모델은 무용지물이 된다

소비재 기업과 유통업체는 급격한 기술 진화, 소비자군의 인구통계
적 변화, 기호의 변화, 경제적 불확실성 등이 모두 융합된 현상에 직
면하고 있다. 이러한 변화는 수익성을 확보하기 어렵게 하고, 전통적
경쟁우위의 원천을 무너뜨리며, 과거의 운영모델을 무용지물로 만들
잠재력을 지니고 있다. 이렇게 빠르게 진화하고, 성장세가 둔화되며,
이윤이 감소하는 환경에서는 명확한 전략적 방향 설정과 조직화된
노력을 기울이는 것만이 능사가 아니다. 행동의 실행 속도와 완결성
을 중요하게 생각해야 한다.

　향후 5년간 소비재 시장의 변화를 정확히 말하기는 어렵지만 기업
은 불확실성 속에서도 계속 운영하고 이익을 낼 수 있도록 준비해야

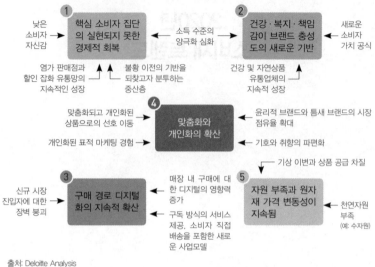

그림 1 거친 바다가 눈앞에: 소비재 시장의 5가지 트렌드

낮은 소비자 자신감 ← ① 핵심 소비자 집단의 실현되지 못한 경제적 회복 ← 소득 수준의 양극화 심화

② 건강 · 복지 · 책임감이 브랜드 충성도의 새로운 기반 → 새로운 소비자 가치 공식

염가 판매점과 할인 잡화 유통망의 지속적인 성장 / 불황 이전의 기반을 되찾고자 분투하는 중산층

건강 및 자연상품 유통업체의 지속적 성장

맞춤화되고 개인화된 상품으로의 선호 이동 ← ④ 맞춤화와 개인화의 확산 ← 윤리적 브랜드와 틈새 브랜드의 시장 점유율 확대

개인화된 표적 마케팅 경험 ← → 기호와 취향의 파편화

→ 기상 이변과 상품 공급 차질

신규 시장 진입자에 대한 장벽 붕괴 ← ③ 구매 경로 디지털화의 지속적 확산 ← 매장 내 구매에 대한 디지털의 영향력 증가

⑤ 자원 부족과 원자재 가격 변동성이 지속됨 → 천연자원 부족 (예: 수자원)

구독 방식의 서비스 제공, 소비자 직접 배송을 포함한 새로운 사업모델

출처: Deloitte Analysis
그림: Deloitte University Press, DUPress.com

한다. 시장을 급변시키는 트렌드로 인해 소비재 기업들의 전통적인 경쟁우위의 원천, 즉 규모, 브랜드 충성도, 협력관계와 기업의 근간이 되어온 운영모델이 압박을 받고 있다. 이러한 상황에서 전략적 행동에 합의하는 것 자체도 쉽지 않지만, 이와 동시에 철저한 행동을 취하면서 빠른 속도로 나아가기는 더욱 어렵다.

소비재 산업의 수익성 변화를 살펴보면 어려운 환경에서 실적이 악화되는 추세다. 총자산이익률Return on Assets, ROA로 측정했을 때 소비재 산업 수익성의 중간값은 지난 30년간 하향세를 지속하고 있다 (1980년 5.8%→2013년 3.7%). 소비재 기업의 하위 25% 그룹이 1.9%의 ROA에서 −5.6%의 마이너스 값으로 하락해 가장 큰 타격을 입었

186

고, 상위 25% 그룹도 이전보다 근소하지만 하락해 ROA가 9.2%에서 8.1%로 떨어졌다. 소비재 업계의 실적이 전반적으로 꺾이고 있다.

게다가 미국의 소비재 시장은 인구증가율 이상으로 성장할 것으로 보이지 않으며, 오히려 소규모 업체들이 전통적인 시장강자들에게서 시장 지분을 가져올 수 있어 입지가 유리할 수 있다. 이러한 ROA 하락세는 기존 소비재 기업이 기획 단계에서 충분히 과감하지 않고, 빠르게 행동을 취하지 않기 때문이다.

여기서는 2020년의 소비재 업계에 영향을 미칠 수 있는 5가지 잠재적 '트렌드'를 제시해 소비재 기업의 경영진이 변화와 불확실성에 대비할 수 있는 기본적인 관점을 제시하고자 한다.

트렌드 1: 지속적인 경제 불황에 따른 소득 증가의 제한

지속적인 경제 불황으로 소비자들의 자신감 하락, 중산층의 소비 정체, 소득의 양극화가 심화될 것으로 예상된다.

- **예상 결과:** 핵심 소비자 집단의 소득증가는 제한적이다.
- **기존 모델의 도전과제:** 새로운 가격대를 맞추기 위한 채널 전략과 제품 포트폴리오를 변경할 필요가 있다.

트렌드 2: 건강·만족감·책임감이 브랜드 충성도의 새로운 기반

대기업 제품이 제공하는 가치에 대한 소비자들의 불만 증가와 함께 소비자들의 개인건강, 환경, 사회적 영향에 대한 관심이 증가하면서 전국적 대형 브랜드에 대한 감정적 유대감이 약화될 것이다.

- **예상 결과:** 기업은 소비자의 관심과 가치에 맞춰 제품 및 서비스를 조정하고 기업활동을 수행할 필요성을 더 강하게 느낄 것이다.
- **기존 모델의 도전과제:** 기업이 건강과 만족감이라는 플랫폼으로 이동하면서 브랜드 포트폴리오, 혁신전략과 역량, 생태계 파트너에 대한 큰 변화를 겪을 가능성이 높다.

트렌드 3: 구매경로 디지털화의 지속적 확산

소비자에 접근할 수 있는 신규 마케팅 채널, 판매와 마케팅 환경의 융합, 파괴적인 혁신 유통모델의 부상 등이 동시에 진행되고 있다. 전통적 오프라인 중심의 사업모델은 소비자들의 디지털 수용도가 높아지면서 없어질 위기에 처한다.

- **예상 결과:** 소비자의 지출과 활동에서 가장 중요한 판촉·검색·구매가 모두 디지털 채널에서 이루어질 것이다.
- **기존 모델의 도전과제:** 전통적 마케팅과 채널에서 규모의 경제가 소멸하면서 소비자와 접촉할 수 있는 경로는 다양해지고, 소비자가 초기 구매와 재구매를 할 수 있는 편리한 대안들도 더욱 증가한다.

트렌드 4: 맞춤화와 개인화의 확산

소비자의 구매가 소비재 전반에 걸쳐 맞춤화된 상품과 경험으로 이동할 가능성이 높다.

- **예상 결과:** 상품 및 전체 쇼핑 경험에 대한 맞춤화가 가치 확보의 필수요소가 될 것이다.

- **기존 모델의 도전과제:** 맞춤화와 개인화 사업모델의 확산으로 대량 생산을 통한 규모의 경제에서 얻는 이점은 약화될 것이다.

트렌드 5: 천연자원 부족 현상과 원재료 가격의 변동성 심화

주요 소비재의 원재료 가격은 계속 상승하고, 가격 변동성은 계속해서 증가할 것이다.

- **예상 결과:** 수자원을 포함해 천연자원 부족 현상이 늘어나면서 공급사슬의 문제가 자주 발생한다.
- **기존 모델의 도전과제:** 전통적 방식의 원재료 관리전략으로는 공급을 확보하고 혁신을 활용하며 사회적 책임에 부응하기가 점점 더 어려워진다.

이러한 잠재적 트렌드는 상호 배타적인 것이 아니다. 오히려 기업은 이 중 2가지 이상이 동시에 일어날 경우에도 성공적으로 대응할 수 있도록 준비해야 한다. 소비재 기업 경영진이 이런 불확실성을 이해하고 토의를 거쳐서 실질적 행동을 취하는 것이 좋다. 그렇지 않으면 예상치 못한 미래가 도래했을 때 항로에서 이탈하고 좌초될 수 있다.

변화에 뒤처지면 미지의 땅을 떠돈다

느슨하게 조직화된 프로젝트들의 집합적 진행을 전략적 진전으로 오인해서는 안 된다. 이처럼 빠르게 변하는 환경에서 전략적 변환을 위해서는 운영모델의 여러 측면을 동시에 재편해야 한다. 근시안적이고 편협한 시야를 가지고 지나치게 낙관적인 선장과 함께 폭풍우 속으로 항해를 떠나길 바라는 사람은 없다. 소비재 기업의 경영진이 피해야 할 모델이 있다면 바로 그와 같은 인물이다.

이러한 변화의 의미는 소비재 기업에서 소비자 충성도 구축을 위한 전통적 수단의 효과가 점점 사라지고 있다는 점이다. 소비재 기업은 복잡하고, 거의 모든 조직 부문과 업무과정이 급변하는 산업 역동성의 영향을 받고 있다. 규모의 경제를 위해 설계된 기존 브랜드와 제품 포트폴리오는 더이상 유효하지 않으며, 대기업과 중소기업 모두의 수익성 악화는 전통적인 R&D와 혁신 모델의 유효성을 점검할 필요가 있음을 시사하고 있다. 전통적 소비자 선호도 수집 기법, 분석 모델, 의사결정 모델은 현재 시장이 요구하는 속도와 정확성으로 가격과 판촉방법을 결정하기에는 느리고, 세분화되어 있지도 않다. 또한 상품 및 구매채널에 대해 소비자와 유통업체 모두 더 큰 다양성과 맞춤화를 요구하는 상황에서 디지털 마케팅이 적극적으로 도입될 것이다.

급격한 변화 때문에 기업이 조직화된 방식으로 빠르고 분명하게 행동할 필요가 있다. 그러나 많은 소비재 기업이 디지털 마케팅과 관련해 개념적 입증을 위한 실험 목적으로만 프로젝트를 시행할 뿐 전반적인 조직 행동에는 적극적이지 못하다. 조직과 인력의 역량을 확장하고 개선할 조치를 빠른 시일 내에 취하지 않으면, 배와 선원 모두가 시대에 뒤처질 수 있고, 2020년 이후로의 순항은 불가능하다고 보인다.

현재와 미래에 예상되는 5가지 소비재 트렌드

현재와 예상되는 미래에 대한 우리의 연구와 분석은 사례연구, 경영진 인터뷰, 선행연구, 그리고 이 보고서를 위해 특별히 수행된 연구를 통해 수행되었으며, 그 결과 5가지의 '트렌드'를 발견했다. 이는 정상적 행동경로와는 반대로 움직일 수 있는 불확실성이며, 준비되지 않은 기업을 전복시킬 수 있는 가능성이다.

트렌드 1: 지속적인 경제 불황에 따른 소득 증가의 제한

"우리는 식료품과 대량생산 제품을 사는 핵심 소비자들에게 맞추는 데는 성공적이었다. 하지만 이제는 파편화된 소비자 집단과 다양한 채널에 대해 진지하게 고민해야 한다." (소비재 영업 담당 임원)

2020년의 첫 번째 불확실성은 미국의 경제환경과 관련이 있다. 특히 회복세의 지속이 모든 소득 수준의 소비자에게 고르게 도움이 될 것인가 하는 점이다. 2020년의 경기가 부진하고 고소득층과 저소득층 간의 소득 격차가 심화될 경우, 중산층은 불황 이전의 기반을 되찾기 어려워 자신감이 저하될 것이다. 스스로를 중산층이라 생각하는 소비자는 줄어들고(2008년 53% → 2014년 44%), 저소득층이라 생각하는 소비자가 늘어나고 있다(2008년 25% → 2014년 40%). 설문대상 중 58%의 소비자가 2015년 1월 현재의 미국 경제를 불황이라고 보았으며, 94%는 경제가 나아지더라도 현 수준의 지출을 유지하는 조심스러운 태도를 취할 것이라 답했다. 이런 설문 결과는 특히 저소득층과 중산층 소비자로 구성된 소비자 집단을 목표로 해왔던 많은 소비재 회사에게 중요한 문제다.

트렌드 2: 건강·만족감·책임감이 브랜드 충성도의 새로운 기반

"미래의 브랜드 구축에는 기본 이상이 필요하다. 추가적인 차별화가 필요한 것이다. 당신을 위해서도 좋고, 환경을 위해서도 좋은, 공유된 사회적 이상을 지원해야 한다. 건강과 만족감은 우리의 브랜드를 차별화하고 브랜드 충성도를 견인한다." (소비재 기업 영업 담당 임원)

대기업의 인식된 가치에 대한 소비자들의 불만 증가와 함께 소비자들의 개인 건강, 환경, 사회적 영향에 대한 관심이 증가하면서 전국적 대형 브랜드에 대한 감정적 유대가 약화될 것이다. 이러한 불확실성은 소비자 의식의 다차원적인 변화를 반영한다. 미국 소비자의 절반 이상이 건강, 만족감, 안전, 기업 시민의식, 투명성과 같은 변화하는 가치에 어울리는 브랜드와 상품을 선호하며, 조사결과는 이런 선호도가 밀레니엄 세대와 고소득층에게만 한정된 것이 아님을 시사한다. 일부 소비자는 기업의 사회적 가치와 공동체 내 기업의 역할을 더욱더 중요시하고 있다. 다른 소비자들은 상품이 건강에 미치는 영향, 상품 내 인공요소 제거, 혹은 상품 제조부터 폐기시까지 환경에 미치는 영향 등에 관심이 높다. 또 다른 소비자들은 자신이 속한 공동체와 공동체 가치의 보전을 중시했다. 이런 가치에는 '녹색' '지역' '자연으로의 회귀' 등의 개념이 차츰 더 강하게 반영되고 있다.

자신을 건강에 유의하는 소비자라고 답한 비율은 47%로 상당히 높았으며, 2015년 35%의 소비자가 스스로를 "재료에 민감하다."라고 응답했는데, 이는 2010년의 29%보다 상승한 수치다. 74%의 소비자는 식품의 영양성분에 각별히 주의하고 있으며, 방부제와 화학제품을 피하려 한다고 답했다. 현대적인 의미의 건강상품은 가격 프리미엄을 획득하는 데 일조할 수 있다. 16%의 소비자가 같은 상품이 더 건강한 상품으로 나온다면 10% 이상의 프리미엄을 지불할 용의가 있다고 밝혔고, 55%는 10%까지는 지불할 수 있다고 답했다.

이와 같은 불확실성 속에서 브랜드 충성도가 형성되는 기반은 상품의 맛·기능·가격을 넘어선 특성에 더 초점이 맞춰지고 있다. 물론 모든 소비자가 건강, 환경적 지속 가능성, 사회적 영향 등의 가치를 수용하지는 않겠지만, 구매 결정을 내릴 때 이런 속성을 고려하는 고객들이 계속 늘어나는 추세인 것은 분명하다. 향후 이런 속성에 맞게 브랜드 이미지의 재창출과 제품 혁신을 거치지 않은 전국적 대형 브랜드는 브랜드 충성도를 상실할 위험이 있다. 기업은 전체 가치사슬 전반에서 브랜드 관리 접근법, 공급업자와 유통업자와의 관계, 영업관행 등에서 큰 변화를 겪을 것이며, 일부 기업에는 혁신, 신규 브랜드 인수, 전통적인 유명 브랜드의 매각을 통한 브랜드 포트폴리오의 재구성이 수반될 수 있다.

트렌드 3: 구매경로 디지털화의 지속적 확산

"우리는 광고와 마케팅의 구조적 변화를 무시할 수 없다. 디지털 마케팅은 성공의 필수요소다. 소비자에 대한 직접거래를 실험해보는 수준을 넘어, 유효한 온라인 사업모델을 개발해 성장을 견인해야 한다." (소비재 기업 마케팅 담당 임원)

세 번째 불확실성은 소비자들이 디지털 세상에 몰입해 전통적인 형태의 오프라인 사업모델은 실용성이 떨어지거나 심지어 의미를 상실하는 상황을 기본 전제로 한다.

전자상거래는 미국 소매 매출의 일부(미국 통계국에 따르면 2014년 1월부터 9월까지 매출의 총 6.4%)에 불과하지만 온라인 유통업의 성장은 전체 성장률을 앞지르고 있다. 미국 통계국의 조사 결과, 전자상거래 매출은 2000년부터 2013년 사이에 모든 유통채널을 통틀어 연평균 18.7%씩 성장한 반면, 전체 매출 성장률은 연평균 3.2%에 그쳤다.

디지털 상거래와 동반성장하고 있는 분야는 가정으로의 소비재 최종단계 배송 서비스^{last-mile delivery}다. 최종단계 배송 서비스를 제공하는 업체로는 인스타카트^{Instacart}, 프레시 다이렉트^{FreshDirect}, 피포드^{Peapod} 등이 있다. 인스타카트는 식료품 배달 서비스로, 제3자 퍼스널 쇼퍼가 대신 상품을 구매하고 이를 소비자에게 배달한다. 인스타카트 쇼퍼들은 미국 내 16개 대도시 지역에서 대형 유통업체뿐 아니라 지역 소매상에서도 식료품을 구매한다. 식료품과 일반 소매 분야에서 다른 종류의 최종단계 배송 서비스도 부상하고 있다. 소비재 기업이 주목해야 할 점은 온라인 배송채널을 통한 일부 유통업체의 매출이 증가했다는 것이다.

이런 트렌드에 미리 대비하는 것은 중요하다. 최근 진행된 조사 결과를 보면 소비재 기업은 디지털 상거래를 이용할 준비가 미흡하거나, 경영진들이 대비하려 해도 조직의 준비가 부족한 경우가 많았다. 전자상거래에 대한 소비자와 소비재 기업 경영진의 견해를 비교한 2013년의 연구 결과를 보면, 기업 경영진 응답자 중 92%가 "전자상거래 채널은 소비재 기업에게는 전략적 판매창구다."라는 말에 동의했다. 그러나 이들 중 본인이 일하는 기업이 확실하고 정확하게 파악된 디지털 상거래 전략을 세웠다고 답한 경영진은 43%에 불과했다. 즉 전자상거래의 중요성에 대한 인식은 높은 반면, 이를 실행하기 위한 준비는 부족하다.

194

트렌드 4: 맞춤화와 개인화의 확산

"제조 유연성은 모든 가격대에 걸쳐 수익성 있는 제품을 효율적으로 만드는 데 필수요소다."(소비재 기업 판매 담당 임원)

네 번째 불확실성은 소비재 '일용품' 전반에 걸쳐 맞춤화된 제품 쪽으로 소비자의 지출이 이동하고 있다는 점이다. 42%의 소비자들이 맞춤제품 제조기술에 관심을 보였고, 19%는 맞춤화나 개인화된 제품을 구매하기 위해 10%의 프리미엄을 지불할 의사가 있다고 밝혔다. 이는 현재 적은 종류의 대량생산 품목을 전통적인 대형 유통업체를 통해 제공하는 사업모델을 가진 일반 소비재 기업에게는 특히 어려운 과제다. 그러나 확산단계의 기술인 디지털 상거래, 3D 프린팅, 인공지능을 활용하면 일반 소비재에서도 개인화·맞춤화 품목을 공급할 수 있으며, 이러한 능력의 확보가 일반 소비재 기업이 가질 경쟁우위의 새로운 영역이 될 것이다.

트렌드 5: 천연자원 부족 현상과 원재료 가격의 변동성 심화

"과거에 임기응변식으로 조율되지 않은 원재료 전략을 구사한 결과, 우리가 직면한 더 심한 불확실성에 대비할 수 없게 되었다."(소비재 기업 재무 담당 임원)

다섯 번째 불확실성은 주요 식음료 원재료의 가격 상승과 가격 변동성 증가를 전제로 한다. 공급 차질 증가와 수자원 등 천연자원 부족으로 소비재 기업의 경제성이 압박을 받을 수 있다.

이런 불확실성 속에서 식음료 원재료의 경제성을 바꿀 수 있는 잠재력을 가진 농업 혁신이 일어날 가능성이 높아지고 있다. 변동성을 확대하는 요인들은 식품 수요의 증가, 제한된 식품 공급, 에너지 비용의 변동성 증가, 세계 경제의 불확실성 등이다. 일부 요인은 일회성에 그치거나 단기적일 수 있지만, 많은 요인은 장기간 지속될 것으로 보인다.

음식에 속하는 곡물 원재료(밀·옥수수·쌀·콩), 음료(커피·코코아), 목화의 가격은 지난 10여 년간 지속적으로 상승 추세에 있었다. 국제통화기금IMF 식품지수는 지난 10년간 44%가 상승했고, IMF 음료지수는 56% 올랐다. 이러한 원재료지수는 소비재 기업이 곡물상품에 대해 농업인에게 지불하는 가격을 의미한다. 또한 많은 식음료 기업이 극단적인 기상이변으로 상품 공급에 갈수록 차질을 겪고 있다. 1980년 이후 미국에서 기상 및 기후 관련 재난이 178건 발생했다. 건당 피해액이 10억 달러(2014년까지의 소비자 물가지수 조정 반영) 이상인 천재지변으로 인한 총피해액은 1980년에서 2014년까지 1조 달러 이상에 달한다. 미국에서 2014년에만 8건의 기상이변 및 기후재난이 발생했다.

경로를 계획하다: 폭풍우를 헤치며 나아가다

경영진들이 이런 트렌드에 대비해 계획을 세우고 행동할 수 있도록 우리는 5단계의 구체적 대응절차를 개발했다. 이는 5가지 잠재적 불확실성에 대비하는 데 도움이 될 것이다. 소비재 기업의 대책은 이런 불확실성 중 일부만 미흡한 수준에서 다루고 있고, 그나마도 접근법이 불완전하다.

항해 지원 1: 상품 포트폴리오, 가격정책, 홍보, 기획을 재점검하라

소비재 기업은 저소득층 및 중산층 소비자의 선호도를 반영한 부담 가능한 가격 수준과 선호 채널을 중심으로 목표를 설정해야 한다. 식품회사 크래프트Kraft는 미국 저소득층 소비자를 목표고객으로 설정하고, 많은 제품범주에서 'good-better-best' 가격대의 제품을 동시에 개발해 가격에 민감한 소비자들이 전국적인 대형 브랜드를 저가에 이용할 수 있도록 했다.

예를 들어 치즈 제품에서 가격책정에 차이를 두어 저소득층부터 중산층을 위한 '벨비타Belvita 싱글스'와 '크래프트 싱글스'를 출시하면서, 그보다 가격이 높은 '크래프트 델리 셀렉트'도 판매했다. 크래프트 푸드의 전 CEO인 토니 버논Tony Vernon은 이에 대해 "중산층 가정은 저소득층으로의 추락을 두려워한다. 우리는 미국 식품매출의 주고객인 경제적으로 압박받는 저소득층과 중산층 가정에 대해 의무가 있다."라고 밝혔다.

또한 크래프트는 저소득층의 전반적인 식료품 쇼핑경로에 염가 판매점과 드럭스토어의 비중이 점차 커진다는 점을 인식했다. 크래프트는 브랜드 인지도 제고와 매장 내 위치 개선을 위해 염가 판매 유통업체들과 제휴를 맺고, 보다 저렴한 스낵류와 같이 염가 판매점과 편의점 채널을 위한 제품을 출시했다.

항해 지원 2: 소비자의 관심과 가치에 제품과 참여전략을 맞추어라

많은 소비자에게 건강과 만족감은 구매 선택에서 더욱 중요한 고려사항이 되고 있다. 식음료 제조기업은 전반적으로 건강식품 이미지가 강한 브랜드를 인수하고, 저칼로리의 자연 감미료처럼 건강하다고 인식되는 재료로 제품을 재구성하는 시도를 지속할 것이다.

예를 들어 '슬랜트쉑 저키$^{SlantShack\ Jerky}$'는 풀을 먹이는 자연친화적 방법으로 사육한 소를 주원료로, 장인이 수작업으로 만든 육포를 판매한다. 단백질이 풍부한 음식에 대한 소비자의 관심이 커지면서 최근 몇 년간 육포와 기타 소고기 스낵의 매출이 증가했다. 슬랜트쉑 저키는 소비자들이 온라인으로 자신의 취향에 맞는 육포를 맞춤제조할 수 있게 했다. 처음에는 소비자들이 100% 목초 사육 소고기나 미국 농림부 지정 소고기 중 하나를 선택할 수 있게 했지만, 지금은 100% 목초 사육 소고기만 제공하며, 맞춤 옵션과 정기적 재구매 옵션을 추가로 제공한다.

항해 지원 3: 기술과 협력을 통해 매끄러운 경험을 창조하라

급속한 기술 발전으로 디지털 상거래의 중요성이 더욱 커질 것이다. 디지털 기술은 이미 구매경로 곳곳에 깊숙이 스며들었다. 오늘날의 소비자들은 웹사이트, 소셜 미디어, 모바일 앱을 이용해 상품을 검색하고 가격을 비교하며 구매를 실행하고, 주변인들과 기업에게도 피드백을 제공한다.

소비재 기업은 온라인 상품비교 도구 같은 기능을 제공해 소비자의 구매 전 계획과정의 일부가 될 수 있도록 디지털 미디어를 이용할 수 있다. 매장 내 쇼핑 과정에서 첨단 기술은 소비자의 시간 절약과 더 나은 결정을 지원해 매장 내 경험수준을 높이고, 브랜드와의 의사소통을 강화할 수 있다. 소비재 기업은 첨단 기술을 이용해 유통업체, 쇼핑 관련 앱 제공자, 지급결제 서비스 기업들과 발전된 협력관계를 추구할 수 있다. 또한 구매 이후 과정에도 기업은 기술을 이용

198

해 상품경험을 연장하고, 정교한 데이터 분석을 통해 상품 라이프사이클에 대한 소비자의 관점을 파악할 수 있다.

항해 지원 4: 맞춤화와 상호작용이 가능한 사업모델을 개발하라

영리한 기업은 이미 신제품과 변종 제품에 대한 아이디어를 구하기 위해 소비자를 점점 더 활용하고 있다. 이를 위한 방법으로 크라우드소싱의 인기도 높아지고 있다. 펩시코 프리토레이PepsiCo's FritoLay의 '맛을 골라주세요Do Us a Flavor' 캠페인은 소셜 미디어로 소비자의 아이디어를 크라우드소싱하는 방식으로 진행되었다. 이 캠페인에서 소비자들은 새로운 맛의 제품을 제안하고, 기업은 선정된 맛을 개발해 상품으로 출시했다. 네슬레 퓨리나Nestlé Purina가 맞춤화된 애견사료를 판매한 것은 기업이 맞춤화와 고객과의 상호작용을 수용한 대표적 사례. 네슬레 퓨리나는 애견과 주인 사이의 감정적 유대감이 강하고 애견이 종종 가족의 일원으로 대우받는다는 사실에 주목했다. 반려동물 사료제품에 대한 '진짜 음식에 대한 욕구', '건강을 지키는 음식 섭취'와 같은 소비자의 태도는 매우 큰 의미가 있었다.

2014년 3월, 네슬레 퓨리나는 '저스트 라이트 바이 퓨리나Just Right by Purina'라는 브랜드를 출시했는데, 이는 미국 소비자들이 온라인으로 혼합 애견사료를 맞춤 주문해 집으로 배달받을 수 있는 서비스였다. 애견에게 필요한 영양소를 파악하기 위해 네슬레 퓨리나는 웹사이트를 통해 소비자에게 견종, 나이, 성별, 몸무게, 활동수준, 털 상태 등을 입력하게 했다.

또한 닭고기·양고기·연어·곡물·콩 등을 포함할 것인가 하는 음식물에 대한 기호도 조사했고, 소비자가 포장지에 애견의 이름과 사진을 붙여 개인화할 수 있도록 했다. 웹사이트는 고객에게 자동으로 안내 메시지를 발송해 사료가 떨어지기 전에 편리하게 재주문하는 부가서비스도 제공한다.

저스트 라이트 바이 퓨리나는 2014년 3월 초기 테스트 단계를 시작해 10월에 미국 전역에서 출시되었다. 마케팅 디렉터인 브라이언 레스터Brian Lester는 "지금까지 소비자 반응은 좋은 편이다. 다른 소비재 제품범주에서도 마찬가지로 일상적으로 제공되는 맞춤 기능이 점점 늘어나고 있다."라고 말한다. 네슬레 퓨리나는 현재 제품의 개인화 옵션(포장 크기, 향)을 확대하고 있으며 주문 기능(자동 재주문)도 업그레이드할 계획이다. 또한 고양이 사료도 비슷한 솔루션으로 테스트중이다.

항해 지원 5: 사회적 영향을 고려해 원재료에 대한 결정을 내려라

미래 지향적 기업은 원재료 구매, 수직 통합과 같은 조달에 관한 결정을 내릴 때, 단지 경제적 손익뿐만 아니라 사회적·환경적 결과까지도 감안한다. 특히 '자원조달' 방식에서 '자원보존' 방식으로 나아가고 있는데, 이는 사용하는 각각의 자원을 고려해 미래의 공급 방법을 개발하거나 보완하는 의미다. 예를 들어 자원보존에 초점을 맞춘 접근법은 지역농가와 협력해 농업기술을 개선한다거나, 수자원 보호계획 같은 자연보호 프로젝트를 지원하는 등의 행동을 수행하게 된다.

펩시코의 원재료 조달 전략은 기업이 자원조달에서 자원보존으로 원재료의 조달체계를 바꾸는 방식을 보여준다. 펩시코의 보존자원은 물이었다. 2014년 세계경제포럼World Economic Forum, WEF이 지정한 31가지 글로벌 리스크 중에 수자원 위기는 3위였다. WEF의 수자원 안보에 관한 글로벌 의제 위원회는 "심지어 기업이 수자원 관련 규제를 엄격히 준수하는 경우에도, 물 부족이나 수질 악화 문제의 원인으로 기업의 운영관행이 비난받곤 한다."라고 말했다. 음료 기업은 지난 수년간 몇몇 국가에서 그들의 사업이 지하수를 고갈시킨다는 비난에 직면해왔다.

펩시코는 물 부족 현상을 사업상의 리스크로 인식하고, 2007년 수자원 관리에 대한 몇 가지 구체적인 목표를 세웠다. 예를 들어 2012년 펩시코는 생산 단위당 물 사용 효율을 2006년 대비 20% 이상 개선한다는 목표를 실천했다.

또 물의 보존·배분·정화·위생을 목표로 하는 여러 프로젝트와 제휴관계를 맺고 300만 명 이상의 사람들에게 안전한 물을 제공했다. 기업은 2015년 말까지 이 수치를 600만 명으로 늘리기 위해 노력중이다. 펩시코는 특히 물 부족 현상을 겪는 지역의 사업에서 '긍정적인 수자원 균형'을 이루는 데 초점을 두고 있으며, 인도에서는 2010년과 2011년에 이런 균형을 맞추는 데 성공했다. 2011년 펩시코는 147억*l*의 물을 인도의 자연환경에 환원했는데, 이는 인도 내 사업에 사용한 물 63억*l*보다 많았다.

세계 인구가 늘어나면서 식량과 농업혁명에 대한 관심도 증가하고 있다. 원재료 가격의 변동성, 높은 원재료 비용, 자원부족을 극복하는 방법 중 한 가지는 식품기술의 활용이다. 벤처 투자가나 기타 투자 그룹은 식품개발을 위한 새로운 방안과 건강한 식품을 지속가능하고 효율적으로 생산하는 방법을 찾는 데 초점을 둔 스타트업에 대한 투자를 점점 늘려왔다.

표 1 5가지 트렌드에 대한 전략적 행동

트렌드	권고안 (잠재적 전략적 행동)	인지 정도	실행 속도	행동의 완전성
핵심 소비자 집단의 실현되지 못한 경제 회복	1. 저소득층 · 중산층 · 부유층의 실제 상황에 맞도록 제품 포트폴리오를 재구성 2. 분화되는 소비자의 가격 민감도를 충족하도록 가격책정, 홍보, 제품기획 등을 전략적 도구로 활용	고	중	저
브랜드 충성도의 새로운 기반이 되는 건강 · 만족감 · 책임감	1. 제품과 비제품 혁신을 모두 이용해 건강 · 만족감 · 책임감을 강조할 수 있도록 브랜드를 개발 · 확장 · 강화 2. 디지털 · 소셜 · 모바일을 모두 이용해 소비자 요구에 맞는 참여를 이끌어내어 신뢰와 충성도를 재건 3. 사각지대를 제거하고 장기적인 시장 및 소비자 변화를 파악할 수 있는 미래 지향적인 통찰 역량을 구축	고	저	저
구매 및 직접 배송경로의 디지털화 확산	1. 디지털적으로 향상된 구매경로를 수용하고, 전통적 채널과 신규 채널 전반에 걸쳐 매끄러운 멀티채널 소비자 경험을 구현 2. 새로운 첨단기술을 이용 가능한 소비재 생태계 내에서의 존재감, 역량, 접점을 확대할 수 있도록 제휴관계 형성	고	중	저
맞춤화와 개인화의 확산	1. 소비자 경험과 소비자의 직접적 피드백을 이용해 맞춤제품을 만들 수 있는 혁신엔진을 창조 2. 모든 고객에게 소량생산된 맞춤형 품목을 수익성 있게 제공할 수 있도록 판매 · 마케팅 · 유통과정을 재구성	중	저	저

트렌드	권고안 (잠재적 전략적 행동)	인지 정도	실행 속도	행동의 완전성
지속되는 자원 부족과 원자재 가격의 변동성 심화	1. 운영상의 위험을 제거하고, 지역 소 비재 생태계를 구성할 수 있도록 전 략적 상품의 지역 공급 소스를 확보 2. 자원조달에서 자원보존과 사회적 책임으로 원재료 소싱을 확장 3. 소비재 원료의 경제학을 바꾸기 위 해 식품 · 농업 · 자원 혁신에 투자	저	저	저

참조: 인지 정도, 실행 속도, 행동의 완전성 수준에 대한 평가는 소비재 산업 전반에 대한 딜로이트의 경험과 관찰에
근거한다.

그 일례로 코슬라 벤처스Khosla Ventures의 비노드 코슬라Vinod Khosla는
햄튼 크릭Hampton Creek에 투자했는데, 이 회사는 달걀을 넣지 않은 저
스트 마요Just Mayo처럼 식물에서 추출한 단백질로 식품을 개발한다.
식품기술 스타트업은 코슬라와 같은 투자자들에게 중요하다. "우리
는 산업적인 식품체인을 피할 수 있는 햄튼 크릭처럼 인간적인 식품
에 투자해야 한다. 이 회사는 맛을 포기하지 않고도 혁신을 통해 5배
높은 효율성을 달성할 수 있다."라고 코슬라는 말했다.

오늘날 이런 트렌드와 항해 지원도구는 기업의 새로운 업무방식
과 더 높은 수준의 전사적인 협조체제를 요구할 수도 있다. 이는 기
업이 단순히 대응적이고 반사적인 차원을 넘어, 최전선을 개척하기
위해 지속적으로 시장을 파악하고 형성하는 직관적 기업으로 변신
해야 한다는 의미다. 많은 경우 소비재 기업의 경영진은 무엇을 해
야 하는지는 알고 있지만, 그들의 실행 속도와 행동은 충분하지 않
다(〈표 1〉 참조).

변화에 맞춰 모든 힘을 다해야 한다

많은 소비재 기업이 이미 소비재 환경의 대규모 변화를 이해하고 대응조치를 취하고 있다. 하지만 이런 기업들 역시 정확한 방향을 알려주는 좋은 나침반이 필요하지만 그것만으로 충분하지 않다는 점을 깨달아야 한다. 예상되는 시장 변화의 다양한 방향과 규모를 생각해볼 때 속도 또한 동등하게 중요하다. 변화는 빠른 속도로 일어나고 있다. 오늘날 우리는 변화의 가능성을 증가시키는 많은 환경적 요인뿐만 아니라, 각각의 트렌드가 현실화되는 지점에 이르는 속도까지도 목격하고 있다.

선원들이 날씨를 처음부터 정확하게 예측할 수 없듯이, 미래에 어떤 상황이 펼쳐질지는 아무도 확실히 알 수 없다. 그러나 훌륭한 선원들이 알고 있듯이, 사전적 이해와 대비는 안전하고 성공적인 항해를 위해 필수적이다.

저성장과 저마진의 압박을 받으면서 빠르게 변화하는 환경에서는 명확한 전략적 방향과 조직화된 노력만이 능사가 아니다. 행동의 실행 속도와 완결성이 동일하게 중요하다. 지금까지 논의한 방향을 따르는 단호한 행동이 기업이 2020년과 그 이후까지의 여정에서 직면할 도전과제들을 해결하는 열쇠가 될 수 있을 것이다.

팻 콘로이 Pat Conroy는 미국 딜로이트 컨설팅의 프린시펄로, 30년 넘게 국내 및 국제적 클라이언트들과 관계를 맺으며 많은 소비재 기업의 CEO와 고위 경영진에게 적극적으로 조언해왔다. 또한 소비재 트렌드에 대한 딜로이트의 지정된 대변인이며 30건 이상의 리포트를 저술했다.

킴 포터 Kim Porter는 미국 딜로이트 컨설팅의 소비재 부문 리더다. 그녀는 거의 20년 동안 고객 수익성 분석, 거래 전략 및 가격책정 최적화, 수요 감지 및 대응 유연성 확보를 위한 공급사슬 동조화 등에 대한 자문을 제공해왔다. 또한 식음료, 개인미용, 가정용품, 농산물, 백색 가전 등 다양한 소비재 분야의 클라이언트를 상대해왔다.

리치 난다 Rich Nanda는 미국 딜로이트 컨설팅의 소비재 기업전략 및 성장 부문의 실무 리더이며 모니터 딜로이트의 전략 서비스 부문의 프린시펄이다. 그의 업무는 소매 고객과 소비자를 상대하는 클라이언트에게 도움을 제공하는 데 초점이 맞춰져 있다. 또한 소비자와 유통 트렌드, 그리고 이의 소비재 산업환경에 대한 영향을 연구하고 글을 쓰고 있다.

바브 렌너 Barb Renner는 미국 딜로이트의 부회장이며 소비재 부문 리더다. 그녀는 25년 넘게 여러 국제적 대기업에게 서비스를 제공해왔는데, 소비재 및 산업재 기업을 상대로 규제 환경, 공급사슬, 기술·공정 및 기타 다양한 이슈 등을 다뤄왔다.

아누팜 나룰라 Anupam Narula는 딜로이트 서비스 LP의 소비재 및 산업재 산업 부문의 리서치팀 리더다. 그는 브랜드 충성도에 대한 소비자의 태도 및 행동, 마케팅 전략, 상점 브랜드에 관한 다수의 보고서의 연구 리더이며 공동 저자다.

10

융합의 시대,
소비재 유통기업의 생존전략 6가지

새로운 플랫폼과 사업모델의 등장

오늘날 비즈니스는 근본적이면서 변화무쌍한 변곡점을 지나고 있다.
소비재 유통산업도 급격한 기술 발전, 소비자 인구구성 변동, 소비자
선호의 변화 및 경제적 불확실성에 직면해 있으며, 우리나라의 경우
정부 정책의 불확실성이 더해진다. 가치소비, 상징소비, 작은 사치,
웰빙 등으로 표현되는 소비 트렌드의 변화와 나날이 증가하는 연결
된 소비자의 힘, X · Y · Z세대를 지나 가상공간을 무대로 자유분방
하게 살아가는 인터넷 세대인 N세대의 등장, 시장파괴적 기술로 떠
오르는 빅데이터 분석, IoT · 3D 프린팅 · 핀테크 · 인공지능기술 등
급속한 기술 진화, 공유경제와 O2O(온라인과 오프라인의 통합) 등 새
로운 플랫폼과 사업모델이 속속 등장하고 있다.

산업 간 경계가 허물어지고 기계와 기계, 기계와 사람이 연결되는 융합의 시대가 도래하고 있다. 무너진 경계를 넘어 새로운 경쟁자가 신무기로 무장해 쉴 새 없이 공습하고 있는 이 치열한 전투에서 소비재 유통기업이 승리하기 위해 어떻게 해야 하는가?

빅데이터 분석에 기초한 새로운 고객경험의 제공

국내외 선도 유통기업들은 변화된 영업환경에 대응하기 위해 내·외부 데이터를 기초로 여러 분석을 진행해 마케팅 프로세스에 적용하고 있다. 또한 최근 데이터 분석의 중요성이 대두되면서 선도적으로 회원정보 및 거래 데이터의 통합과 웹 로그데이터 관리를 위한 빅데이터 인프라를 갖추는 등 다양한 노력을 기울이고 있다.

매일 수억 명이 방문하는 구글은 검색서비스를 기반으로 우리가 관심을 가지는 모든 분야의 데이터 분석을 통한 맞춤형 광고로 수익을 올린다. 서적 유통에서 출발한 아마존은 '빅데이터' 시대에 맞는 업의 변화와 진화를 발 빠르게 추진한 결과, 세계 최대의 온라인 판매기업으로 성장했다. 그러나 가장 중요한 단계인 분석advanced analytics 투자에 대한 효용성에 대해서는 여전히 확신하지 못한 채 머뭇거리고 있다.

그 이유의 첫 번째로 기업 내부 문화의 문제를 들 수 있다. 기존 직관에 의존해왔던 의사결정자에게 복잡한 고급통계와 수학적 기법의 사용은 권위에 대한 도전으로 받아들여진다. 두 번째는 데이터 분석의 효과에 대한 의문이다. 의사결정권자는 오랫동안 기존 비즈니스

인텔리전스business intelligence를 통한 과거 자료와 현재 실적 자료를 통해 검증 가능한 보고자료를 의사결정의 기초로 삼아왔다. 세 번째는 데이터 분석 내부 전문가의 부족이다. 빅데이터 플랫폼을 구축하기 위해 무엇부터 시작해서 무엇을 할 수 있는지를 이해하고, 시스템 구축을 추진할 수 있는 빅데이터 전문가를 대부분의 기업들이 보유하지 못하고 있다.

네 번째는 고객 개인정보 활용의 한계와 안정성 문제다. 그러나 앞으로 모바일과 웨어러블, IoT가 다양한 형태로 쏟아내는 엄청난 양의 실시간 데이터에서 의미 있는 데이터를 분석해 고객과 소통하고 사업에 반영하는 역량에 소비재 유통기업의 미래가 달려 있다. 시시각각으로 변하는 소비자의 갈대 같은 마음을 원망할 것이 아니라, 데이터와 지식을 활용하는 마케팅 경영으로 서둘러 변화해야 한다. 그렇게 하지 않는다면 소비재 유통기업의 생존이 보장받기 어려울 것이다.

따라서 소비재 유통기업은 적절한 디지털 채널을 개발해 일관되게 실시간으로 소비자와 소통해야 하며, 현재의 소비자뿐만 아니라 미래의 잠재 소비자와도 일대일로 소통해야 한다. 즉 데이터를 기반으로 한 마케팅 프로세스를 재정립해 고객과의 상호 작용을 통해 고객 참여를 이끌어내야 한다. 그 출발점은 '나에 대한 이해product insight'를 바탕으로 '상대방을 이해customer insight'하고, 이를 기반으로 '어떻게 다가가야 하는지를 이해offer insight'하는 것이다. 이를 위해서는 기업 내 축적된 노하우known known와 축적된 데이터known unknown, 미지의 데이터unknown unknown까지도 분석해 의사결정과 기업의 마케팅 프로세스를 개선해나가야 한다.

공유경제 하에서 소비재 유통기업의 대응전략 수립

공유경제의 열기가 뜨겁다. 우버나 에어비앤비와 같은 P2P모델의 전문기업들은 대부분 스타트업start-up으로 수요자와 공급자를 연결하는 전문화된 공유경제 플랫폼을 제공한다는 특징을 가지고 있다. 이러한 공유경제 시스템은 2000년대 미국에서 시작된 세계 경제위기로 구매력이 저하되면서 신제품 구매보다는 협력적 소비collaborative consumption 에 대한 요구가 높아지며 관심을 끌기 시작했다. 또한 인터넷과 모바일 기술의 발전 및 확대로 수요자와 공급자 간의 시간적·공간적 거리를 단축시킨 점도 공유경제 확산에 결정적인 역할을 했다. 세상은 점점 돈은 있으나 시간이 없는 그룹과 시간은 있으나 돈이 없는 그룹으로 나누어지고 있는데, 공유경제는 이 두 부류가 서로 가진 것을 직접 맞바꿀 수 있게 해준 것이다.

이에 대응하기 위해서 소비재 유통기업은 첫 번째로 소비자의 입장에서 생각하고 조직과 사업 포트폴리오를 재구성해야 한다. 항상 소비자의 입장에서 고민하고, 지속적으로 서비스 개선을 위해 노력해야 하며, 소비자의 요구에 즉각적으로 반응할 수 있는 민첩한 조직을 구성해 사업 포트폴리오를 재편하는 데 힘써야 한다.

두 번째로, 소비자와 상호 작용할 수 있는 플랫폼을 모바일 인터넷 기술 기반하에 신속히 구성해야 한다. 인터넷과 모바일, IoT, 빅데이터 분석, 인지 기술cognitive technology, 기계학습machine learning 등 디지털 기술의 적극적인 도입은 전통적인 소비재 유통기업에게 돌파구를 마련해줄 것이다. 많은 선진 유통기업은 IoT로 연결된 기기나 기업 내·외부로부터 자료를 실시간으로 수집하고 분석해 비즈니스에 의미 있는 정보를 만들어내고 있으며, 인지기술을 활용해 고객을 오프라인 매장으로 유도하는 O2O^{On-line to Off-line} 전략을 전개해나가고 있다. 공유경제에 활용되고 있는 디지털 기술을 오프라인과 연계시킬 수 있는 플랫폼 개발이 필요한 시점이다.

세 번째로, 공유경제 하에 소비자가 제품을 사용하고 공유함으로써 수익을 얻을 수 있도록 제품 디자인과 서비스를 재배열해야 한다. 이를 통해 고객과의 상호 작용을 확대할 수 있으며, 고객과의 관계를 물건을 사고파는 단순한 관계에서 고객의 쇼핑경험 전반을 함께 하는 동반자적 관계로 발전시킬 수 있다. 이러한 과정에서 기업은 더욱 많은 고객 데이터를 확보할 수 있으며, 제품의 사용과 관련된 인사이트를 얻을 수 있게 된다.

네 번째로, 공유경제에 참여함으로써 얻을 수 있는 운영 측면의 혜택을 적극적으로 고려해야 한다. 공유경제 플랫폼을 활용해 사무실 유휴공간 또는 설비를 대여해주거나 주문형 경제^{on-demand economy} 플랫폼을 통해 원가를 절감할 수 있는 기회를 포착하려는 노력이 필요하다. 또한 공유경제 하에서의 높은 평판은 매출 증대로 이어지기 때문에 사회적 기업으로서의 활동을 통해 여러 커뮤니티와 지속적으로 교류하는 것도 필요하다.

3D 프린팅 기술 발전에 보조 맞추기

미국 택배 서비스업체인 UPS는 2014년 말부터 UPS 매장에 3D 프린터를 배치해 USB 메모리 스틱에 모델링 파일을 담아온 고객들에

210

게 프로토 타입, 제조용 가공기구, 홍보용 자료 및 건축 모형물 등을 제작해주는 3D 프린팅 서비스를 제공하고 있다. 대표적인 온라인 유통업체인 아마존은 '배송시간 제로'를 위해 배송 트럭에 3D 프린터를 탑재해, 고객 주변에서 상품을 직접 제작하고 배송하는 아이디어를 미국 특허청에 특허 출원까지 마친 상태다.

세계 최대 유통기업인 월마트Wal-mart는 2013년부터 영국의 아스다Asda 매장 내에서 3D 프린팅 서비스를 시작해 미래 유통산업에 미치는 영향을 모니터링하고 있다. 한편 미국 나사NASA는 우주에서 공간과 식사 조리시간을 최소화할 수 있는 방법 중 하나로 3D 프린터를 활용하는 방안을 강구하고 있으며, 미 국방부에서도 휴대용 3D 프린터를 활용해 작전 수행시 병사들에게 더욱 다양한 식사메뉴를 제공하는 기술을 연구하고 있다.

이처럼 소비재 유통산업에서의 3D 프린터의 도입은 주로 차별화되고 개인화된 제품 및 고객과 직접 관계를 갖는 산업을 중심으로 먼저 이루어질 것으로 보인다. 조만간 소규모 제과점부터 대형 식품 유통업뿐만 아니라 레스토랑과 호텔산업에서도 3D 프린터는 유용한 도구가 될 것이다.

유통업의 경우, 당분간 선진 유통기업처럼 매장에 3D 프린터를 설치하고 서비스를 제공하고 있는 중간 단계를 거쳐, 장기적으로는 온라인 쇼핑몰이 가장 큰 수혜자가 될 것으로 예상된다. 그러나 접근성과 충분한 공간, 다양한 엔터테인먼트 요소와 옴니채널을 통해 소비자와 직접 연결되어 있는 대형 유통업체 또한 상품 조합과 배송 모델 및 가치사슬을 재구성해 산업 변화에 적응해나간다면 차별화된 경쟁우위를 유지할 수 있을 것이다.

현재 3D 프린팅 기술의 발전 속도는 빠르지만 여전히 원가적 측면과 제조기술 측면에서 전통적 제조기법들을 추격하는 입장에 있으며, 규모의 경제를 달성하려면 제품 안전과 관련된 정부 규제와 식품 안전 문제, 사용 가능 재료의 제한 등의 문제를 극복해야 한다. 이러한 기술적 문제가 해결되는 시점에 3D 프린터는 제조업이나 유통업을 재편시키는 요소가 될 것으로 예상된다.

결국 중요한 것은 변화가 얼마나 빨리, 그리고 어떻게 일어날 것인가 하는 것이며, 이는 3D 프린팅 기술발전 속도와 활용도에 따라 결정될 것이다. 따라서 소비재 유통기업은 새로운 기술이 미치는 영향에 대해 주의 깊게 지켜봐야 하며, 더 나아가 경쟁자보다 한 발짝 앞서갈 수 있는 차별화된 포인트를 찾는 노력을 경주해야 한다.

비즈니스 전략 수행과 비용 효율성에 균형 맞추기

더욱 낮아진 시장 진입장벽, 높은 소비자의 기대 수준, 국내 온라인 기업들의 O2O 시장 진출로 인한 경쟁 심화, 주문형 경제on-demand economy로 인한 규모와 범위의 경제 패러다임의 변화 등에 대응해 전통적 대형 유통기업은 옴니채널 전략과 기존 사업모델의 확대 전략을 동시에 구사하고 있다. 대형 유통기업은 경쟁우위에 있는 유통채널인 백화점 · 할인점 · 슈퍼마켓 · 편의점 · 쇼핑몰 · 아웃렛 · 홈쇼핑 · 면세점 등의 사업 영역을 유지하는 동시에 온라인 쇼핑 활성화 및 옴니채널 구축을 위해 많은 투자를 진행하고 있다.

롯데그룹은 빅데이터 활용, IT 기반 마케팅과 세일즈, 고객경험 업그레이드라는 옴니채널 3대 전략과 매장 픽업 서비스, 위치 기반 마케팅, 모바일 결제 기반 구축 및 온라인 배송센터 구축 등 9개의 세부적인 실행과제를 수립하고 기반 인프라를 구축하고 있다. 신세계그룹은 모바일 기술통합전략에 따라 그룹 내 온라인 쇼핑몰들을 하나로 통합한 'SSG닷컴'을 새롭게 구축하고, 온라인몰·스타벅스 등 프랜차이즈 가맹점을 통합하고 있다. 현대백화점은 매장 내에서 비콘 서비스인 얍Yap, 시럽Syrup 등과 제휴를 맺었으며, 근거리통신기술 NFC 등 다양한 모바일 기술을 활용해 고객의 쇼핑 편의성을 높이고 다양한 서비스를 제공할 수 있는 채널 구축에 중점을 두고 있다.

그러나 최근의 적극적인 투자에도 불구하고 국내 대형 유통기업의 매출성장률은 거의 정체 수준이며, 평균 영업이익은 7.0% 이상 감소되는 등 뚜렷한 하향세를 보이고 있다. 이에 비례해 매출액 대비 평균 판매관리비의 지출액 또한 감소하나, 고정비 효과로 영업이익률은 9% 수준의 감소를 나타내고 있다. 반면 국내 온라인 쇼핑몰은 1995년 최초로 등장한 지 20년이 되는 2015년에 대형마트 매출액이 추월할 것으로 예상된다. 온라인 쇼핑몰의 2015년 매출성장률도 2014년 대비 15% 내외로 높은 성장세를 이어가고 있다.

더 높은 성장과 더 많은 이익을 얻기 위해서 성장 잠재력이 더 높은 전략을 전개하는 것은 필수적이다. 그러나 관심을 가져야 할 사항은 그들의 핵심 경쟁력을 유지하면서 새로운 디지털 기술과 관련된 투자 전략을 균형 있게 가져가야 한다는 것이다.

가까운 미래에는 복잡성과 비효율성은 배가될 것이고, 성장은 느려질 것이다. 비용은 이익을 빠르게 갉아먹을 것이다. 기업의 모든 활동 차원에서 비용을 성공적으로 관리한다는 것은 효과적인 투자를 통한 비용 효율화와 효율적인 비즈니스 전략 수행 사이에서 정교하게 균형을 맞추는 작업이 될 것이다.

정부의 관련 규제에 적극적으로 참여하기

최근 유통산업발전법, 대·중소기업 상생협력 촉진에 관한 법률(상생법), 가맹사업거래의 공정화에 관한 법률(가맹사업법) 등 일련의 경제민주화와 관련된 법규가 제정되어 소비자 관련 기업은 새로운 도전에 직면해 있다. 또한 대형 유통업체의 영업 제한을 강화하는 유통산업발전법 일부개정안이 국회 법제사법위원회에 계류중에 있다. 또한 최근 웰빙에 대한 국민적 관심이 증가하고, 비만과 흡연 등으로 인한 건강보험의 재정 적자가 가속화됨에 따라 국민 건강과 관련된 건강유해식품에 대한 규제가 강화되는 추세다.

향후 유통업은 인접한 산업과 시장을 통합하면서 보다 더 엄격한 규제를 받는 방향으로 진행될 것으로 보인다. 이에 소비재 유통기업은 규제 변화로 인해 어느 위험에 노출되어 있는지를 잘 이해해야 하며, 기업·정부·입법기관에 대해 과거 수동적인 수용에서 적극적인 참여로 이동해야 한다.

또한 시장을 관통하고 있는 규제의 패턴을 이해하기 위해서는 더 많은 노력이 필요하다. 정부는 새로운 규제의 대상이 적합하게 선정되었고 본래의 목적을 달성하는 데 효과적임을 확신할 수 있어야 한다. 특히 새로운 규제를 제정할 때나 새로운 시장에 대해 기존의 규제를 적용할 때 중요하다.

시장 어댑터에서 모빌라이저로의 변모

제로 성장의 시대에는 정해진 유한한 자원을 두고 필연적으로 치열한 경쟁을 할 수밖에 없다. 소비재 유통기업들 또한 유한한 소비자를 두고 서로 뺏고 빼앗기는 혈투를 치르고 있다. 그러나 유통시장의 신규 진입자인 아마존·알리바바Alibaba·네이버·카카오톡 등은 그들의 비즈니스 모델을 유통뿐만 아니라 금융으로 확장하면서 새로운 시장을 개척하고 있다. 이제 소비재 유통기업도 자신이 보유한 자본력과 물리적 자산, 시장선도력, 고객에 대한 지식을 바탕으로 연결된 소비자가 배우고 즐기며 교류할 수 있는 더 넓고 새로운 장터를 만들어나가는 데 선도적인 역할을 해야 한다.

물론 변모transformation 그 자체는 쉽지 않다. 그러나 기존의 시장지배적 유통대기업이든 온라인 신생 기업이든 성공 가능성이 높은 아이디어를 테스트하고 확장하며 성공시켜갈 수 있는 토대를 시급히 마련해야 한다. 이를 위해서는 '작게 움직이면서 재빠르게 만들어'가는 전략을 추구해야 한다. 또한 이제는 소비재 유통기업들도 과거 수익을 안겨주었던 비즈니스 모델이 언젠가는 역사 속 유물로 사라질수 있다는 가능성을 받아들이고, 자신의 핵심 자산을 미래의 새로운 유통생태계에 맞게 변모시켜야 한다.

이재훈 전무 | 딜로이트 안진 | 유통·물류 및 소비재산업 리더

7부

인지 기술:
생각하는 사람과 쇼핑객

통상적으로 인간의 지각력과 인지력이 필요하다고 간주되는
많은 업무가 자동화되었다. 인지 기술은 이러한 업무를 수행할 수 있는
기술을 부르는 일반적 용어이며, 수기·음성·안면 인식, 언어 이해,
불확실한 정보를 통한 추론, 학습 등이 포함된다

11

인지 기술이 소비재의
부가가치를 창출한다

가치를 창출하는 새로운 방법

이사벨라는 남편과 오랜만에 참석할 파티가 나흘 후로 다가왔지만, 아이들을 돌보고 집안일에 직장일까지 겹쳐서 쇼핑몰에 화장품을 사러 갈 시간이 없었다. '스마트폰으로 화장품을 시험해볼 수 있다고? 한번 해보지, 뭐.'라고 그녀는 생각했다. 하지만 쉽게 앱을 다운로드하고 나서 단 한 번의 클릭으로 그녀의 셀카가 나타나자 그녀는 자신도 모르게 미소를 지었다.

스마트폰 스크린은 마법처럼 화장거울로 바뀌었다. 처음에는 어색했지만, 이것저것 시도해볼 필요 없이 가상으로 쉽게 아이섀도를 바를 수 있었다. 게다가 쇼핑몰 화장품 매장의 점원들을 신경 쓰지 않으면서 피부 톤에 딱 맞는 파운데이션을 찾아낼 수 있다는 사실에 감사했다. 선택하는 일이 가장 시간이 오래 걸리고 어려웠지만, 산호색과 주황색 립스틱 중 하나를 고르는 것은 아이러니하게도 가장 즐거웠다.

가상 화장이 완성되자 이사벨라는 사진을 저장해 앱을 알려주었던 여동생에게 보낸 후 페이스북에 올렸다. "멋지다!" 누군가 바로 댓글을 남겼다. "왜 이런 것이 좀더 빨리 나오지 않았지?" 이사벨라가 여동생에게 메시지를 보내자 여동생은 바로 "내 말이!"라고 답했다. 선택한 제품을 앱을 통해 직접 주문하자 이틀 만에 모두 도착했고, 이사벨라는 마음에 드는 화장품으로 단장하며 남편과의 특별한 저녁을 준비할 수 있었다.

인지 기술은 가정용 소비재 제조사에게 이사벨라와 같은 소비자들을 위해 가치를 창출하는 새로운 방안이 될 수 있다. 이러한 기술은 인공지능 분야에서 파생되었는데, 쇼핑 전 계획단계에서부터 매장 내 경험, 제품 이용, 구매 후 상호소통 등의 전 구매주기에 걸쳐 소비자의 경험치를 높일 수 있다.

많은 기업이 내구재에서부터 식료품에 이르기까지 다양한 제품군에 인지 기술을 적용하고 있다. 인지 기술은 전자기기와 가전제품에 내장되어 있어 기기가 보고 듣고 생각할 수 있는 것처럼 보이게 한다. 인지 기술이 가정용 소비재 제조업체에게 흥미진진한 새로운 기회를 가져다줄 수 있는데도 그저 보여주기 위한 목적으로만 적용해서는 안 된다. 소비재 브랜드는 소비자를 위한 가치를 창출할 수 있는 4가지 방법을 이해함으로써 인지 기술의 적용 방법과 분야를 현명하게 선택할 수 있다.

인지 기술이란 무엇인가?

통상적으로 인간의 지각력과 인지력이 필요하다고 간주되는 많은 업무를 자동화할 수 있게 되었다. 인지 기술은 이러한 업무를 수행할 수 있는 기술에 적용되는 일반적 용어이며, 수기·음성·안면 인식, 언어 이해, 불확실한 정보를 통한 추론, 학습 등이 포함된다.

인지 기술은 인공지능 분야의 산물로, 새로운 것은 아니다. 실제로 인지 기술은 수십 년간 진화해왔다. 하지만 많은 기업이 오늘날 인지 기술을 재조명하기 시작했는데, 이는 많은 인지 기술이 최근 몇 년간 비약적으로 발전했기 때문이다. 특히 기계학습, 컴퓨터 비전, 자연어 처리, 음성 인식, 로봇공학 분야에서 큰 성과가 있었다.

인지 기술은 현재 다음과 같이 이용된다.

- **컴퓨터 비전:** 불확정적인 자연스러운 시각적 환경에서 사물·장면· 활동을 식별할 수 있는 능력
- **기계학습:** 프로그래밍된 지시에 따를 필요 없이 데이터에 대한 노출을 통해 성능을 개선할 수 있는 능력
- **자연어 처리:** 인간과 같은 방식으로 문장을 처리하는 능력. 예를 들면 문장에서 의미를 추출하거나 가독성 있는 자연스러운 형식에 문법적으로 정확한 문장을 작성하는 능력
- **음성 인식:** 인간의 음성을 자동으로 정확하게 인식하는 능력
- **최적화:** 제한된 자원에 대한 복잡한 의사결정과 트레이드오프trade off를 자동으로 수행하는 능력
- **계획과 일정:** 목표를 달성하고 제약조건을 준수하기 위해 자동으

로 실행 순서를 설계하는 능력
- **룰 기반 시스템:** 지식 데이터베이스와 규칙을 이용해 정보에 대한 추론 과정을 자동화하는 능력

로봇공학은 인간과 함께 일하고 상호작용하고 지원하고 즐겁게 해주는 로봇을 만들기 위해 인지 기술을 수용하고 있다. 이런 로봇은 소형의 고성능 센서, 구동기, 하드웨어를 컴퓨터 비전과 계획 자동화와 같은 인지 기술과 통합해 예측 불가능한 환경에서 여러 가지 어려운 작업을 수행할 수 있다.

소비재의 인지 기술: 때가 왔다

글로벌 경제 상황이 불확실한 가운데에서도 많은 소비재 기업들은 성장하기 위해 노력하고 있다. 동시에 가치에 민감하고, 최신 기술에 익숙하며, 요구사항이 많은 소비자를 점점 더 많이 상대하고 있다. 더 많은 소비자가 쇼핑에 디지털 기기와 모바일 기기를 활용함에 따라(예를 들면 스마트폰에서 리뷰를 읽고 가격을 비교함), 많은 소비재 기업이 현존하거나 새로 부상하는 수많은 기술에 투자 또는 이용해 소비자를 더 잘 이해하고 연결하고 관계를 맺으려 하고 있다.

디지털 기술에 힘입어 비교 쇼핑을 하는 소비자들
2014년 딜로이트 연례 연말 쇼핑시즌 조사에 응한 응답자의 2/3 가량이 스마트폰이 있다고 답했고, 선행 연구에서는 모바일 기기를

소유한 소비자 중 58%가 식료품 쇼핑중 매장 내에서 모바일 기기를 이용한다고 답했다. 이용하기 쉽고 더 나은 정보를 제공하며, 온라인에서 가격을 비교하거나 쿠폰을 찾아 돈을 절약하게 해주는 디지털 기기와 앱은 가치추구형 소비자들에게 필수요소가 되었다. 소비자들의 모바일 기기에 대한 접근과 디지털 경험에 따른 친숙함은 인지 기술을 이용해 자연스러운 소비자 상호작용을 지원할 수 있는 기회를 제시하고 있다.

소비재의 디지털 상거래 성장

지난 10여 년간 온라인 소매 매출은 비약적으로 성장해 미국 총소매 매출 4조 3천억 달러 중 5%를 넘었고, 디지털 상호작용은 매장 내 매출의 1/3 이상에 영향을 주고 있다. 식음료품의 온라인 판매는 아직 초기 단계인 반면, 다른 소비재 분야에 대한 전자상거래의 침투는 이제 주류가 되었다. 예를 들면 온라인 의류 및 신발 매출이 2012년 미국 소매분야 전체 전자상거래의 15%에 달했으며, 2014년에는 17%로 증가한 것으로 추정된다. 많은 소비자가 점점 더 디지털을 통해 기업과 관계 맺는 것을 수용하면서 인지 기술을 이용한 디지털 서비스 제공 메커니즘을 수용할 가능성도 커지고 있다.

디지털 기술에 투자하는 기업들

최근 실시한 경영진 설문조사에 따르면 소비재 기업이 신기술 투자를 늘려 구매와 제품 경험에 대한 소비자의 접근경로에 영향을 미치려 할 것으로 보인다. 임원의 2/3 이상이 근시일 내에 투자를 늘려 모바일 전자상거래 앱과 서비스를 개선할 것이라 밝혔고, 그 중 2/3

는 기기의 인터페이스와 스크린에 더 투자해 쌍방향성과 이용편의성을 개선할 것이라 응답했다.

인지 기술은 소비자에게 어떤 혜택이 되는가?

이사벨라는 세탁기에 조심스럽게 다가갔다. 세탁물을 넣은 후 "세탁 시작"이라고 부드럽게 말했다. 세탁기는 수위·수온·세탁시간을 선택할 필요도, 세제와 섬유유연제를 부을 필요도 없었다. 세탁기가 알아서 빨랫감의 무게를 재고 상태를 파악해 최상의 설정을 선택한다. 처음에 이사벨라는 버튼이나 다이얼이 없는 점과, 최상의 세탁 설정을 알아서 판단한다는 세탁기의 능력이 의심스러웠지만 세탁기는 계속해서 깨끗한 옷을 내놓았다. 게다가 신형 세탁기를 이용하면 물과 세제도 절약되고, 사람이 선택한 것보다 세탁시간도 짧아진다.

이사벨라의 어린 아들 루카스는 말하는 세탁기에 '워시Washy'라는 별명을 붙이고 '그'에게 "워시, 내 셔츠는 언제 깨끗해지는 거야?" 같은 질문을 하면, '그'가 상냥하게 "오래 안 걸려요."라고 대답하는 것을 듣길 좋아했다. 이사벨라는 세탁기의 음성 알림이 세탁된 빨래를 건조기에 넣으라고 알려주거나 세탁기에 세제를 보충하라고 알려주는 것도 마음에 들었다.

17개 분야에서 100개가 넘는 인지 기술 적용 및 실험 사례를 조사한 결과, 대부분의 인지 기술 적용이 세 종류로 나뉜다는 사실을 발견했다. 그것은 바로 제품과 서비스 개선, 프로세스 자동화, 운영과 전략적 결정에 정보를 제공해줄 수 있는 인사이트의 발견이다. 여기

224

서 주목할 점은 일부 소비재 기업이 인지 기술 이용에서 이 3가지 방법을 모두 동원해 더 가치 있는 소비자 경험을 창출한다는 점이다.

이를 확인하기 위해 우리는 식품 및 내구재 분야 소비재 기업 40개의 사례를 검토했다. 이들은 인지 기술을 도입해 기능성을 개선하고, 디자인을 단순화하며, 사용자 경험을 획기적으로 제고할 수 있는 서비스를 제공하는 경우였다. 이를 통해 일반적으로 소비자에게 혜택을 주는 4가지 핵심 방법을 파악했다.

- 사용의 용이성과 편의성
- 단순성
- 소비자 역량 강화 및 구매에 대한 신뢰 부여
- 감정적 효과

이런 혜택이 새로운 것은 아니지만 인지 기술이 탑재된 제품은 이런 잠재적 혜택을 소비자에게 이전보다 훨씬 더 높은 수준으로 제공할 수 있는 새로운 대안이다.

사용의 용이성과 편의성

직관적 인터페이스는 소비자가 기기를 빨리 숙달할 수 있도록 돕는다. 직관적 인터페이스가 인지 기술과 결합되면 기기의 기능 탐색이 쉬워져 사용자의 의도와 목표를 빠르고 효과적으로 이해할 수 있다는 점에서 소비자에게 도움이 된다. 예를 들면 키보드를 이용해 식료품 리스트를 입력하거나 요리법을 찾으려고 인터넷에 검색어를 입력하는 행동은 번거롭지만 말로 하면 훨씬 쉽다. 음성 인식 기술이 음성 명령을 실시간으로 정확하게 이해해 사용자가 손을 대지 않고도 부엌이나 차에서 식료품 리스트를 만들고 요리법을 찾을 수 있어 쇼핑과 요리가 더 편리해진다.

음성 인식으로 기기와 의사소통을 위한 새로운 핸즈프리 기능이 가능해졌고, 전반적으로 기능을 더 쉽고 편하게 이용할 수 있게 되었다. 일례로 크래프트의 아이푸드 어시스턴트iFood Assistant 모바일 앱은 소비자가 음성으로 식료품과 요리법을 검색하고, 쇼핑 목록을 만들어 저장할 수 있게 해준다.

2008년 12월에 출시되어 시간에 쫓기는 소비자를 위한 모바일 라이프스타일 앱을 선도해온 아이푸드 어시스턴트는 2012년 초에 업그레이드를 통해 음성 인식 기술을 장착했다. 이 앱은 사용자의 크래프트 제품 구매를 유도해 매출을 늘려주고, 소비자와의 상호작용을 학습해 소비자의 구매 의사를 검증하며, 소비자가 신제품을 시험해보도록 하거나 더 많은 제품을 구매하도록 동기부여하는 방법을 포착한다.

마찬가지로 샤프Sharp의 코코로보Cocorobo 로봇 진공청소기는 2012년 6월에 출시되었는데 음성 명령을 받기 때문에 수동 조작이 필요 없다. 코코로보는 인터랙티브 음성 인식 기술을 이용해 먼지통이 가득 차면 "가득 찼습니다."와 같은 말을 3개 국어로 말할 수 있어, 소비자들에게 수동 조작하는 수고를 덜어준다. 이 제품은 출시 첫 해에 10만 대가 팔렸다. 기업은 코코로보와 같은 '엔진'을 이용해 말하는 전자레인지를 출시했고, 인공지능 기술을 적용한 다른 가전제품의 출시를 목표로 하고 있다. 샤프의 경영진은 "인공지능은 가전제품 개발의 핵심경로"라고 말한다.

표 1 소비자에 대한 인지 기술의 유용성

구분	대표 제품과 인지 기술*	특징
사용의 용이성과 편의성	• 크래프트의 **아이푸드 어시스턴트**iFood Assistant (SR) • 코카콜라의 **칩**Chip (NLP) • 로레알의 **다이그노스 마이 헤어**Diagnose My Hair (NLP) • 펩시 프리토레이와 네슬레 (Pongr 이미지 인식 기술) (CV) • 샤프의 **코코로보**Cocorobo 진공청소기 (SR, R)	• 조작단계 축소 • 핸즈프리 • 어려운 요구사항 없음 • 실시간, 자연스러운 대화 • 셀프 서비스 가능 • 언제 어디서나 이용 가능
단순성	• 에더Aether의 **콘**Cone (ML, SR)	• 손잡이, 다이얼, 설정 등이 더 적음 • 매끈하고 보기 좋은 디자인 • 복잡성 감소 • 학습하고 응용함 • 소비자 니즈를 예상하고 적극적으로 충족시킴
소비자 역량 강화 및 구매에 대한 신뢰 부여	• 게스의 **트루핏**True Fit™ (ML) • 로레알의 **메이크업 지니어스**Makeup Genius (CV) • 서드러브ThirdLove의 모바일 핏 앱 (CV, ML)	• 개인화된 쇼핑 경험 • 정보를 주고 제품을 권함 • 선택한 제품에 대한 만족이 커짐 • 반품 건수와 반품 비용 감소
감정적 효과	• 알데바란Aldeberan의 **페퍼**Pepper 로봇 (CV, SR, R) • 샤프의 **코코로보**Concorobo 진공청소기 (SR, R)	• 흥미와 즐거움 • 관계 형성 • 동반자 관계 형성 • 안락한 생활 증진 • 친밀감과 충실감 증진

참조: 제품명은 굵은 글씨로 표시함

* 핵심 인지 기술: 컴퓨터 비전(CV), 기계학습(ML), 자연어 처리(NLP), 로봇공학(R), 음성인식(SR)

또한 인지 기술은 문제를 효율적으로 해결하거나 자신이 편한 대로 제품 정보를 받고자 하는 고객의 욕구를 해결하는 데도 도움이 된다. 96%의 소비자들이 고객센터에 전화를 하기보다는 회사의 웹사이트를 먼저 찾아본다는 점이 그 증거다. 많은 소비재 기업이 자연어 처리 기능을 이용하는 온라인 지원체계로 이에 대응해, 고객의 질문을 이해하고 의도를 파악하고 즉각적이면서도 자연스러운 화법으로 답변한다. 잠재적인 추가 혜택으로는 문장에서 의미 추출, 가독성 있고 자연스러운 문체와 정확한 문법을 갖춘 문장의 생성, 사용자의 학습 복잡성을 줄여주는 보다 자연스러운 사용자 인터페이스와 단순한 디자인 등이 있다.

이러한 사례로 칩Chip이라는 코카콜라 컴퍼니The Coca-Cola Company가 만든 가상의 도우미가 있다. 이는 자연어 이해 기능을 이용해 인간 대화의 억양을 복제해 웹사이트(www.mycokerewards.com)에서 한 달에 3만 건에 달하는 고객의 질문에 대응하고 있다. 소비자는 실시간 답변을 들을 수 있고 24시간 365일 언제나 문제를 해결할 수 있다. 코카콜라 컴퍼니는 칩을 브랜드 홍보대사로 간주한다.

또 다른 예로 로레알 USAL'Oreal USA의 헤어스타일 진단 앱 다이그노스 마이 헤어Diagnose My Hair가 있다. 이 앱은 자연어 처리 기능을 이용해 고객에게 개인화한 미용실에서 받는 듯한 헤어스타일 조언을 제공한다. 이 도구는 비반복적 의사교환이 가능해 소비자의 질문을 받아 그들의 니즈에 가장 잘 맞는 제품을 추천해줄 수 있다. 이 소프트웨어는 회사에 추가비용을 발생시키지 않고 평이한 영어로 작성된 답변을 즉각적으로 만들 수 있다.

자동화된 지원 기능이 가지는 비즈니스적 가치는 분명하다. 이런 기능은 즉각적인 주문형 서비스를 제공함으로써 고객경험을 제고할 뿐 아니라 콜센터와 고객 서비스 운영을 간소화해 인건비 및 운영비 절감이 가능하다. 고객센터를 자동화하면 일반적으로 운영비가 줄어들고 투자 수익률Return on Investment, ROI을 정확히 측정하고 개선할 수 있다. 예컨대 코카콜라 컴퍼니가 만든 칩의 가상 상호작용에 드는 비용은 몇 센트에 불과하지만 사람이 대응하는 경우는 건당 5~10달러가 소요된다. 또한 로레알의 앱은 소비자에게 '브랜드와 연관된 경험'을 제공한다.

단순성

단순한 디자인에 손으로 눌러야 하는 버튼도 거의 없고, 사람의 말을 이해하고 대답할 수 있는 제품이 사용하기 더 쉬운 것은 당연하다. 이런 특징이 있는 제품에 기계학습과 지능형 자동화 기능이 더해지면 제품사용법을 배우는 데 드는 수고를 없앨 수 있다.

예를 들어 미니멀리즘 스타일의 애더Aether의 콘Cone 스피커는 사용자가 듣고 싶어하는 음악을 예측해 들려주는 혁신적인 와이파이 연결 스피커다. 연결해야 할 선도 없고, 읽어야 할 매뉴얼도 없으며, 다이얼을 돌리고 사용자가 말만 하면 스피커가 사용자의 습관을 학습해 이를 바탕으로 음악을 들려준다. 2014년 6월 처음 출시된 이 제품은 사용자가 어떤 음악은 건너뛰고, 어떤 음악은 듣고, 어떤 음악을 요청하는지 사용자가 다이얼을 돌릴 때마다, 또는 음성명령을 할 때마다 사용자의 습관을 인식해 그 맥락을 학습한다. 기계학습은 이 축음기같이 생긴 물체의 핵심기술이다. 이 스피커는 개인화된 음악 취향 프로필을 구축해 사용자가 좋아하는 음악과 연결시켜주는 한편, 기술을 사용하는 데 드는 수고를 없애주고 있다.

아마도 가전제품 제조사가 소비자와 제품 사이의 상호작용을 단순화하는 인지 기술 이용에 가장 적극적이었을 것이다. 가전제품 제조사들은 수년간 인지 기술을 이용한 스마트제품의 개발 및 상업화에 노력을 기울여왔다. 룸바Roomba 로봇 진공청소기가 2002년 시장에 나오고 10년이 넘게 흘렀다. 그 이후 인지 기술과 로봇공학의 급격한 발전이 있었고 이 두 기술은 가정의 중심, 즉 부엌에서 서로 융합되어 전자레인지, 식기세척기 및 기타 다른 가전제품들도 지능을 갖추고 양방향으로 대화하며 인터넷에 연결되고 있다. 가전제품에 로봇공학을 효과적으로 적용해 연결성을 이용한 가사가 늘어나는 추세에 빠르게 대응하는 기업은 새로운 제품 분야를 창출해 매출을 늘리고, 경쟁우위를 점할 수 있는 잠재적 기회를 확보할 수 있다.

소비자 역량 강화 및 구매에 대한 신뢰 부여

많은 의류 및 화장품 회사가 기계학습을 활용한 도구를 이용해 소비자 자신에게 맞는 스타일과 핏을 찾는 데 도움이 되는 고품질의 개인화된 정보를 제공하고 있고, 컴퓨터 비전을 이용해 사용자의 선택 사항을 시각화해주는 도구를 제공하기 시작했다. 양쪽 모두 소비자의 구매 만족도를 높일 수 있다. 일례로 게스Guess 웹사이트의 트루 핏True Fit 프로그램을 통해 소비자는 핏과 선호하는 스타일에 따라 자신의 프로필을 만들 수 있다. 이 앱은 기계학습 알고리즘을 이용해 몇 분 내에 적절한 추천 제품을 찾아준다. 로레알의 메이크업 지니어스Makeup Genius 앱도 마찬가지로 매장에서 일하는 메이크업 전문가의 전문성을 사용자의 폰으로 가져와 사용자가 최적의 제품을 찾을 수 있도록 집에서 수없이 많은 조합을 시도해볼 수 있게 한다.

컴퓨터 비전을 응용하는 최신 앱을 이용하면 소비자는 스마트폰을 이용해 제품, 바코드, 자신의 사진까지도 찍어 다양한 구매 대안을 받아볼 수 있다. 이런 앱을 이용해 소비재 기업과 유통업체는 경쟁사와 차별화하고, 매장 내 경험을 개선하며, 마케팅 캠페인과 판촉활동의 효과를 제고해 매출을 끌어올릴 수 있다. 서드러브^{ThirdLove}가 제공하는 모바일 앱은 사용자가 집에서 혼자 '완벽한 핏'의 속옷을 찾을 수 있게 해준다. 컴퓨터 비전이 사용자의 치수를 재서 알고리즘에 대입하면 소비자에게 회사의 재고목록 중 추천안을 제공한다.

로레알의 메이크업 지니어스 모바일 앱은 안면 인식 소프트웨어를 이용해 사용자가 자신의 얼굴을 스캔하고, 구매 결정을 내리기 전에 화장품을 가상으로 발라볼 수 있도록 할 뿐 아니라 소셜 미디어를 통해 새로운 화장법을 친구들과 공유할 수 있게 한다. 마찬가지로 다른 화장품 회사도 가상 스킨케어 상담을 통해 소비자와 자사의 브랜드를 연결시키고 있다. 이 도구는 사용자가 자신의 사진을 업로드하면 안면 인식 기술을 이용해 스킨케어 제품을 오랜 시간 이용했을 때의 변화를 시뮬레이션으로 보여준다.

기계학습은 전체 구매과정 동안 좀더 개인화되고 맥락에 맞으며 예측적인 서비스를 제공할 수 있다. 게스는 트루핏 기계학습 소프트웨어를 웹과 모바일 플랫폼에 통합한 20개 브랜드 중 하나다. 브랜드마다 사이즈가 조금씩 다른 점은 많은 온라인 쇼핑객에게 골칫거리였는데, 실제로 반품 4건 중 1건은 사이즈 때문이었다. 트루핏 엔진이 이용하는 알고리즘은 소비자 선호와 가장 잘 맞을 만한 옷과 신발을 찾아준다. 이 프로그램은 기계학습 기능을 이용해 반품 건과 성공적 구매 건을 추적해 사용자 추천을 점점 더 개선한다. 소비자는 이 프로그램의 추천을 더 믿을 수 있게 되고, 반품이 줄어들어 회사와 소비자 모두 효용은 늘어나고 비용은 줄어든다.

한 가지 유형의 인지 기술이 아니라 여러 기능의 통합 적용을 통해 복잡한 업무의 자동화가 실현되면 혜택은 더욱 커진다. 예를 들어 어느 의류 제조업체는 가상 개인 쇼핑도우미 앱을 개발중인데, 목표는 이 앱을 경험 많은 실제 매장 직원처럼 행동하게 하는 것이다. 아직 시험중인 익스퍼트 퍼스널 쇼퍼Expert Personal Shopper라는 앱은 플루이드 Fluid Inc.가 IBM의 왓슨Watson 플랫폼을 이용해 개발했다. 고객은 음성 인식을 통해 앱과 대화로 상호소통하고, 앱은 자연어 처리 기능을 이용해 소비자의 질문을 이해함으로써 제품정보 분석에 기반한 적절한 제품을 추천할 수 있다. 기계학습은 앱 추천 기능의 품질을 계속해서 개선하는 데 이용된다. 실제 매장 경험과 연관된 인간적 손길을 제공하기 위해 앱을 이용하면, 기업은 소비자에게 좀 더 개인화되고 만족스러운 쇼핑 경험을 제공함으로써 더 많은 사용자를 실제 구매자로 전환할 수 있을 것이다.

감정적 효과

소비자와 감정적 유대감을 생성하는 것, 즉 '브랜드 선호도' '충성도' '관계' 등은 일반적으로 소비재 기업 시장전략의 핵심이다. 인지 기술은 여기서도 회사가 원하는 감정적 대응을 이끌어낼 수 있는 경험을 생성하는 데 도움이 된다. 펩시코와 프리토레이는 소비자의 제품사진 콘테스트를 통한 매장 내 홍보와 소비자 참여를 촉진하기 위해 영상 인식 기술을 이용했다. 네슬레도 유사하게 자사의 스키니 카우Skinny Cow 브랜드의 워케이브 인스턴트 윈 게임Wo Cave Instant Win Game을 위해 소비자가 올린 사진을 확인할 때 컴퓨터 비전 기술을 이용했다.

브랜드 선호가 인지 기술이 일으킬 수 있는 유일한 감정은 아니다. 소비자에게 기본적인 동지의식이나 행복감과 같은 직접적인 감정적 혜택을 제공하기 위해 인지 기술에 기반한 제품을 만든 소비재 기업이 이미 출현했다. 2014년 말 네슬레는 허리 높이의 대화형 로봇을 일본의 소매 매장에 도입하기 시작했다. 이 로봇은 고객들과 잡담하고 즐겁게 해주면서 마케팅을 촉진하고, 네스카페Nescafe 커피 캡슐과 머신의 판매 신장을 위한 새로운 인사이트를 수집할 수 있다.

페퍼Pepper 로봇 시리즈는 인간의 감정을 이해하고 반응할 수 있다고 홍보된다. 이 회사는 2015년 말까지 1만 대의 로봇을 판매직원으로 추가 투입해 고객경험을 개선하고 소비자 의견을 수집할 계획이다. 현재 네슬레는 페퍼 로봇을 고객과 교류하고 기본적 서비스를 제공하는 데 사용하고 있다. 하지만 페퍼의 제조사 알데바란Aldeberan은 1년 내에 미국시장에서 이 로봇을 비즈니스와 개인용 제품으로 판매해, 사람들의 성장을 돕고 삶을 개선하고 관계를 촉진하는 데 사용할 계획이다.

인간의 외모와 흡사하고 원활하게 의사소통할 수 있는 로봇은 로봇공학의 세계에서는 일종의 성배와 같다. 이러한 로봇은 사용자와 로봇의 친밀도와 수용도를 높여서 상호 간에 감정적 유대를 깊게 한다. 최근의 영화 〈로봇 앤 프랭크Robot & Frank〉에서 주인공은 그의 로봇 '집사'와 감동적인 관계를 맺는다. 이런 시나리오가 아직은 현실적이지 않지만, 인지 기술로 구현되는 많은 소비자 대면 제품은 이미 사용자를 즐겁고 기쁘게 하며 친밀감을 높이고 있다. 최근 샤프의 임원이 단정했듯이 인공지능의 발전으로 가전제품과 사용자와의 관계는 더욱 가까워질 것이다.

소비재의 인지 기술 적용 분야

소비재 기업의 경영진은 인지 기술을 적용한 제품의 개발과 상업화에 있어 해결해야 할 도전과제와 심각한 질문들을 마주하곤 한다. 모든 제품이 인지 기술을 통합하기에 적합한 후보라고는 할 수 없다. 또 모든 인지 기술이 소비자 가치를 창출하는 것도 아니다. 경영진이 인지 기술을 적용할 때 우선할 것은 소비자의 선택·구매·사용을 이끌어낼 수 있는 확실한 장점과 가치가 있어야 한다는 것이다.

비록 포괄적이지는 않지만, 소비재 기업 경영진이 인지 기술 도입을 결정할 때 고려해야 할 몇 가지 질문을 〈표 2〉에 제시해보았다.

소비재를 위한 인지 기술의 미래

이사벨라에게 마침내 여유시간이 찾아왔다. 잠든 아이들 옆에서 그녀는 의류 매장에서 보내준 최신 카탈로그를 훑어보고 있었다. 그녀는 태블릿 PC를 켜서 요가바지 몇 벌을 '입어보기로' 했다. 종이 카탈로그에 있는 제품의 스타일·색상·사이즈는 충분히 다양했다. 앱이 몇 가지 스타일과 색상을 추천했고, 그녀의 이전 구매이력과 치수로 만들어진 아바타를 바탕으로 적절한 사이즈를 제안했다. 처음에

표 2 기업의 제품 개선을 위한 인지 기술의 도입 여부 결정

핵심 혜택	인지 기술의 적용을 결정할 때 고려할 사항
사용의 용이성과 편의성	• 기술 사용에 익숙하지 않은 소비자가 있는가? • 키보드 사용에 서툴거나 제품을 사용하고 싶을 때 손이 자유롭지 못한 소비자가 있는가?
단순성	• 제품이 소비자에게 너무 복잡한가? • 소비자가 사용하기에 부담되는 정교한 기능이 제품에 숨겨져 있는가?
소비자 역량 강화 및 구매에 대한 신뢰 부여	• 제품을 사려면 소비자가 복잡한 선택과정을 거쳐야 하는가? • 일이 꼬일 수 있다는 리스크가 제품 구매를 가로막는가?
감정적 효과	• 브랜드 선호도를 높이기 위해 소비자의 참여를 더 이끌어내려 하는가? • 소비자가 제품과 브랜드에 가지는 감정적 유대를 더 키우길 원하는가?

이사벨라는 아바타를 만들기 위해 신체를 스캔하기가 좀 꺼려졌지만, 아바타를 만들면서 원하는 사이즈의 옷을 더 많이 살 수 있었고 반품은 줄어들었다. 앱은 구매이력을 통해 그녀가 좋아하는 색상과 무늬도 알고 있어서 쇼핑이 한결 즐거워졌다.

인지 기술의 역량은 꾸준히 개선되고 있다. 안면 인식이나 음성 이해에 대한 컴퓨터 시스템도 개선되고 있지만, 인간의 감정을 읽는 기능 또한 만족할 만한 수준으로 발전하고 있다. 우리는 앞으로도 계속해서 쇼핑 경험의 제고, 제품기능의 개선, 심지어는 소비자의 니즈와 바람을 이해하고 예측하는 기계학습의 적용 사례를 보게 될 것이다.

극적인 예를 들자면 작년 아마존은 소비자가 주문을 하기도 전에 제품배송을 시작하는 '예측 배송'에 대한 특허를 취득했다.

인지 기술은 소비자가 제품을 발견하고, 선택하고, 구매하고, 수령하고, 사용하고 AS를 받는 데 더 큰 역할을 할 것이다. 이 기술은 많은 소비재 기업에게 소비자의 삶을 더 쉽고 간편하게 하고, 구매의 불확실성을 줄이고 신뢰는 높이며, 제품 사용의 즐거움과 제품과의 유대감까지 느끼게 할 수 있는 방대한 기회를 제시하고 있다. 이러한 기술이 광범위하게 도입되면서 소비자의 기대와 행동도 변화할 것이다. 대부분의 소비자가 고품질의 온라인과 모바일 쇼핑 경험을 기대하게 된 것처럼, 인지 기술이 제공하는 기능과 경험에 대한 기대도 갈수록 더 높아질 것이다.

소비재 제조업체는 자사의 제품·마케팅·유통·소비자서비스 전략을 검토해 떠오르는 신세계를 준비할 수 있다. 기업은 인지 기술을 더 큰 가치와 우월한 경험을 소비자에게 제공하는 데 사용할 수 있는 영역을 발견할 수 있을 것이다. 기업의 디자인팀은 음성 인식, 자연어 처리, 컴퓨터 비전 등의 기술이 자연스러운 인터페이스를 디자인하는 데 사용되는 방법을 이해해야 한다. 또한 기업은 제품 개발자가 기계학습과 같은 기술을 통해 복잡성을 제거하고 단순하고 우아한 고객경험을 창출할 수 있도록 지원해야 한다. 그리고 기업은 데이터 과학자와 협력해 다양한 출처의 데이터를 결합·분석·학습해 소비자의 경험을 자동화하고 개선하며 안내해야 한다.

236

내부 비즈니스 프로세스를 개선하는 인지 기술

여기에서는 인지 기술이 제품에 도입되거나 소비자 경험을 직접적으로 개선하는 경우에 초점을 맞추고 있지만, 인지 기술은 내부 비즈니스 프로세스의 개선에도 이용될 수 있다. 마케팅 분야에서 자연어 처리와 기계학습 같은 인지 기술은 소셜 미디어에 표현된 소비자의 감정을 모니터링 · 스캔 · 분석하는 데 이용될 수 있다.

예를 들어 한 가정용 소비재 제조회사는 자사 제품에 대한 소비자의 정서를 이해하기 위해 소셜 미디어를 몇 년 동안 모니터링해왔다. 그런데 최근 이 기업은 데이터를 정리하고 의미를 도출하는 데 필요한 사람의 작업시간을 줄이기 위해 자연어 처리 도구를 이용하기 시작했다. 이를 통해 회사는 수억 개의 소셜 미디어 포스트를 재빨리 걸러내 기업과의 교류에 가장 적극적인 소비자를 정확하게 파악할 수 있었다.

재고관리도 인지 기술을 이용해 실적을 개선하고 비용을 절감할 수 있는 영역이다. 인지 기술은 실시간으로 정보를 모으고 분석한 후, 소비재 제조업체로 전송해 재고를 더 효과적으로 관리하고 주문을 충족할 수 있도록 지원할 수 있다. 여기에 포함되는 정보는 경제 데이터, 기상예보, 유통업체의 실시간 매출 정보, 공급자 데이터 업데이트, 소비자 구매이력과 선호도까지 다양하며, 시스템은 이 모든 정보를 즉시 한눈에 볼 수 있도록 정리하고 관리자의 대응방안까지 추천한다.

인지 기술은 또한 소비재 제조업체의 인력수요 및 비즈니스 프로세스상 사람의 개입을 줄여주면서 처리 속도를 향상시키고 제품 품질을 높인다. 많은 소비재 기업이 제조와 포장 단계에서 검사와 품질관리를 위해 컴퓨터 비전 시스템을 이용한다. 일례로 어떤 개인 위생용품 제조사는 데오도란트의 제조와 포장 과정에서 뚜껑 및 라벨의 검사를 자동화하기 위해 기계비전 시스템을 도입했다. 생산 속도와 실적은 개선되었고 제품 결함이나 반품은 크게 줄었으며, 인적 자산은 매장 내의 좀더 복잡한 업무에 투입될 수 있었다.

아누팜 나룰라 Anupam Narula는 미국 딜로이트 서비스 LP의 소비재 및 산업재 산업 부문의 리서치팀 리더다. 그는 브랜드 충성도에 대한 소비자의 태도 및 행동, 마케팅 전략 등에 관한 다수의 보고서의 연구 리더이자 공동 저자다. 그의 저작에는 『Digital commerce in the supermarket aisle』『Dollar store strategies for national brands』『I have not yet begun to shop … or have I?』 등이 있다.

데이비드 스챗스키 David Schatsky는 미국 딜로이트 LLP 소속으로 딜로이트 리더들과 클라이언트들을 위해 인지 기술의 증가하는 영향력을 포함해 새로운 기술과 비즈니스 트렌드를 추적하고 분석하고 있다. 『Signals for Strategists: Sensing Emerging Trends in Business and Technology』의 저자다.

벤 스틸러 Ben Stiller는 미국 딜로이트 컨설팅 LLP의 비즈니스 변환 부문의 프린시펄이자 딜로이트 미국 소비재 애널리틱스 사업부의 리더다. 지난 10년간 그는 많은 국제적 소비재 기업의 성장 및 효율성 개선의 돌파구 마련을 위한 애널리틱스 역량 강화와 변환을 지원해왔다. 그는 다양한 소비재산업 하위부문에 걸쳐 상업화, 공급사슬, 실행 기능 등의 업무를 수행했다.

로버트 리베이 Rober Libbey는 미국 딜로이트 서비스 LP의 시장 리서치 매니저다. 그는 딜로이트 소비재 및 산업재 산업 사업부를 위해 많은 보고서를 작성해왔다. 그가 작성한 보고서로는 'Building consumer trust: Protecting personal data in the consumer product industry' 'US residential mortgage market update' 등이 있다.

8부

운송업:
디지털 시대의 운송업

디지털 기술인 인공지능 네트워크와 자동화를 통해
운영자는 서비스를 보다 안전하고 효율적으로 제공하게 된다.
철도와 지하철 서비스 전반에 걸쳐, 티켓 구매부터
사용자 정보 제공까지 고객과의 관계가 변화하고 있다.

12

스마트 모빌리티의 혁신적인
5가지 트렌드

운송에 대한 수요 증가

운송에 대한 수요는 매년 증가하고 있다. 유럽인은 평균적으로 매년 약 3만 5천 인킬로미터passenger-kilometer(수송한 인원에 수송한 거리를 곱한 값. 여객 수송량을 나타내는 통계 단위)를 이동하는데, 일반적인 승객이 1년에 923회, 즉 매일 2.5회 이동하고 있다. 이 중 64%로 가장 많은 비중을 차지한 교통수단은 자동차였으나, 상황은 빠르게 변하고 있다. 2002년 대비 개인이 자동차를 운전해 이동한 거리가 8.5% 줄어들었다. 동시에 대중교통 이용은 계속 증가하고 있다.

2012년 영국의 철도운행 건수는 처음으로 1년에 15억 900만 건을 넘어섰으며, 현재의 추세가 지속된다면 2025년에는 연간 25억 건이 운행될 것으로 예상된다. 여기서 주목할 점은 젊은 세대의 대중교통 이용이 잦다는 것이다. 2013년 영국에서 판매된 버스표의 17%를 17~20세 사이의 젊은 층이 구매했다. 이러한 추세는 영국에 국한된 것이 아니라 유럽 전역에 걸쳐 나타난다. 사실 유럽의 대중교통은 1950년대 이래 최고의 인기를 구가하고 있다.

유럽은 공공부문의 운송 혁신을 선도하고 있으며, 고속철도와 지하철 시스템에 대한 전 세계 투자와 기존 인프라가 집중된 지역이다. 버스와 자전거부터 런던의 크로스레일Crossrail, 프랑스의 TGV, 그리고 폴란드의 펜돌리노Pendolino에 이르기까지 유럽 전반에 걸쳐 대중교통의 중요성이 커지고 있다.

디지털 시대의 운송 트렌드

디지털은 모든 산업의 소비자 경험을 변화시키고 있으며, 운송 서비스에 대한 기대 수준도 새롭게 설정하고 있다. 기술 변화는 미디어, 마케팅, 유통업 같은 타 산업에서 과거 확고하게 자리 잡혀 있던 기존 사업구조에 심각한 변화와 교란을 야기했다. 영역별로 디지털 혁신의 파급속도에 따라 차이는 있을 것이다. 우리는 이미 항공운송, 호텔과 여행산업의 중대한 변화를 목격했다. 이제는 자동차와 대중교통 부문이 영향을 받을 차례다. 디지털 기술인 인공지능 네트워크와 자동화를 통해 운영자는 서비스를 보다 안전하고 효율적으로 제공하게 된다. 철도와 지하철 서비스 전반에 걸쳐, 티켓 구매부터 사용자 정보 제공까지 고객과의 관계가 변화하고 있다.

자동차 산업 또한 개인용 자동차 소유방식과 자동화에 대한 변화

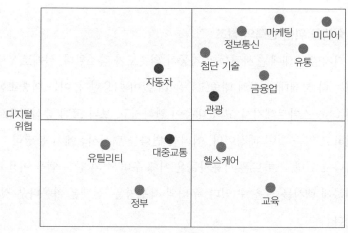

그림 1 혁신과 변화에 직면한 운송업

가능성에 대비하기 시작하고 있다. 커넥티드 카 기술은 이미 실현되고 있으며, 지능형 교통관리는 자동차 제조사와 도로망 관리 책임자들을 협력하게 해 도시환경에서의 스마트 모빌리티에 대한 새롭고 혁신적인 솔루션을 찾게 해줄 것이다.

우리는 자체 연구와 고객, 학계, 운송업계와의 토론을 통해 스마트 모빌리티를 실현시켜 산업을 뒤흔들 5가지 트렌드를 파악했다. 이들은 사용자 중심, 통합과 지능화, 가격책정과 결제방식, 자동화와 안전, 그리고 공공과 민간의 혁신이다. 5가지 트렌드는 도로 · 철도 · 항공 운송에 모두 적용될 수 있다. 이들 트렌드를 이용해 서로 다른 교통수단 간의 매끄러운 통합을 이루어 스마트 모빌리티를 구현하고, 개인의 여행경험을 개선하는 비전을 실행할 수 있다.

사용자 중심: 선택은 아름다운 것

승객을 위한 선택의 창조

디지털 시대에는 사람들의 자동차 의존도가 감소한다. 실제로 Y세대는 다른 세대에 비해 대중교통을 더 많이 이용한다. 이는 대중교통이 더욱 스마트해져서 고객 대응이 빨라지고, 보다 고객 중심적으로 변하고 있는 것이 배경이다. 이러한 변화는 택시시장에서 분명히 나타나고 있다. 스마트폰 사용자들은 이제 우버Uber와 같은 앱을 이용해 편하게 택시를 잡을 수 있다. 우버의 좌우명은 "선택은 아름다운 것"이다.

우버의 급속한 성장은 사용자 경험을 즐겁고 단순하게 만들었기 때문이다. 승객과 기사의 위치를 매칭해, 디지털로 편하게 저렴한 택시를 이용하게 해주는 공유경제의 힘으로 이룬 성공이었다. 우버의 CEO는 2015년 유럽의 도로에서 40만 대의 자가용차를 줄이고 5만 개의 새로운 일자리를 창출하길 희망한다고 말했다. 버즈카Buzzcar와 집카의 창립자 로빈 체이스Robin Chase는 "우리는 폭넓고 다양한 선택을 제공해야 합니다. 왜냐하면 0살에서 90살까지의 사람들이 각각 다른 수준의 부, 이동능력, 독립성, 소득, 그리고 사회적 상호작용을 가지고 있기 때문입니다."라고 말했다. 이용자들의 필요와 요구는 다양할 수밖에 없으며 따라서 대응하는 방식도 다양해야 한다는 사실을 역설한 것이다.

효과적인 운송 시스템은 사용자에게 선택권을 제공해 고정된 경로를 강요하기보다 요구에 적응한다. 3G 모빌리티의 창립자인 마커스 보우맨Marcus Bowman은 "우리는 사람들의 행동을 바꾸지 않아야 합니다. 시스템이 사람에게 맞출 수 있어야 하고, 사용자들에게 선택권을 제공해야 합니다."라고 말한다. 하지만 다른 이들은 사실 동적 가격 책정의 한 가지 목적은 사용자들의 행동변화라고 지적한다. 교통이 혼잡할 경우 도보나 지하철을 선택하도록 만드는 것이다. 디지털 시대에는 이러한 선택을 한 사람들에게 보상을 제공하는 것이 가능하다. 사람들이 시간 및 비용 절약, 건강을 위해 이동계획을 변경하도록 유도해 혜택을 볼 수 있게 하는 방식으로 말이다.

미래의 스마트 모빌리티 시스템은 장애인, 고정된 경로를 이용하는 통근자, 개인적인 볼일을 보는 사람, 미팅에 늦지 않기 위해 급히 이동하는 사람, 고령층 등 다양한 계층의 니즈를 충족시킬 것이다.

고객은 더 많은 정보를 가지고 있다

역동적이고 다양한 수단을 갖춘 운송 시스템을 만들기 위해서는 정보관리와 공유방식에 대한 근본적인 변화가 필요하다. 승객이 최적의 선택을 하기 위해서는 손끝에서 확인이 가능한 종합적인 최신 정보가 필요하다.

도시에서는 데이터 공개 운동open data movement이 대중교통 기관들에게 데이터를 무료 공개하도록 압력을 가하고 있다. 개발자가 이를 기반으로 경로를 탐색하고, 여정을 계획하는 앱을 개발할 수 있도록 하기 위해서다. 하지만 이 운동의 성공 여부는 아직 불확실하다. 대중교통과 관련된 유용한 앱을 소개하는 웹사이트 시티고라운드City-Go-Round는 미국 내 864곳의 대중교통 기관 중 247곳만이 데이터를 공개하고 있다고 밝혔다. 에스토니아의 경우 등록된 32곳의 대중교통 사업자 중 아무도 데이터를 공개하고 있지 않다. 여기에서의 목표는 분명하다. 런던 지하철이 데이터를 공개하는 방식과 유사하게 운송 데이터는 공개된 형식으로 제공될 필요가 있다.

당신이 도시에 살고 있다면 다음과 같은 시스템을 원할 것이다. 모바일 기기에 행선지를 입력하면 당신의 현재 위치를 인식해 그에 맞는 모든 선택 가능한 대안을 제시해준다. 시스템은 현재 교통상황과 목적지 근처의 주차상황까지 감안한 최적의 경로를 알고 있다. 게다가 지하철과 버스 운행 현황도 알고 있으며, 어디에 자전거 공유대가 있고 어떤 자전거가 이용 가능한지도 알고 있다. 이런 정보에 근거해 당신의 모바일 기기는 가능한 대안을 모두 분석해 현재 시점에서 최적의 방안을 제시한다.

디지털 기술은 이를 현실로 만들고 있다. 시티매퍼Citymapper와 같은 많은 모바일 앱이 '도시를 사용하기 쉽게' 만들고 있다. 구글맵과 같은 일부 서비스는 전국 단위에서 경로를 설계해준다. 구글 나우가 현재 하고 있는 것처럼, 다음 단계에는 모바일 기기가 일정과 동기화하고 과거 여정을 기억하며 일상의 이동경로를 이해할 수 있게 될 것이다. 기기는 사용자에게 지금 출발해야 할지를 예측해 알려준다.

사용자들이 점점 더 손안의 실시간 정보에 익숙해져 운송 사업자가 정확한 정보를 적시에 지속적으로 제공할 것이라 기대하게 될 것이다. 그리고 이런 정보 제공에 문제가 발생했을 때 사용자들은 큰 불편을 겪게 된다. 운송 관련 전문 블로거 크레이그 넬슨Craig Nelson은 LA 국제공항의 출발안내 전광판의 늦은 업데이트 때문에 항공편을 놓치고는, "이는 세계 최고의 데이터와 기술이 있어도 항상 사람이 관계한다는 점을 보여준다. 만약 사람(승객과 시스템 제공자 모두)이 충분히 주의를 기울지 않으면 안 좋은 일이 일어날 수 있다."라고 설명했다.

고객 서비스와 디지털 유니폼

승객이 디지털 시대에 능숙한 만큼 디지털 시대에 걸맞은 역량을 갖춘 승무원의 역할이 중요해진다. 고객 서비스의 최전선에서 일하는 승무원은 언제나 필요한 정보를 갖추고 있어야 하며, 승객의 문의에 가능한 한 빨리 응답할 수 있어야 한다.

미래에는 디지털 유니폼이 도입되어 승무원이 고객과 관계를 형성하는 방식에 변화가 있을 것이다. 전통적인 승무원 유니폼을 기반으로 구축된 디지털 유니폼은 모바일 기기와 웨어러블을 적용해 승무원이 승객과 관련된 문제를 신속하고 정확하게 대응할 수 있게 한다. 더 많은 정보를 확보한 승무원은 고객과 운송관제사에게 더욱 효과적으로 대응할 수 있다.

예를 들어 영국항공British Airways은 2013년 승무원들에게 2천 대의 아이패드를 지급했고, 기내에서 승무원들의 효율성과 승객 만족도를 향상시키기 위해 다양한 앱을 자체 개발해 제공했다. 항공사가 조종사들이 조종실에서 태블릿을 사용해 실시간으로 결과를 보면서 비행 전 점검을 수행할 수 있게 한 결과, 비행 전의 문서업무가 줄어들었다.

운송회사 직원 간의 연결성은 엔지니어를 위해 최고의 디지털 기기를 제공하거나, 직원의 업무 유연성을 향상시킬 수 있다. 또한 고객 서비스 센터에서의 고객 응대를 용이하게 함으로써 효율성을 높일 수 있다. 이는 승무원이 당황스러운 상황에 처하지 않게 하고, 고객에게 필요한 정보를 제공하며, 더욱 지능적인 운송 서비스의 운영을 보장한다.

통합과 지능화: 정확한 정보의 생성

통합과 데이터 공개

데이터 공개는 운송수단의 사용방식을 바꾸고 있다. 정보는 도로·철로와 같이 운송 인프라의 기본이며, 데이터 공개는 운송수단 간의 연결을 촉진해 승객들에게 새로운 가능성을 부여한다. 시티매퍼와 같은 모바일 앱을 통한 디지털 기술의 진화는 운송업체 간의 정보공유를 통해 고객들이 서로 다른 운송수단을 넘나드는 지능적인 여행계획을 세울 수 있도록 한다.

운송업체와 독립적인 시티매퍼는 다양한 원천의 공개 데이터를 이용해 사용자들에게 근처에서 이용 가능한 교통수단, 서로 다른 경로 간의 비교 정보, 연착이나 사고 소식을 알려준다. 시티매퍼는 공공 및 민간 사업자와의 협력 및 연결을 추진하고 있는데, 이는 다양한 원천에서의 공개 데이터가 더 잘 연계된 운송 솔루션을 제공할 수 있음을 보여주는 사례다.

도이치 반Deutsch Bahn의 퀵시트Qixxit 서비스는 복합수송 및 복합인프라 접근법 모두를 제공하는 유사한 솔루션인데, 한편으로는 철도망의 몇 가지 운송방법을 결합해 제시하고, 다른 한편으로는 각 운송수단을 운영하는 몇몇 사업자를 함께 보여준다. 이 앱은 특정 운송수단에 대한 선호 없이 이동시간 등 주요 의사결정 요소를 감안한 가장 빠르면서도 저렴한 운송수단을 중립적으로 제시한다.

다양한 원천 데이터의 통합·융합 활용은 불완전한 데이터에 의존해 운송망을 모니터링하고 예측하는 운송 사업자에게 시사하는 바가 크다. 이들은 데이터의 융합을 통해 서비스 운영에 대한 더 정확하고

248

풍부한 정보를 생성하고, 각자의 서비스 운영이 서로에게 미치는 영향을 연결해 파악할 수 있다

고객의 이동, 트윗tweet과 메시지는 자체적으로 가치 있는 데이터 원천임을 보여준다. 이들 데이터를 이용하면 운송업체는 고객들에 대해 알 수 있고, 그들과 의사소통해 선호와 불만을 이해하게 된다. 운송 기획자가 고객 데이터를 사용해 교통 서비스에 대한 고객의 요구를 이해해 얻을 수 있는 잠재력은 엄청나다. 예를 들어 운송업체는 고객의 이동을 매우 높은 수준으로 상세하게 파악할 수 있다. 그들이 걷고 있는지, 자전거를 타고 있는지, 운전하고 있는지, 버스를 타고 있는지를 알 수 있는 것이다. 트랜스포트 API의 디렉터인 에머 콜맨 Emer Coleman은 "운송기획은 전문가의 독점구조에서 대중의 지혜 쪽으로 이동하고 있다."라고 말한다.

이는 일부 업체의 능력을 변화시킬 것이다. 과거에는 승객들에 대한 정보를 거의 수집할 수 없었지만 앞으로는 고객을 더 잘 이해할 수 있게 된다. 고객들이 운송 서비스 사업자가 자신들에 대해 파악하는 것을 허용하면 다양한 선택과 풍부한 고객경험을 얻게 된다.

센서와 텔레매틱스

정보의 이용가능성은 스마트 모빌리티 서비스의 기반이 되고 있다. 주변의 모든 물체와 네트워크로 연결된 IT통합(소위 말하는 사물인터넷)이 모빌리티의 새로운 가능성을 확대한다는 점은 자연스럽다. 시스코의 제조 솔루션 설계자인 폴 디디에Paul Didier는 "기기의 가치와 기기가 대표하는 기능은 그 기기가 다른 기기 및 시스템과 소통할 수 있을 때 기하급수적으로 증가한다."라고 말했다.

수년 동안 이 영역을 선도해온 항공우주산업에서는 항공기 텔레매틱스가 엔진 정보를 위성을 통해 제조업체나 유지보수팀에 전달함으로써 지상에서의 정비 시간을 최소화한다. 신세대의 기차 및 버스는 네트워크와 연결되고, 주위환경을 감지하며, 운전자 및 주변의 인프라와 소통하는 능력을 갖추고 있다. 이를 통한 혜택은 운송선단의 유지보수뿐만 아니라 안전, 수송력, 고객 만족도 영역까지 확대되고 있다.

고객 스마트폰의 센서 활용은 크라우드소싱의 기회로 이어진다. 아이비콘^{iBeacon} 위치 전송과 같은 기술은 고객 스마트폰과의 상호작용을 통해 승객의 이동과 운송망의 가용량에 대한 더욱 정확한 정보를 제공한다. 크라우드소싱은 운영자가 실시간으로 자신의 운송망을 파악하는 주요 방법이 될 것이다.

현대의 자동차는 평균적으로 차내에 60~100개의 센서를 갖추고 있다. 자동차가 급속하게 '스마트'해지는 추세여서 가까운 미래에 차량 한 대에 장착된 센서 수는 200개를 상회할 것이다. 그 결과, 2020년까지 판매된 차에 장착된 센서의 총 수가 전 세계에서 약 220억 개에 달할 것으로 예상된다. 센서가 보편적인 트렌드가 되고 자율주행차가 다니는 미래에서 수집될 데이터는 파괴적인 혁신의 원천이 될 것이다.

예를 들어 매일매일 수백만 대의 차량에서 탐지된 온도와 날씨 데이터는 기상예보의 정확성을 높이는 데 사용될 수 있다. 궁극적으로 센서, 텔레매틱스, 급속히 발전하는 연산능력은 차량기능의 많은 부분을 자동화할 것이다.

가상세계와 통합되는 물적 자산

운송업은 특히 기계 고장과 기술적 문제에 영향을 받기 쉽다. 운송수단은 혁신을 통해 가능한 한 시의적절하고 효율적으로 유지보수에 대한 니즈를 충족할 수 있어야 한다.

유지보수는 자산정보 시스템과 상태 모니터링 네트워크 기술의 이용을 통해 개선될 수 있다. 운영자와 유지보수 담당 직원은 문제가 발생하기 전에 유지보수 작업의 필요 여부를 좀더 정확히 파악하게 된다. 향후에는 자산 자체가 기록을 지능적으로 업데이트하고 문제를 '자가해결'하게 될 수도 있다.

영국의 철도시설공단 네트워크 레일Network Rail은 오르비스ORBIS 프로그램을 통해 자산정보의 확보·보관·사용의 개선을 추진하고 있다. 총길이가 1만 5,777km에 이르는 이 철도망에는 위치를 파악하고 모니터링해야 할 자산들이 많다. 이들 장비의 더 많은 부분을 모니터링해 장비 상태에 대한 실시간 데이터를 수집하면 부가가치를 얻을 수 있다. 수집 가능한 데이터를 이용해 철도 운영자는 장비의 고장을 예측하고 방지함으로써, 하루에 2만 4천 건의 운행이 이루어지는 영국 열차 수송체계에서의 지연을 감소시킬 수 있다. 또한 자산 맵핑을 통해 유지보수팀은 이전보다 신속하게 목표자산을 찾을 수 있다. 이는 인프라의 상당 부분이 100년 이상인 오래된 철도망의 자산관리에서 엄청난 혁신 가능성을 보여준다.

전철을 이용하는 승객의 입장에서 동네 전철역의 신호 문제로 인해 전철 운행이 장시간 지연되었다는 소식을 앞으로는 전혀 들을 일이 없게 될 것이라고 상상해보자. 네트워크로 연결된 인프라와 애널리틱스는 이를 현실화하고 있다.

실시간 자산 모니터링으로 문제가 빈번하게 발생하는 자산을 파악할 수 있다면 문제를 예측하고 신속하게 해결할 수 있다. 이는 철도뿐 아니라 도로와 공항에도 똑같이 적용된다. 자산의 상태 모니터링을 계획하고 해당 자산에 대한 위치 확인을 지속하면 물리적 인프라는 최적의 상태로 운영된다.

캐드CAD의 성능 개선으로 가능해진 가상모델이 물적 자산에 대한 정보와 결합해 자산의 라이프사이클을 최적화할 것이다. 유럽 최대 규모의 운송망 건설 프로젝트를 담당하고 있는 말콤 테일러Malcolm Taylor는 미래의 운송투자 프로그램과 관련한 중요성에 관해 "크로스레일은 물리적 철로와 가상적 철로, 두 개의 철로를 구축하고 있다."라고 언급했다.

주요 자본투자 프로그램을 계획하는 동안 발전된 캐드와 정교한 계획도구가 자산에 대한 완전하고 계층적인 가상모델을 만들어낼 것이다. 그리고 건설과정 혹은 설치과정에서 실제로 설치된 자산이 이러한 가상모델을 확장함에 따라 물리적인 데이터의 확보가 가능해진다.

새로운 센서는 자산상태의 실시간 모니터링을 가능하게 하며, 예측분석 기술은 유지보수의 사이클을 최적화하고 자산의 수명을 연장한다. 가상모델을 통해 하나의 자산이 전체 시스템에 끼치는 영향과 고장을 예방하는 방법을 정확히 시뮬레이션할 수 있다. 자산정보의 활용은 미래의 업그레이드와 계획주기에 정보를 제공해 운송 인프라의 운영비용을 극적으로 줄일 수 있다.

가격책정과 지불방식: 새로운 동적 가격책정

수요와 가격책정

수요에 따른 가격변동은 항공산업과 같은 여행산업에서는 수십 년 간 존재해온 관행이다. 여기에 인터넷 예약과 저가항공의 등장은 가격경쟁을 더 심화시켰다. 실물 운송 인프라의 한계가 철도와 도시교통에서의 가격경쟁을 제한하고 있지만, 보다 정교한 가격책정 방법이 고객 수요에 영향을 미치고 가용한 운송자산과 여유 운송량을 더 효율적으로 활용하는 데 사용될 수 있다.

대부분의 운송업체는 누가 그들의 표를 구매하는지 모르지만, 온라인과 모바일 구매가 증가함에 따라 고객들은 표 구매시의 결제절차를 위해 신원정보를 제공하고 있다. 고객 데이터는 사업자가 고객에게 보상과 개인화된 여행 대안을 제시할 수 있는 풍부한 정보를 제공할 것이다. 이는 운송능력의 최적화와 수익성 제고에 활용될 수 있다.

대조적으로, 오늘날의 도로 사용자는 모빌리티에 상응하는 비용을 부담하지 않고 있다. 이로 인한 결과는 의외로 심각하다. 시스코의 안드레아스 마이Andreas Mai와 더크 슐레싱어Dirk Schlesinger는 다음과 같이 정리했다.

- 우리는 도로·교통 서비스를 '공짜'로 인식해 최대한 많이 사용하려고 한다.
- 증가한 수요로 인한 실제 비용이 회수되고 있지 않기 때문에 공공 서비스 제공자는 자금 부족 상태에 있다.
- 결과적인 수요·공급 불균형은 도로 인프라를 훼손하고, 모빌리

티의 사회적 비용을 지나치게 상승시켰다.

　모바일 기술과 IoT의 발전으로 10년 전만 해도 불가능했던 새로운 동적 가격책정이 가능해졌다. 이는 하루 중 시점, 도로 정체, 속도, 연료 효율성과 탄소 배출량 등의 변수를 기반으로 교통요금을 책정하는 방식이다. 실시간 상황에 따라 도로 또는 지하철 노선의 서로 다른 구간 요금을 다르게 책정해 더욱 저렴한 경로로 교통량을 분산시키고, 실제 인프라 유지에 필요한 비용을 회수할 수 있다.

　일반 도로에서의 동적 가격책정은 아직 미래의 이야기지만, 주차에서는 빠르게 도입중이다. 캘리포니아대학교의 도시계획전공 교수이자 『무료주차의 고비용The High Cost of Free Parking』의 저자인 도널드 쇼프Donald Shoup는 주차공간 규제는 값비싼 도시공간을 낭비하는 요인이고, 어떤 상황에서는 혼잡한 도심의 교통량의 30% 정도가 단지 주차공간을 찾는 데 낭비되고 있다는 점을 지적한다.

　이러한 이유로 최근 몇 년간 지능형 주차제도가 일부 도입되었다. 네트워크화된 센서를 설치해 실시간으로 각 주차공간의 점유 여부를 파악하고, 수집한 정보를 주차공간을 찾는 운전자와 주차장 관리인에게 전달하는 샌프란시스코의 SF파크SFpark 프로그램이 대표적이다. 주차장 관리인은 전달받은 정보를 이용해 특정 구역의 전체 점유율을 바탕으로 가격을 조정하고, 각 구역마다 하나 혹은 2개의 빈 공간이 생기도록 가격을 책정할 수 있다. 유사하게 모스크바의 패스트파크FastPark는 주차할 공간을 찾는 시간을 35%나 줄여 운전자의 시간과 자동차 연료를 절약하게 해준다. 이후 패스트파크는 산티아고 및 바르셀로나와의 파트너십을 통해 서비스 영역을 확대했다.

디지털시대의 결제방식

세상이 발전하고 모바일을 더 활발하게 사용하게 되면서 결제방식도 이를 따라가야 하게 되었다. 애플페이[Apple Pay]와 같은 새로운 결제 방식의 도입에 따라, 다양한 결제방식을 수용할 수 있는 플랫폼의 제공은 업체에게 중요한 문제가 되고 있다. 웨어러블 기술이 디지털 통화를 안전하게 사용할 수 있는 방법을 개발하면서 미래에는 결제방식이 스마트폰에서 우리의 손목으로 이동할 것이다.

딜로이트는 2015년을 NFC 결제방식의 변곡점으로 예상했다. 2014년 12월 영국 내에서만 약 4억 6천만 건의 비접촉 방식 카드 거래가 이루어졌다. 운송부문은 90년대에는 비접촉 기술 분야에서 선도적인 역할을 했으나, 선도적인 혁신 사례를 상업화하는 데 실패했고, 현재는 전체적으로 금융과 유통부문에 뒤처지고 있다.

전 IBM CEO인 샘 팔미사노[Sam Palmisano]는 "우리는 전자자금이체와 가게, 웹사이트 또는 산업에 상관없이 사용할 수 있는 동일한 결제 및 청구수단을 당연하게 생각한다."라고 말한다. 이는 이들 시스템이 정보의 흐름을 가능하게 하는 표준과 인터페이스를 가지고 있기 때문이다. 하지만 그의 주장에 따르면 운송부문은 근처에도 미치지 못한다. 차량, 정부기관, 규제 당국, 서비스 공급자, 운송업자, 이동하는 상품과 사람들 등 다양한 구성요소 간의 연결성은 아직 존재하지 않는다.

2003년부터 운영된 런던의 오이스터[Oyster] 카드 프로그램과 최근 2014년의 비접촉식 지급결제 기술의 도입이 보여주듯이 관련기술은 이미 수년 전부터 존재해왔다. 런던시는 이제 런던교통공사가 관리하는 모든 운송수단에 적용되는 완전히 통합된 지급결제 시스템을 갖추었다. 이 기술은 전국 철도와 대중교통망으로 쉽게 확대 적용될 수 있으며, 택시 및 버스에도 적용 가능하다. 런던 운송체계에 비접촉식 결제기술이 도입된 후 단 5개월 만에 4천만 건 이상의 결제가 이루어졌다.

이동한 만큼 결제하기

이동한 만큼 비용을 결제하는 방식은 운송부문의 큰 변화를 일으킬 잠재력을 가지고 있다. 예를 들어 기차 승객인 당신은 북쪽 노선을 달리는 기차에 탑승했으나 아직 목적지를 정하지 않았다. 스마트폰을 통해 추적되는 위치정보로 스마트폰은 이동거리를 철도회사에 전송하고 이동거리에 따른 요금을 계산한다. 갑자기 동료가 전화를 걸어와 다음 역에서 하차하라고 이야기한다. 하차한 역을 떠나자마자 시스템은 당신의 여정이 끝났음을 인지하고 스마트폰으로 이동한 거리만큼 요금을 청구한다. 이 시나리오에서 시스템은 아이비콘 기술을 통해 사용자가 탑승한 기차의 등급, 탑승시간의 교통량 등을 파악해 이에 상응하는 할인율을 적용한다.

미래의 스마트 모빌리티 서비스는 자동차 제조사, 리스회사, 렌터카 서비스업자, 심지어 택시 간의 경계를 희미하게 만들 것이다. 자동차 소유를 고객의 니즈와 필요 시점에 맞게 차량을 제공하는 모빌리티 서비스가 대체할 수도 있다. 우버, 집카와 같은 새로운 서비스 모델의 출현으로 앞으로는 교통요금도 수요에 따라 변하게 될 것이다. 자율주행차의 확산은 자동차 구매에서 종량제 서비스로의 변화와 함께 이루어질 수 있다.

자동화와 안전: 여행경험의 재구성

자동화의 수준

기술의 발전은 여행경험을 재구성한다. 자동화의 세계에서는 운전자가 승객으로 전환되고, 다른 형태의 교통수단은 자동 통제되는 경우가 늘어난다. 두바이 메트로Dubai Metro가 이러한 트렌드의 일례로, 75km의 노선이 운전자 없이 중앙통제방식으로 운행하고 있다. 두바이뿐만 아니라 코펜하겐과 마드리드 메트로도 완전 자동화되어 있다.

특히 도시전철 시스템은 제한적인 네트워크 규모와 높은 승객밀도, 빈번한 열차운행 때문에 자동화에 대한 투자 가능성이 높다. 이러한 기술 솔루션으로 전철 운영자는 더욱 짧은 배차 간격으로 전철을 운영해 승객이 전철을 기다리는 시간과 승강장의 혼잡을 줄일 수 있다.

의심할 여지없이 자동화는 철도 운영의 미래를 보여준다. 대형 열차 분야에서 체코의 국영철도회사인 체코철도청Ceske Drahy은 1993년 이래로 철도 운영을 위한 열차자동운전Automatic Train Operation, ATO을 개척해왔다. 현재 ATO 기술을 탑재한 200대 이상의 열차를 운영하는 체코철도청은 전체 네트워크의 고도화를 위해 노력하고 있다. 유럽열차제어시스템European Train Control System, ETCS은 더욱 발전된 형태의 시스템이다. 전자 추적과 GPS 위치 정보를 함께 활용하는 기본적인 ETCS로 인해 철도의 선로변 신호가 더는 필요하지 않게 되었다. 이러한 시스템이 결국 열차통제권을 기관사에게서 넘겨받을 가능성은 명백하다. 하지만 네트워크의 복잡성으로 본선의 운영 자동화 도입에는 수십 년이 걸릴 것이다.

항공기 산업에서 오랜 기간에 걸쳐 고도로 자동화되어 조종사가 오직 지상을 이동할 때만 항공기를 통제하면 되는 경우가 많아졌다. 안전성과 효율성을 높이기 위해 계류장에서의 운항이 점점 중앙 통제화되어가는 공항을 생각해보자. 스웨덴에서는 이미 관제사를 관제 탑에서 중앙관제센터로 배치하기 위한 연구를 진행중이다. 영국에서 항공교통관리 서비스를 제공하는 NATS의 운용매니저인 폴 존스Paul Jones는 "항공산업에서 자동화가 차세대의 핵심이 되리라는 사실은 분명하다."라고 말했다.

디지털 시대에는 차량과 인프라 간V2I 그리고 차량 간V2V 소통을 하는 자동차가 등장할 것이다. 미국 교통부 장관인 앤소니 폭스Anthony Foxx는 "안전이 최우선 사항이며 V2V 기술은 향후 인명구조의 위대한 진보를 의미할 것"이라고 말했다. 이러한 새로운 기준은 오바마 행정부의 지원을 받아 빠르면 2017년에 법제화될 수도 있다.

궁극적으로 최고 수준의 자동화로 옮겨가는 과정에서 부딪히게 되는 가장 큰 문제는 같은 도로공간을 공유하고 있는 자동화 차량, 전통적 차량, 기타 도로 운송수단의 혼합 운행에 의해 발생하는 거의 무한에 가까운 복잡성이다.

인지 기술

전통적인 엔지니어링 솔루션과 차량 간 통신기술만으로는 교통수단 혼합 운영의 문제를 해결하기에 역부족이다. 대신 인지 기술의 급격한 발전은 사람처럼 생각하고 운전하면서도, 집단 지식으로 사고를 예측하고 예방 가능한 자동차를 출현시킬 것이다. 인지 능력은 또한 자율주행차가 위험과 교통량 시나리오를 예측하고 대응할 수 있게 한다. 센서들과 카메라들의 집단은 차량에 360도의 시야각과 거리판단 능력을 부여한다. 이러한 정보로 자동차는 사람에게는 불가능한 방식의 환경 감지가 가능해진다. 차량은 이를 통해 발생하는 모든 문제에 대해 지능적인 의사결정을 할 수 있다.

볼보, 아우디, 닛산, 테슬라, BMW, 메르세데스 벤츠 등의 전통적인 자동차 제조업체들이 현재 상당한 금액을 이 분야에 투자하고 있다. 하지만 가장 유명한 것은 구글의 자율주행차로, 이미 100만 마일 이상의 주행을 마쳤다. 주행한 모든 도로에 대한 통합정보에서 나오는 인지 능력을 바탕으로 차량은 거의 모든 상황을 예상할 수 있는 경험을 축적하고 있다. 차량의 수와 주행거리가 늘어나면서 확보한 데이터와 축적된 경험도 기하급수적으로 증가할 것이다.

무리를 이루어 함께 다니는 거대 화물차 집단을 추월하면서 당신이 고속도로를 주행하고 있다고 생각해보자. 자동차 백미러로 뒤를 보다가 어떤 화물차에도 운전자가 탑승하고 있지 않다는 사실을 깨닫게 된다. 이러한 상황은 현실이 될 수 있다. 미래의 화물차량은 자율주행으로 도로 위에서 질서정연하게 대열을 이루며 주행하는 법을 습득하게 될 것이다. 미래의 화물차량은 밤낮으로 주행할 수 있기 때문에 운전자의 피로에 대해 더이상 신경 쓸 필요가 없어진다.

디지털 시대에는 커넥티드 카가 차세대 인포테인먼트 시스템의 혜택을 받게 될 것이고, 애플의 카 플레이Car Play와 안드로이드 오토Android Auto가 자동차 제조업체가 수십 년 동안 자체적으로 개발한 시스템을 대체하기 위해 경쟁할 것이다. 이로 인해 모바일 앱 세상이 커넥티드 카 분야로 확장될 것이다. 궁극적으로 미래에는 인지 및 자율주행차에서 일을 하거나 쉬거나, 심지어 잠을 잘 수 있는 운전자 경험의 혁명을 가져올 것이다.

책임과 보험

대부분의 사고는 인적 오류 때문에 발생한다. 인간은 교통사고의 최대 단일 원인이다. 고도의 자동화는 사고를 줄이고, 자율주행차는 사고를 아예 없애버릴 것이다. 첨단 센서는 차량 간의 최적 제동거리와 속도 및 경로를 최적화하면서, 실시간으로 외부 환경을 모니터링할 수 있다. 디지털 시대의 운송은 더욱 안전해질 것이다.

대부분의 대중교통 수단이 안전성을 강화하기 위해 일정 수준의 자동화를 도입했지만, 향후 가장 큰 혜택을 볼 수 있는 수단은 자동차다. 모든 교통수단 중 운전자의 과실로 인해 피해를 볼 가능성이 가장 높은 수단이 자동차이기 때문이다. 자동화 때문에 자동차보험료가 급격하게 하락하거나 사라질 수 있다. 추가로, 기술적 변화는 사고에 대한 책임을 운전자에서 자동차 제조업체로 이전시킬 것이다.

많은 보험사가 이미 첨단 기술을 이용해 보험 가입자들의 운전 행태를 모니터링해 보험료책정에 반영하고 있다. 아비바Aviva, 다이렉트라인Direct Line, 인슈어더박스InsureTheBox 등이 대표적인 보험사들이다.

텔레매틱스는 사고와 부상을 줄이고, 신속하게 부상자에 대한 의료지원을 제공할 수 있는 잠재력을 가지고 있다. 보험사가 텔레매틱스 기기를 설치한 경우 보험에 가입한 운전자가 심각한 사고를 당하면, 추적장치는 일련의 경보를 전송해 보험사가 응급 구조 서비스를 요청하게 할 수 있다. 실제로 인슈어더박스의 샬롯 홀켓Charlotte Halkett은 운전자가 한적한 시골길에서 한밤중에 구덩이에 빠져 거꾸로 뒤

집힌 상태가 되었는데, 텔레매틱스로 구조대를 빨리 출동시킬 수 있었던 사례를 소개했다. 텔레매틱스가 없었으면 결과는 훨씬 심각했을 것이다.

공공 및 민간부문의 혁신: 새로운 접근법

공공 및 민간부문의 미래의 역할

본질적으로 정부의 역할은 정책의 수립, 시민의 안전 유지, 보편적이고 포괄적인 교통 서비스의 제공이다. 그러나 운송의 미래상을 전망할 때 가장 답하기 어려운 질문 중 하나는 변화가 어떻게 조직화되어야 하고, 어떻게 비용부담을 할 것인가이다. 도로·철도 등 교통 인프라에 대한 주요 가정 중 하나는 이들이 공공재이며 세금으로 충당되어야 한다는 점이다. 그러나 최근 가용한 공공자금과 필요한 인프라 투자금액 간의 간극이 점점 더 벌어지고 있다. 새로운 교통 시스템이 실행될 경우, 현재의 세금 또는 요금 수준을 감안할 때 정부가 이 모든 재정부담을 떠안거나 주된 책임을 지기 어렵다. 따라서 교통 인프라의 세금 부담에 대해 근본적으로 새로운 접근이 필요하다.

정부는 자금 문제를 해결하기 위해 민간부문에 새로운 접근법을 요청하고 있다. 영국 교통부는 영국 교통 캐터펄트UK Transport Catapult라는 운송산업 혁신센터를 설립했다. 캐터펄트는 새로운 철도혁신 펀드를 만들어, 철도산업에서 새로운 유형의 변화 추진에 자금을 지원하고 있다. 정부가 철도 사업자가 제공한 자금을 혁신 투자계획과 연결시켜주는 이 펀드는 혁신 촉진을 위한 정부와 민간의 협력 사례다.

미래를 위한 건설

증가하는 전 세계 도시교통 수요를 충족시키기 위해 향후 10년 동안 수십억 달러가 인프라에 투자될 전망이다. 그러나 조밀한 도심환경에서는 콘크리트를 쏟아붓는다고 원하는 만큼의 운송 능력이 조성되지 않는다. 새로운 시스템의 효과적인 구현과 신자산을 최대로 활용하는 지능 기반의 구축을 위해 첨단 기술에 대한 자본 투자계획이 필요하다.

그러나 자본 투자가 20년 혹은 30년 이상을 상정하고 진행되는 경우가 종종 있는데, 민간부문의 혁신주기가 계속 빨라지는 상황에서는 이를 수용할 수 있는 유연성을 가지고 장기적인 투자를 진행하기가 더욱 어려워지고 있다.

자본 투자는 계획이 어떻게 진행될지 이해할 수 있는 방향으로 기술을 이용해 점점 더 스마트해져야 한다. 기술의 사용은 복잡한 교통네트워크를 구축하고 유지하는 방법을 혁신시켜왔다. 만일 우리가 기존 인프라의 위치와 상태를 정확하게 알고 있다면 이들을 새로운 개선 프로젝트에 통합시킬 계획을 수립할 수 있을 것이다. 이런 식의 계획은 미래를 대비할 수 있는 자본 투자를 가능하게 할 것이다.

사용자 중심 철학과 자동화는 함께 더 즐거운 여행경험을 선사할 것이다. 기존의 제약은 제거되고, 건축가와 설계자는 근본적인 재설계를 통해 우리의 도시환경을 단순화할 것이다. 크라우드소싱의 활용은 자산건설 투자에 대한 수요처를 결정하는 데 도움이 된다. 크라우드소싱은 운송망의 상태와 승객이 가장 불만을 가지는 운송망과 운송 사업자를 실시간으로 알려줄 수 있다.

파괴적으로 혁신적인 사업모델

사업을 극적으로 성장시킬 수 있는 새로운 혁신적 사업모델들이 등장하고 있다. 우버나 에어비앤비 같은 새로운 진입자가 공유경제의 이점을 활용해 디지털과 모바일을 사용하는 소비자와 독립적인 공급자를 연결하고 있다. 이러한 사업모델은 가치사슬을 단순화하고, 확장을 위한 추가 비용을 줄여주고 있다. 매력적인 사업모델의 구축을 위해서는 다음 5가지 요소 중 몇 개 혹은 전부의 매끄러운 통합이 필요하다. 사용자 중심적인 경험, 통합된 데이터, 단순한 지급결제 거래, 마술 같은 자동화, 그리고 비전을 가진 사업이 그것이다.

최고의 디지털 사업모델 상업화는 이제 막 시작되었을 뿐이다. 수백 개 이상의 혁신 아이디어가 우리의 이동방식을 변화시킬 것이며, 당신이 사업을 바꾸거나 완전히 새로운 사업을 시작하기에 지금이 최고의 시기다.

디지털 시대의 운송, 미래를 내다보다

디지털 시대의 운송은 자율적이고 지능적이며 사용자들의 요구에 부합할 것이다. 우리의 요구와 기호에 부응하는 법을 익힌 무인 자동차, 기차, 자율제어 항공기와 차량의 등장을 기대할 수 있다. 궁극적으로 향후 수십 년간의 발전을 통해 공공 및 민간 운송수단을 이용할 때 번거로움이 사라질 것이다. 하지만 이는 다음과 같은 또 다른 질문을 제기한다. 향후 5년, 10년, 20년간 우리가 운송업에서 기대할 수 있는 것은 무엇일까?

지금부터 5년 후

5년 안에 비접촉식 지급결제는 일반화되어 발권기와 종이티켓은 모두 사라진다. 실제로 현대적인 지하철 시스템의 종이티켓은 이미 사라졌거나 조만간 사용이 중지될 예정이다. 동시에 스마트폰은 달력 앱의 여행계획과 연동되어 여행 단계별로 해야 할 일과 정확한 시점을 알려준다. 운송 사업자는 교통흐름과 승객의 수를 실시간으로 모니터링해 교통혼잡을 미리 예측하고, 이를 사전에 방지한다. 이 모든 변화는 그리 멀지 않았다. 이미 많은 사업자가 앞서나가고 있다. 승무원들을 매표소에서 플랫폼으로 이동시키고, 첨단 기술을 도입해 도움이 필요한 모든 승객을 지원할 수 있도록 준비하고 있다. 수백만 개의 센서가 민간 사물 네트워크를 만들기 시작하고 있다.

지금부터 10년 후

10년 내에 우리는 운송수단의 완전한 자동화의 시작을 보게 된다. 세계 대부분의 지하철 시스템은 무인화되고, 주요 철도의 자동화에 대한 실험이 시작된다. 노선 간 신호는 사라지고 열차는 자동으로 통제되며, 각 노선의 실시간 상황 데이터는 중앙통제센터로 전송된다. 공공과 민간부문은 고객경험과 운영 효율성의 실질적인 개선을 위해 함께 노력한다. 당신의 자동차는 다른 차량 및 인프라 네트워크와 연결되어 교통체증 현황과 사고 발생 현황을 바로 알게 된다. 그리고 초기 상용 무인자동차가 도로에 등장하기 시작한다.

항공산업에서는 유인 탑승수속대가 사라지고, 보안검색 과정이 점점 더 자동화된다. 비접촉 기술로 탑승권이 사라지고, 승객의 지급결제 카드가 탑승권 역할을 하게 된다. 이에 더해 항공기 연착에 대한 부정확한 예측은 과거의 일이 된다. 항공사는 승객의 연락처 정보를 이용해 비행일정 관련 정보를 승객의 모바일 기기로 전송해, 승객이 공항에서 대기할지 아니면 다음 날로 비행일정을 연기할지를 결정하는 데 도움을 준다.

지금부터 20년 후

20년 후에는 운송부문의 전면적 변화가 예상된다. 대부분의 운송 시스템은 지능화되고 차량은 완전 자동화되며, 모바일 기기는 사용자들의 여행계획 수립을 용이하게 해준다. 운송업체의 승무원들은 고객 서비스에 모든 시간을 할애한다. 공공부문과 민간부문의 파트너십에 변혁이 일어나고, 각 정부는 전 세계적인 운송수단의 통합을 도모하고 촉진한다. 지급결제 시스템은 표준화되고, 모든 사람이 이용 가능하게 된다. 개인 자율주행차의 시대가 도래하고, 운전자는 승객이 된다. 출근길에 한숨 푹 주무시길!

워윅 구달Warwick Goodall은 영국 딜로이트의 디렉터이며 운송부문의 첨단 기술 적용에 대한 업무를 담당하고 있다. 그는 수년간 런던 교통청과 긴밀하게 일해왔고, 민간 및 공공부문의 기술 변환에 대한 광범위한 경험을 가지고 있다. 현재 영국 딜로이트 컨설팅의 기술 전략 그룹의 수장이다. 임페리얼 칼리지 런던에서 전기전자공학 석사학위를 취득했으며, 영국공학기술연구소Institution of Engineering and Technology의 공인 엔지니어이자 회원이다.

티파니 피시맨Tiffany Fishman은 미국 딜로이트 리서치의 시니어 매니저이며 딜로이트 공공부문 사업부를 위해 연구업무와 연구자료 작성을 담당하고 있다. 그녀의 연구는 기술, 비즈니스, 사회적 새로운 이슈가 공공부문 조직에 어떻게 영향을 미치는지에 초점을 맞추고 있다. 공공정책과 경영 관련 광범위한 이슈에 대해 많은 글을 썼으며 공공 관련 다수의 매체에 기고했다.

사이먼 딕슨 Simon Dixon는 영국 딜로이트 공공부문 담당 파트너이며 영국 운송부문 사업부의 리더다. 그는 런던 교통청, 영국 교통부를 지원하는 모든 딜로이트 업무의 리드 파트너다. 그는 특히 도로 통행료 가격책정, 혼잡세 부과와 관련해 런던 및 뉴욕에서 직접적인 경험을 쌓았으며 뉴질랜드·캐나다·남아프리카공화국 정부에 자문을 제공하고 있다.

코스티 페리코스 Costi Perricos는 딜로이트 공공부문 애널리틱스 사업부의 글로벌 및 영국 리더다. 그는 20년 이상의 기술 관련 경력이 있으며, 정보관리, 소프트웨어 개발, IT 전환, 기술 프로그램 제공에 대한 전문지식을 보유하고 있다. 그는 영국의 주요 운송부문 클라이언트와 주요 기술 관련 프로그램에 협업해왔다.

IoT, 다음 산업혁명을
견인할 수 있을 것인가?

'초연결 시대'라는 새로운 세계가 열리고 있다

산업혁명을 포함한 5대 혁명(산업, 증기·철도, 전기, 석유·자동차, 정보통신)은 항상 사람들의 생활방식을 변화시키고, 새로운 산업을 탄생시켰다. 산업혁명은 대량생산, 증기·철도혁명은 장거리 이동을 수월하게 했고, 전기혁명은 낮에만 생활하던 인류를 24시간 생활로 이끌었으며, 자동차혁명은 개인의 자유로운 이동거리를 확장시켰다. 정보통신혁명은 언제 어디서나 생각을 공유하고, 정보를 소통하는 정보유통을 폭발적으로 증대시키고, 기존 산업에 새로운 혁신을 지원함과 동시에 산업 간 경계를 무너뜨리는 전기를 마련했다.

2014년 딜로이트가 수행한 전 세계 20여 개국 국민들의 생활방식 조사에 따르면, 우리나라 국민의 57%는 아침에 일어난 후 5분 이내에 스마트폰을 확인하고, 하루에 최소 25번 이상 스마트폰을 확인하는 것으로 나타났다. 스마트폰은 이제 생필품으로 인터넷 서핑, 메일, 쇼핑, 송금 및 결제 등에 활용되는 기기이며, 전 연령대가 고루고루 다양하게 잘 활용하고 있는 것으로 분석되었다. 이처럼 우리의 일상 생활로 들어온 모바일을 기반으로 '초연결 시대'라는 새로운 세계가 열리고 있다.

가트너가 발표한 2016년 IT 트렌드에 '디바이스 메시Mesh(기기 그물망)'라는 단어가 등장하는데, 연결된 디바이스가 더욱 촘촘히 연결되는 IoT 시대가 열린다는 의미다. 경제적·기술적 장벽이 낮아지는 가운데 연결된 기기들의 보급이 확대되고 빅데이터 애널리틱스 역량이 급속히 발전함에 따라, IoT는 다양한 분야에서 무궁무진한 발전과 적용 가능성을 보이고 있다.

이미 농업 분야에서는 더 효과적인 관개灌漑와 토양 모니터링에 IoT가 실험 적용되고 있고, 제조업 분야에서는 장비와 기계류의 인터넷 연결성을 높인 스마트 팩토리가 등장하면서 생산성이 비약적으로 높아지는 사례가 출현하고 있다. 헬스케어 분야에서도 웨어러블 기기의 응용 사례가 늘어나면서 대면 진료 중심의 기존 구조가 모바일 중심으로 급변하고 있다.

사업 가치창출을 위한 6가지 전략

2015년 딜로이트가 미국 내 기업을 대상으로 설문조사한 결과에 따르면, 75%의 경영자들이 어떤 식으로든 IoT의 가능성을 탐색하거나 도입을 진행하고 있으며, 주력사업에 IoT를 통합해야 경쟁력을 유지할 수 있다고 답변했다. 여타 대부분의 분석기관들도 예측치에 다소 차이가 있긴 하지만 IoT 생태계의 폭발적인 성장을 전망하고 있었다. 가트너는 2020년까지 260억 개의 기기가 IoT 생태계에 연결되고, 전 세계적으로 1조 9억 달러에 해당하는 경제적 부가가치를 창출할 것이라고 예측했다. IDC International Data Corporation 는 IoT에서 창출되는 연간 수익이 2020년까지 9조 달러에 달할 것으로 내다보았다.

그러나 현재까지 대부분의 IoT 도입은 비용절감이나 리스크 관리와 같이 상대적으로 협소한 영역에서 진행되어왔다. 2009~2013년 사이 주요 IoT 공급업체 20여 곳이 수행한 89건의 적용 사례에서 65%는 비용절감, 22%가 리스크 관리 목적이었고, 단지 13%만이 수익 증대 또는 혁신이 목적이었다. 비용절감과 효율성 개선도 기업에 분명 가치 있는 일이지만, 시간이 지남에 따라 그 효과는 감소하고 경쟁사들도 쉽게 따라 할 수 있다.

기업이 IoT 솔루션을 이용해 고객에게 가치를 제공하기 위해서는 다음의 6가지 전략에 집중해야 한다.

수익창출과 혁신 잠재력 탐색으로 확장한다

일반적으로 CIO들은 수익창출이나 혁신에 크게 관심을 두지 않는다. 그리고 주로 CIO만을 상대하는 솔루션 공급자들은 비용절감 등으로만 논의를 축소시킨다. 비용절감이 중요하지만 그것만으로는 충분하지 않다. CMO, CFO, 주요 사업부 관리자, 그리고 CEO까지 접촉 대상을 확대함으로써 솔루션 도입 가능성과 잠재적 사업가치를 확대해야 한다. 고위 경영진을 상대하려면 IoT 솔루션 설계자들은 어떤 사업부서에서 IoT 구성요소와 산출되는 데이터들을 활용할 수 있는지 고민해야 한다.

상품과 고객 라이프사이클에 집중한다

어떻게 상품과 고객에 대한 통찰을 획득하고 얼마나 오랫동안 통찰을 보유하며 그동안 얼마나 많은 매출과 이익을 통찰을 통해 얻을 수 있을까?

리테일 부문은 기업이 고객과 상품을 더 잘 이해하기 위해 실시간 데이터를 활용하는 사례를 제공해준다. 영국의 테스코Tesco는 고객 포인트 카드를 이용해 고객의 매장 방문, 구매 행위, 결제 방식 등을 추적했다. 고객 라이프사이클과 상품 라이프사이클에 주의를 기울여 지역 소비자의 취향에 맞게 상품군을 능동적으로 조정하고, 고객에게 맞춤화된 제안을 제공했으며, 수요·구매 정보에 기반해 재고를 관리하고, 필요할 때마다 재고를 보충해 매출·고객 충성도·쿠폰 교환율 모두를 상승시켰다. 판매 시점에 포착된 거래 데이터는 고객의 행동을 보다 더 잘 이해할 수 있게 하고, 목표 고객에 적합한 프로모션을 실행하게 하며, 보다 강화된 관계를 구축할 수 있도록 돕는다.

IoT를 조기에 도입해 영향력을 최대화한다

IoT 기술에 대한 도전과제 중 하나는 더욱더 많은 기기가 보다 밀접한 전후관계를 가지고 배치되어야 기술의 가치가 대폭 증가할 수 있다는 점이다. 그러나 다수의 기기를 배치하고 상호관계를 설정하기 위해서는 상당한 자금 투자와 시간이 필요하다. 처음부터 주의 깊게 목표를 설정하고 시작해야 초기 투자비용과 가치창출에 걸리는 시간을 줄이고, 가치를 극대화할 수 있다.

우선 기업이나 사업부에서 가장 중요한 재무적 문제점과 기회 영역에 초점을 맞춰야 한다. 매출 성장을 목표로 설정한 경우, 먼저 문제 해결의 가장 중요한 수단이 무엇인지를 운영적 지표 수준의 하위 단계에서 분석한다. 그 결과 고객의 높은 이탈률이 매출 성장을 저해하는 가장 큰 요인임을 발견했다면, 마지막 단계는 이를 개선하기 위해 IoT 기술을 도입함으로써 영향력을 가장 크게 미칠 수 있는 곳이 어디인지를 고객 최전방 현업 관련 지표를 분석해 식별한다. 고객의 가장 큰 불만이 고장난 제품을 수리하기 위해 서비스 담당자와 접촉하는 데 오랜 시간이 걸린다는 점으로 분석되었다면, 제품에 센서 기반의 IoT 기술을 도입해 성능을 모니터링하고 잠재적인 고장 가능성을 예측한다. 그렇게 함으로써 고객 만족도를 향상시키고 고객 이탈률을 낮춘다면 매출 성장을 이룰 수 있다.

이는 초기 투자를 감소시키면서 전반적인 기업의 실적을 높이는 IoT 투자가 가능함을 보여주는 예시다. 이러한 투자의 결과가 명확해질수록 기업의 다른 부문에서도 IoT 기술을 도입하는 데 관심을 가지고 적극적으로 나설 것이다.

고객관계 구축 · 강화를 위해 데이터 결합mash-ups을 사용한다

M2MMachine to Machine 통신은 이미 우리 주변에서 지속적으로 이루어지고 있으나, 결과 데이터는 상호 연결되지 않아 신선하고 흥미로운 통찰력을 확보하는 데 사용되지 못하고 있다. 기기가 생성하거나 수집하는 정보가 다른 장소에 존재하는 정보와 결합되어 더욱 유용해질 경우 IoT는 이러한 데이터 결합을 촉진할 수 있다.

예를 들어 내비게이션 앱인 웨이즈Waze는 특정 지역에 위치한 차량들의 모바일 GPS 시스템 간의 연결을 활성화시킨다. 이들 시스템은 운전자의 개입 없이 자체적으로 통신하고 서로 다른 장소의 실시간 교통 데이터를 결합해 산출한 최적의 경로 옵션을 운전자에게 제시해준다.

연결된 기기들이 생성하는 데이터 규모의 증가는 예측적 애널리틱스를 통해 고객에 대한 통찰을 제공하고 고객 행동을 예상할 수 있도록 돕는다. 기업은 능동적으로 고객의 행동을 탐지하고 형성할 뿐만 아니라, 고객의 의사결정에 맞춰 제품과 서비스를 조정하는 데 발전된 애널리틱스를 사용할 수 있다. 기업들은 데이터 결합을 통한 인사이트가 어떻게, 그리고 어디서 시장이나 산업을 급격히 변화시킬 수 있는지 고려할 필요가 있다. 연결된 스마트 기기들 자체만으로는 현재 데이터 애널리틱스가 안고 있는 도전과제를 해결할 수 없고, 또한 통합 관련 고려사항, 범용 소프트웨어 대 맞춤 소프트웨어의 선택, 데이터 완결성 등의 문제는 여전히 남아 있다.

방어 및 대응을 위한 보안대책을 개발한다

IoT 도입으로 자산 간 연결이 늘어나게 되면 잠재적인 가상 (또는 물리적) 보안 취약점이 생겨난다. IoT 솔루션 공급자와 기업은 이러한 취약점의 강화와 보호뿐만 아니라, 빠른 탐지와 침입 발생시 피해를 줄이기 위해 협력할 필요가 있다. 대부분의 전문가들은 100% 방어는 불가능하다는 데 동의하고 있다. 하지만 보안 사고로 기계 하나가 한 시간 동안 가동이 중단되는 것과, 우리나라 전체의 전력 인프라가 수일 동안 마비되는 것은 차원이 다른 문제다.

다행히도 보다 높은 보안 수준을 제공할 수 있도록 기술이 발전하고 있다. 보안 분야의 한 가지 흥미로운 진전 사항은 암호화된 데이터에 실시간 알고리즘 처리를 수행할 수 있는 처리능력의 발전이다. 최근 IBM은 전통적인 M2M 보안 방법의 대안이 될 수 있는 암호화 기술에 대한 특허를 받았다. HE Homomorphic Encryption 기술은 원천 데이터의 암호 해제 없이 데이터 처리를 가능하게 해 IoT 생태계의 고객 기밀 유지능력을 향상시킬 수 있다. 글로벌 인더스트리 애널리스트 Global Industry Analysts는 공공 네트워크(예: 스마트 컴퓨팅과 연결된 기기들의 인터넷과 클라우드 기반 서비스) 전반에 걸친 각각의 데이터 전송 단계에서 보안 강화에 대한 필요성이 증대됨에 따라 HE 기술 관련 시장이 급격히 성장할 것으로 전망했다.

고객 신뢰도 향상을 위한 데이터 투명성을 극대화한다

IoT 공급자들은 데이터 수집과 공유과정에 대한 완전한 투명성과 실시간으로 데이터를 관찰·분석·대응할 수 있는 능력을 고객들에게 제공함으로써 개인고객과 기업고객 모두의 신뢰도를 높일 수 있다. 그러나 투명성은 양날의 검이 될 수 있다. 예를 들어 웨이즈는 보다 나은 주행경험을 고객에게 제공하지만, 보험사는 이를 고객의 운전습관을 평가하는 데 사용해 높은 보험료를 청구할 수 있다.

기업들은 고객에게 가치를 제공하는 데 필요한 정보를 정확히 파악할 필요가 있고, 데이터 사용에 대한 고객의 허가를 얻어 해당 데이터만을 공유해야 한다. IoT는 고객 자신이 앱 제공자의 데이터 요청 사항과 앱 사용을 통한 고객의 혜택에 근거해 여러 앱들이 어떤 정보에 어떻게, 그리고 언제 접속할 수 있는지 통제할 수 있도록 해서 개인정보 보호수준을 향상시킬 수 있다. 예를 들어 M2Mi^{Machine to} ^{Machine Intelligence Corporation}의 록박스^{lockbox} 기술은 IoT 생태계 내에서 고객이 선택적으로 정보흐름을 통제할 수 있게 해준다. 이 기술은 고객이 사전 설정한 규칙과 가이드라인에 따라 IoT 생태계 내에서 여러 기기들의 고객 데이터 접근을 허용한다. 이는 IoT 생태계 내의 각각의 특정한 접속을 허용하거나 차단할 수 있어 고객정보 보호정책의 준수를 보장해준다.

IoT의 다음 단계 잠재력에는 한계가 없다

연결된 기기들이 급증하고 네트워크가 오지까지 확산되면서 IoT 솔루션의 잠재력과 IoT 생태계도 본격적으로 성장단계에 들어섰다. 만약 IoT 솔루션이 기업의 근본적인 비즈니스 가치를 개선할 수 있다면, 연결된 기기들에 대한 수요와 새로운 활용방법도 증가할 것이다. 보다 상위 차원에서 보면 IoT는 고객, 협력업체, 직원, 자산과의 관계를 일회성 거래 중심에서 지속적인 관계 중심으로 이동시켜 기업이 보다 지속가능한 가치를 창출하는 데 도움을 줄 수 있다.

안정적인 연결성과 성능에 영향을 미치는 이슈들이 여전히 남아있지만, 기업들이 연결 확대에 따른 리스크를 초과하는 의미 있고 지속적인 혜택에 대한 확신을 가진다면 적극적으로 IoT 솔루션을 도입할 것이다. IoT 생태계 참가자들은 도입 기업들이 단기 실적뿐만 아니라 지속적인 실적의 개선을 가능하게 하는 솔루션을 개발하기 위해 협력해야 한다.

이러한 과정을 통해 생태계 참가자들은 도입 기업들을 위한 비즈니스 가치를 실현하고 모두를 위해 IoT 시장 전체를 성장시킬 수 있을 것이다. IoT의 다음 단계 잠재력에는 한계가 없고, IoT 생태계 참가자들이 오늘 내리는 결정이 미래의 모습을 형성할 것이다.

정성일 전무 | 딜로이트 컨설팅 | 첨단산업 · 미디어 · 통신산업 리더

9부

에너지:
커넥티드 배럴

O&G 산업에서의 IoT 적용은 글로벌 GDP를 변화시킬 수 있을 정도로
영향력이 크다. 옥스포드 이코노믹스Oxford Economics는 산업 전반에
IoT 기술을 적용하면 글로벌 GDP는 향후 10년간 0.8%,
즉 8,160억 달러 정도가 늘어날 수 있다고 전망했다.

14

IoT를 통한
석유와 가스 전략의 변화

데이터의 분유정 이용하기

새로운 저유가 시대가 O&G^{Oil & Gas} 산업을 뒤흔들고 있다. 부채가 많은 O&G 기업들은 신용평가기관의 부실위험기업 명단에 오르고, 자본 투자는 중단되며, 심지어 가장 효율적이었던 원유 유통계획들도 좌초되고 있다.

이런 원유가격의 구조적 취약점에 대응하려면 재무적 조정 이상의 조치가 필요하다. 즉 기술에 대한 산업의 접근방식에 변화가 필요하다. 우선 접근이 어려운 자원의 위치를 찾아내고 이용하기 위해 운영기술을 활용해야 한다. 또한 기술을 통해 얻은 정보를 사용해 탄화수소의 추출 및 판매 이전의 모든 연속적 단계를 더 효율적이고 수익을 창출하는 과정으로 전환해야 한다.

정보 기반의 가치창출로의 전환을 가능하게 하는 요인에는 센서의 비용 하락과 기능 향상, 고급 무선네트워크의 가용성 증가, 그리고 더 강력해지고 어디서나 사용할 수 있게 된 컴퓨팅 능력이 있다. 이들이 집합적으로 작용해 산업부문이 빠르게 수집하고 분석할 수 있는 막대한 규모의 데이터에 대한 접근이 가능해졌다. 센서의 가격은 2006년 2달러에서 2015년 40센트로 급락했고, 광대역 인터넷 비용은 5년 전과 비교하면 극히 낮은 수준으로 하락해 업계는 페타바이트(peta byte, 10^{15}) 규모의 데이터를 생성하고 활용할 수 있게 되었다.

이러한 신규기술을 도입하는 데 업계의 저항은 거의 없다. 지난 50년간 업계는 수진기geophone(암석·지층·빙산 등을 통과하는 진동을 측정하는 기기), 로봇, 인공위성, 워크플로우 솔루션 등 일련의 첨단 선진기술을 개발하거나 적용해왔다. 하지만 이들 기술은 여러 전문분야를 초월해 통합되거나 비즈니스 정보를 종합하지는 않으며, 주로 개별자산 차원에서만 작동한다. 〈MIT 슬론 매니지먼트 리뷰MIT Sloan Management Review〉와 딜로이트의 2015년 글로벌 디지털 비즈니스 연구결과, O&G 산업의 디지털 성숙도는 10점 만점에 4.68점으로 최저수준을 기록했다. 연구에 따르면 "디지털 성숙도가 낮은 조직일수록 개별 기술에 초점을 맞추고 운영에만 집중하는 전략을 구사한다."라고 한다.

O&G 기업은 비즈니스를 변환시킬 수 있는 통합 IoT 전략을 개발해 상당한 가치를 획득할 수 있다. 추산에 따르면 O&G 산업의 의사결정자가 사용할 수 있는 정보는 전체 수집된 데이터의 1%에 불과하다. 확보한 데이터와 분석 활동의 증가 덕분에 향후 2년간 기업

은 계획에 없던 유정 가동 중단을 최대 50% 줄이고, 원유 산출량을 최대 10% 증가시킬 수 있을 것으로 보인다. 사실 O&G 산업에서의 IoT 적용은 글로벌 GDP를 변화시킬 수 있을 정도로 영향력이 크다. 옥스포드 이코노믹스Oxford Economics는 산업 전반에 IoT 기술을 적용하면 글로벌 GDP는 향후 10년간 0.8%, 즉 8,160억 달러 정도가 늘어날 수 있다고 전망했다.

사업 우선순위와 연동하기

기술을 도입한다고 자동으로 경제적 가치가 창출되지는 않는다. 그러기 위해서는 여느 기술도입 사례와 마찬가지로, 기업이 IoT 기술을 구체적인 사업 우선순위와 연동해야 한다. 여기서 사업 우선순위는 그 범위가 점점 확장되고 있는 3가지 분야로 크게 설명할 수 있다. 가장 좁은 관점에서 기업은 설비가동률을 높이고 건강, 안전 및 환경에 대한 리스크를 최소화해야 한다. 다음으로 기업은 생산성을 향상시키고 공급사슬 최적화(운영 최적화)를 달성해 운영비용 및 자본 효율성의 개선을 추구해야 한다. 가장 넓은 관점에서는 기업은 새로운 가치를 창출해 사업을 탈바꿈할 수 있는 수익의 새로운 원천과 경쟁우위를 개발해야 한다(〈그림 1〉 참조).

　상류부문 사업자는 특히 멕시코만 마콘도Macondo 기름유출 사고 이후 5년간 운영 안전도를 개선하기 위해 공조한 결과 큰 진전을 이루었다. 기술은 계속해서 탐사 및 생산 기업Exploration and Production, E&P의 안전도 향상에 중요한 역할을 담당하겠지만, 유가 하락 때문에 기업은

그림 1 기술 성숙도와 사업 우선순위

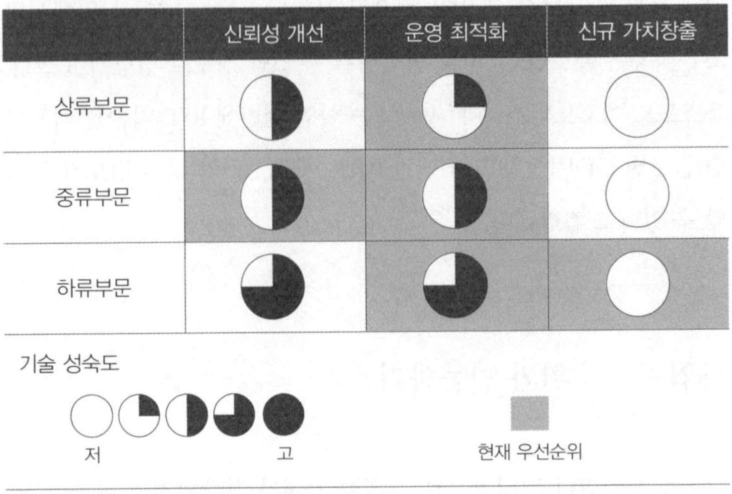

	신뢰성 개선	운영 최적화	신규 가치창출
상류부문	◑	◔	○
중류부문	◑	◑	○
하류부문	◔	◔	○

기술 성숙도

○ ◔ ◑ ◕ ●

저 　　　　고 　　　　　　　　　　　　현재 우선순위

그림: Deloitte University Press, DUPress.com

IoT 적용이 상대적으로 미성숙단계인 분야의 최적화에 사업 우선순위를 두게 된다. 기존의 육상유전, 대륙붕유전, 심해유전, 셰일오일 및 가스, 그리고 오일샌드 등 석유자원 원천이 점점 다양해지는 현실을 고려할 때 운영 효율의 개선은 더욱 복잡한 과제가 되고 있다.

　전통적으로 중류부문은 기존의 수요와 공급센터를 연결해주는 안정적인 사업이었으나 상황은 변했다. 미국 셰일에너지의 부상과 액체 및 천연가스 수출의 증가는 기존의 수요 공급 역학을 크게 바꾸었고, 중류부문의 사업 복잡성을 증가시켰다. 이러한 신규 성장과 산업의 증가한 역동성에 효과적으로 대응하기 위해, 중류부문 기업은 네트워크의 유지 및 최적화와 존재하는 기술에 대한 우선순위 설정에 주력하고 있다. 하지만 중류부문 기업은 아직 해당 기술을 송유관 전

282

정보가치고리

IoT는 거의 모든 사물을 해당 사물에 대한 정보의 원천으로 변화시켜준다. IoT의 가능성을 실현시키는 일련의 기술들의 결과로 제품 및 서비스 차별화를 위한 새로운 방식과 자체적으로 관리가 가능한 새로운 가치원천이 형성된다. IoT의 잠재력을 완전하게 실현하고자 하는 목표는 조직이 정보에서 가치를 창출하는 일련의 연속적인 활동을 포착하는 프레임워크를 구체화하는 동기가 되었다. 그 프레임워크가 정보가치고리다.

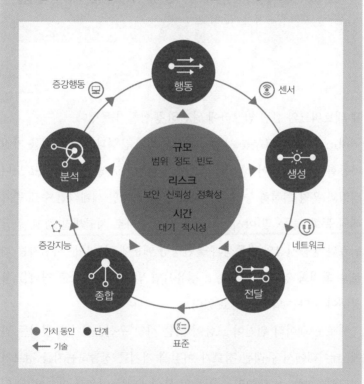

정보가 고리를 완성하고 가치를 창출하려면 고리 내 단계stage들을 거쳐야 하는데, 각 단계는 특정 기술technology들을 통해 구현된다. 센서로 모니터링된 행동이 정보를 생성하고, 이 정보는 네트워크를 통해 전달되며, 기술 · 법 · 제도 · 사회적 표준은 시간과 공간을 가로질러 정보의 통합

을 가능하게 한다. 증강지능$^{augmented\ intelligence}$은 모든 종류의 분석적 지원기술을 포괄해 가리키는 일반 용어로, 정보를 총괄적으로 분석하기 위해 사용된다. 최종적으로 고리는 자율행동의 자동화를 가능하게 하거나 개선된 행동을 이끄는 방식으로 인간의 의사결정을 형성하는 증강행동$^{augmented\ behavior}$ 기술을 통해 완성된다.

가치고리 주위의 정보를 획득하면 조직은 가치를 창출할 수 있다. 얼마나 많은 가치가 생성되는지는 가치고리를 이동하는 정보의 특성을 포착하는 가치동인의 함수다. 정보가치의 동인은 규모, 리스크, 시간이라는 3가지 범주로 포착 및 분류가 가능하다.

체 네트워크와 관련 인프라에 완전히 통합하지 못했다.

대조적으로 하류부문 사업자는 표준화된 운영과 오랜 역사를 가진 자동화 및 공정제어 시스템 덕분에 상대적으로 발전된 리스크 모니터링과 운영 최적화 능력을 가지고 있다. 하지만 세계적인 수요 증가세의 둔화, 중동 및 아시아의 정유업체 증가로 치열해진 경쟁, 공급원료와 상품시장의 변동성과 불안정성 때문에 하류부문 사업자는 새로운 최적화 영역을 탐색하고 정유사업 밖으로 가치창출 영역을 확장해야 한다는 압력을 받고 있다.

새로운 데이터 원천이 도움이 되는 사업 우선순위가 무엇이든 간에, 데이터에서 유래된 정보가 어떻게 가치를 창출하는지를 정보가치고리$^{information\ value\ loop}$라는 공통의 분석체계를 이용해 이해할 수 있다. 정보가치고리를 따라 흐르는 정보가 가치를 창출하는데, 정보의 규모, 정보흐름과 연관된 리스크, 순환을 완료하는 데 걸리는 시간이 창출되는 가치를 결정한다. 조직은 사업 우선수위에 가장 밀접한 가치고리를 순환하는 정보흐름을 만들기 위해 IoT 적용을 설계해야한다. 정보흐름의 장애물은 가치고리의 병목구간으로 간주된다. 따라서 모든 IoT 적용의 가치 실현에 있어 핵심 도전과제는 병목구간을 정확하게 식별하고 효과적으로 대응하는 것이다.

상류부문: 다양한 데이터 집합을 동질화하기

원유가격 하락과 운영 최적화에 대한 압력은 E&P 사업자가 점점 늘어나는 기술과 운영의 복잡성에 직면한 시점과 동시에 찾아왔다. 사업자는 더 많은 장비를 해저에 설치하고 있으며, 면적 약 $6.5cm^2$당 9천kg의 압력에서 작동하고, 특히 심해에서 최대 온도 175°C까지 견딜 수 있는 시스템을 개발하고 있다. 또한 다운홀downhole(시추공 내에서 사용되는 도구·장비·기계들) 활동과 셰일 채굴에서 지상활동이 증가하고, 안전이 핵심 요소인 혹독하고 외진 지역에서의 작업이 늘어나고 있다. 그리고 상당한 수준의 유지보수가 필요한 노후화된 유전에서의 생산 활동을 계속하고 있다.

이처럼 증가한 복잡성이 E&P 설비 내에 설치된 수만 대의 새로운 센서에 포착되었을 때, E&P 부문은 그야말로 데이터 폭발을 경험했다. 일각에서는 대형 통합 O&G 기업에서 생성되는 내부 데이터가 하루에 1.5TB 이상이라고 추정한다. 하지만 데이터의 급증은 아직 경제적 이익으로 연결되지 못하고 있다. 테라데이터Teradata는 "상류부문 산업은 엔지니어가 자기 시간의 70%를 데이터 검색과 처리에 사용하는 비생산적 시간Non-Productive Time, NPT 때문에 연간 80억 달러의 손실을 입는다."라고 분석했다.

한편 탄화수소 매장지와 관련된 물리학 기반 데이터의 규모와 빈도가 증가하면서 E&P 기업의 데이터 처리능력이 시험대에 오르고 있다. 또한 데이터의 범위(가정, 조건, 불확실성, 시나리오가 추가된 과학원칙과 무관한 비물리학 기반의 데이터, 그리고 탐사와 개발·생산에 영향을 미치는 여러 전문분야에 걸친 데이터)를 확장할 필요성이 높아지고 있지만, 기업의 취약한 데이터관리 능력이 걸림돌이다. 가트너는 "상류부문 O&G 기업이 고급 애널리틱스를 통해 성과를 개선할 수 있는 기회가 충분히 존재한다. 하지만 취약한 정보관리로 많은 기업의 발전이 저해되고 있다."라고 분석했다.

기업은 이러한 병목구간을 완화하기 위해 노력하고 있지만, 주로 공개 표준의 미비로 인한 종합 단계와 분석 단계에서의 데이터 병목 현상이 문제다. 예를 들어 미국 콜로라도주 피션스 분지에서 가스정 수천 개를 운영하는 한 기업은 점점 복잡해지는 운영을 관리하고자 감독통제 및 데이터수집 시스템을 업그레이드하길 원했다. 하지만 기존 시스템이 벤더의 독점적 데이터통신 포맷을 사용했기 때문에, 신규 시스템의 벤더는 기존 시스템과 통신하기 위해 완전히 처음부터 새로운 드라이버를 개발해야 했고, 이 작업으로 상당한 규모의 추가비용이 발생했다. 어떤 경우에는 이러한 유형의 추가적인 투자로도 충분하지 않아 데이터 흐름이 정지해 프로세스 전체가 중단되기도 한다. 산업 전반에 걸친 이 같은 비용을 줄이기 위해서는 사용자, 벤더, 산업협회(예: 표준리더십협회Standards Leadership Council) 등이 협력해 공개 표준을 정립하고, 호환성과 상호운용성을 구현해야 한다.

또한 시추 관련 기업Oilfield Service, OFS이 데이터 표준화와 통합에 더 큰 역할을 할 수 있다. 이들 기업은 물리학 기반 데이터에 대해 깊이 이해하고 있고, 데이터관리 및 IT 서비스 제공업체와 오랜 기간 협력한 경험이 있기 때문에 산업의 가치고리에서 사실상 업계 표준의 역할을 담당할 적임자다. OFS 기업이 이러한 전문성을 기반으로 표준을 구축하면 새로운 수입원을 창출할 수 있다. 또한 수직통합을 시작하고 E&P 기업에 발전한 OFS 능력을 직접 마케팅하기 시작한 IT 서비스 제공업체의 공세를 막아낼 수 있을 것이다.

종합된 데이터에서 도출된 인사이트를 전달하는 것은 인사이트가 의사결정자에게 너무 늦게 도달하거나 데이터가 기업의 인프라에 과부하를 주면 아무런 가치가 없을 수 있다. 대역폭 문제와 더불어 데이터 폭발 문제로 인해 정보가 생성된 곳에서 정보를 사전 처리하고, 선별적 데이터만 클라우드에 전송하는 보완적·국지적 데이터 인프라에 대한 요구가 점차 증가하고 있다. 네트워크 지능을 정보 원천에 가깝게 위치시키면 활용범위가 넓어질 뿐만 아니라, 테라바이트 규모의 데이터를 생성하고 예측 가능한 대기시간을 필요로 하는 외딴지역에도 적합하다.

기업이 어떤 데이터 처리구조를 수립하든지 간에 시스템은 기존의 운영을 최적화할 수 있는지 확인하고, 더 중요하게 실적 향상을 위한 신규 영역을 식별하기 위해 데이터를 분석해야 한다. E&P 기업의 경우 표준화된 데이터 분석은 생산에 가장 큰 영향을 미치고, 다음은 개발과 탐사순일 가능성이 높다. 일부 전망에 따르면 연간 생산량 2억 7천만 배럴 규모의 한 대형 통합 O&G 기업이 IoT를 적용해 생산비용을 5억 달러 이상 절감할 수 있다고 한다. 예를 들면 다음과 같다.

- **생산:** IoT로 여러 지역에 흩어져 있는 유정 수천 개를 자동화하고 (한 대기업은 유정 5만 개 이상을 관리한다), 유정당 설치된 여러 장비를 관리할 수 있다(한 개의 펌프가 가동 중단되면 하루에 10~30만 달러의 생산 손실이 발생한다). 생산부문은 O&G 기업이 IoT를 적용해 가장 큰 혜택을 볼 수 있는 부문이다.
- **개발:** 스마트 센서, M2M 통신, 빅데이터 애널리틱스로 굴착장치 가동시간을 늘릴 수 있다. 한편 네트워크 이동성 및 빅데이터에 의존하는 커넥티드 공급사슬은 비용 인플레이션과 신규 프로젝트의 지연을 줄일 수 있다.
- **탐사:** 지진파 데이터수집 기술(4D, 미세 지진파)과 연산능력의 발달은 지하에 무엇이 있는지에 대한 정확한 데이터를 더 많이 제공해 지질학에 대한 E&P 기업의 이해 수준을 높이고 있다. 하지만 기존 지진파 데이터의 더 빠른 처리와 지표에 대한 모델링 작업 분야에 더 큰 기회가 존재한다.

기술 발전 외에도 공통 데이터 표준이 다양한 데이터 집합을 통합할 수 있게 되면, 기업은 이전에 볼 수 없었던 운영 측면에 대해 인사이트를 얻고 의사결정 방식을 조정할 수 있다. 예를 들어 물리학 기반의 다양한 데이터(예: 지진파·시추·생산 데이터)에 애널리틱스를 동시에 적용해 탐사 엔지니어는 시간의 흐름에 따른 원유 매장지의 변화를 지도로 제작할 수 있고, 생산 엔지니어는 생산방식을 개선할 인사이트를 포착할 수 있다. 마찬가지로 기업은 유정 개발 단계 동안 내려진 선택이 생산 의사결정의 설계와 효과성에 미치는 영향과 같은 비물리학 기반 데이터를 분석해 비용을 절감할 수 있다.

미국의 E&P 대기업 아파치^{Apache Corporation}는 애널리틱스 소프트웨어 회사와 협력해 전기적 수중 펌프^{Electrical Submersible Pump, ESP}의 성능 개선뿐만 아니라 유전의 생산 규모를 예측할 수 있는 능력을 세 단계에 걸쳐 개발했다.

첫 번째 단계에서는 펌프, 생산, 작업 완료, 지하층 특성에 대한 혼성과 여러 전문 분야의 데이터를 사용해 ESP의 고장을 예측하고, 향후 고장을 방지하기 위한 대책을 마련했다. 두 번째 단계에서 아파치는 첫 번째 단계에서 생성된 추가적인 데이터를 이용해 최적의 펌프 설정 기준을 규정했고 이를 다음 유정에 적용했다. 세 번째 단계에서 기업은 이러한 추가 ESP 실적 데이터를 활용해 실제 데이터를 입수하기 전에 유전의 잠재적인 생산량 규모를 평가할 수 있었다.

이처럼 데이터 애널리틱스의 한 단계에서 제공된 정보가 추가 애널리틱스로 이어지는 '복합효과^{compounding effect}'는 E&P 기업에게 이전에는 사용할 수 없었거나 볼 수 없었던 운영 측면의 새로운 가능성을 보여주고 있다.

중류부문: 정보의 송유관

미국의 셰일 붐 이래 송유관 사업자는 단순한 사업모델에서 더 복잡하고 역동적인 사업모델로의 변화를 경험했다. 예전에는 제한적 등급의 원유와 천연가스를 고정된 공급원에서 수요 중심지로 운송했지만, 이제는 변동적인 규모와 등급을 가진 제품을 다양한 장소에서 새로운 최종 사용자와 시장으로 운송하고 있다.

이러한 비즈니스 복잡성의 증가는 노후화된 송유관 네트워크, 구식의 수동 모니터링 및 제어기기, 지속적인 서비스 차별화 과제와 함께 중류부문 기업에 도전과제와 기회를 동시에 제시한다. 연료 누출과 도난사건으로 미국에서만 연간 약 100억 달러의 손실이 발생하고 있지만, 기업은 송유관의 안전과 신뢰성을 개선하는 작업에서 상당한 긍정적 측면을 발견하고 있다.

몇 가지 제한적인 사전 정의된 태그(예: 압력·온도·부피·진동)를 갖춘 운영 하드웨어와 소프트웨어를 더 설치하고, 통계적·역사적인 규칙 기반 접근법을 채택하는 것은 리스크를 줄이거나 네트워크의 신뢰도를 증진하는 데 큰 도움이 되지 않을 것이다. 필요한 것은 데이터 기능을 갖춘 인프라로의 전환이다. 즉 새로운 데이터를 생성하는 센서에 투자함으로써 정보가치고리를 시작하는 것이다. 〈오일 앤 가스 모니터Oil and Gas Monitor〉는 "중류부문 에너지 기업은 정보기술 투자에 있어 다른 산업에 비해 뒤처져 있다."라고 분석했다.

엔브리지Enbridge, 트랜스캐나다TransCanada, PG&E 등의 기업은 송유관 내·외부에 장착된 첨단 센서에서 잠재적 송유관 손상에 대한 데이터를 생성해 이 병목구간을 해소하고 있다. 트랜스캐나다와 엔브리지는 송유관의 다양한 측면을 실질적으로 보고 느끼고 냄새 맡고 들을 수 있는 기능을 가진 4가지 기술을 시험하고 있다. 튜브 아래로 공기를 발사해 역청 유출을 '보는' 증기감지 튜브, 역청 유출로 초래되는 주변 토양의 온도변화를 '느끼는' 광섬유 분포 온도 감지 시스템, 전기신호를 보내 탄화수소의 냄새를 '맡는' 탄화수소 감지 케이블, 소리의 변동을 '듣고' 송유관 누수를 파악하는 광섬유 분포 음향 감지 시스템이 이들 기술이다.

PG&E는 연구기관 및 정부기관과 협력해 많은 비침습적인 3D 영상기술을 시험하고 있다. 예를 들어 원래 치의학 산업기술로 개발된 3D 툴박스는 송유관 외벽에 발생한 함몰·균열·부식을 정확하게 식별하고 측정할 수 있다. 시스템은 자동으로 영상을 수집하고 측정장치에 입력 후 몇 분 만에 진단을 완료해, 엔지니어가 즉시 수리 활동을 계획하도록 도와준다. 이와 비슷하게 PG&E는 나사NASA의 공중발사 레이저 기반 시스템을 응용해 메탄가스 누출을 감지한다. 시스템에 누출이 발생한 장소의 GPS 좌표가 자동으로 저장되고, 포착된 데이터는 온도, 시간, 송유관 설정 등 다른 변수와 결합되어 더 나은 모니터링과 제어활동에 사용될 수 있다.

송유관 안전도 개선은 모든 사업자의 이익과 관련된다. 한 사업자라도 유출사고를 일으키면 산업 전체에 높은 비용을 초래하고 더 엄격한 규제로 이어질 수 있기 때문이다. 따라서 기업들은 데이터능력을 갖춘 모니터링 인프라를 개발하기 위해 협력하고 있다. 이러한 협업으로 산업 전반이 누리는 혜택이 어느 한 기업이 누리는 경쟁적 혹은 상업적 우위보다 크다. 안전을 보장하고 리스크를 최소화하는 것은 기본적인 필요조건이며 기업은 진정한 차별화를 위해서 한층 더 나아가야 한다.

실제로 중류부문 기업이 네트워크 전반에 걸쳐 포괄적으로 제품을 분석하고 데이터를 공급하면 향후 경쟁적 및 상업적 우위를 확보할 가능성이 높아진다. 마치 미국 전력회사가 스마트 기기와 계량기를 이용해 에너지 데이터를 분석한 것과 유사하다. 일부 추정에 따르면 송유관 약 25만km마다 10TB의 데이터가 생성되는데, 이 용량은 미국 국회도서관이 소장한 전체 출판물 분량에 필적한다.

'중류부문 대기업'은 다양한 포트폴리오와 통합 네트워크 덕분에 이처럼 새로 생성된 대규모의 데이터에서 인사이트를 생성하기에 유리한 위치에 있다. 중류부문 대기업은 송유관 전반의 데이터를 활용해 운송회사가 시장까지의 최적경로를 찾도록 지원하고, 운송회사와 계약할 때 경로 선택권을 제공해 선택에 따라 가격을 차별화할 수 있다. 과거 운송된 용량 관련 데이터에 예측 알고리즘을 적용하면, 중류부문 대기업은 생산업체와 최종 사용자가 용량을 원활히 조정하도록 유도하는 가격 결정 인센티브를 이용할 방안을 파악할 수 있다. 이와 비슷하게 셰일유정 네트워크 전반의 용량 변화를 실시간으로 분석하면 기업은 새로운 가격 차이를 밝혀낼 수 있다.

송유관의 데이터가 수출설비, 시장, 해양터미널, 제품등급에 대한 점점 증가하는 데이터와 적시에 결합되면 데이터 능력을 갖춘 중류부문 기업이 탄생할 수 있다. 빅데이터 소프트웨어 업체 호튼웍스 Hortonworks 는 "전향적이고 혁신적인 중류부문 조직은 전례 없는 규모를 가진 새로운 유형의 데이터를 활용할 수 있다. 기계와 센서 데이터, 위치, 날씨, 로그 데이터와 같이 최근 등장한 데이터는 대규모일 때 가치가 있으며 특히 다른 데이터 집합과 연결될 때 그 가치가 높아진다."라고 했다.

하류부문: 이제는 외부에서 내부로

원유정제는 충분히 성숙한 사업으로, 최근 혁신적 공정기술이 거의 등장하지 않고 있다. 더불어 고도로 일반화된 석유제품의 속성 때문에 정유부문은 에너지 가치사슬에서 상업적으로 가장 어려운 분야다. 따라서 전 세계 정유업체는 공장을 최대한 효율적으로 운영하고 고부가 제품의 생산수율을 올리는 데 주력하고 있다.

정유공장의 산출량을 늘리는 데는 공장의 가동 중단을 방지하는 것이 매우 중요하다. 2009년과 2013년 사이 예정에 없던 가동 중단이 미국에서만 2,200건 이상, 하루 평균 1.3건 발생했다. 이러한 가동 중단으로 세계 정유산업 총생산의 5%가 손실되었고, 금액으로 환산하면 연간 200억 달러에 해당한다. 비효율적 유지보수 관행 또한 예정에 없던 가동 중단으로 이어졌고, 전 세계 정유업체에 연간 평균비용 600억 달러의 운전비가 추가로 발생했다.

일반적으로 정유업체는 검사와 수리활동을 조율하고 대체제품 공급을 계획하기 위해 전체 공장이나 개별 설비에 대한 유지보수 회전시간을 미리 정해진 일정에 따라 계획한다. 개별부품 검사와 정비를 위해, 특정 기기의 예상상태에 대한 정보 없이 정기적으로 정비소로 기기를 이동시킨다. 이는 아마도 수리가 필요 없는 기기까지 점검하는 낭비일 수 있다. 하지만 이제 비침습적 스마트 기기(센서), 첨단 무선 메시 네트워크(네트워크), 공개 통신 프로토콜(표준), 통합장비 및 자산관리 애널리틱스(증강지능)가 시간 기반의 예방계획에서 상황 기반의 예방 유지보수 전략으로 변화를 추진하고 있다.

예를 들어 필립스 66$^{Phillips\ 66}$의 원유부문은 예열 트레인 파울링 현상(원하지 않는 물질이 축적되어 공장설비의 효율을 감소시키는 현상)을 겪을 수밖에 없었다. 이때 얼마나 많은 에너지가 소실되는지, 어떤 교환기를 청소해야 하는지, 그리고 언제 청소해야 하는지 계량화할 수 있는 데이터가 존재하지 않았다. 정유업체는 무선온도 및 유량측정 센서로 측정한 수치를 생산·환경 데이터와 결합해 교환기의 상태를 예측할 수 있었다. 이러한 통합 애널리틱스로 정유업체는 언제 어디에서 에너지 손실이 목표치를 초과하는지 신속하게 파악할 수 있었고, 그 결과 교환기당 연간 5만 5천 달러의 비용을 절약한 것으로 추산되었다. 무엇보다 정유업체는 통합 애널리틱스로 설비 전반의 교환기 성능을 비교해 최고 성능을 내는 기간을 찾아내고, 최고 업무 관행을 정의해 결과적으로 생산시설 전체의 성과를 향상시킬 수 있었다.

이 사례는 센서를 배치해 새로운 데이터를 생성하고 가치를 창출하는 방안을 직접적으로 보여준다. 이와 비슷한 사례가 많이 있지만, 간혹 IoT 기술을 완전히 활용하는 데 실패한 정유업체가 발생하는 이유는 무엇일까? 지금까지는 데이터와 정보의 흐름이 대부분 자산 차원이나 생산시설 차원에서 발생했다. 이에 비해 시스템 차원(물류와 유통에서 이전 및 이후 연결을 포함), 나아가 생태계 차원(소비자 프로파일과 행동 같은 외부변수를 추가)의 데이터 분석은 흔하지 않았다.

계획 및 일정 프로세스의 능률화를 통한 공급사슬의 최적화는 IT 서비스 공급자의 자동화 소프트웨어와 하드웨어 솔루션이 이미 정유산업에 진출해 상당한 변화를 일으킨 부문이다. 정유공정의 운영과 유연성을 개선하기 위한 시스템으로서 탄화수소 공급사슬의 가시성을 완전히 활용하는 것은 또 다른 측면이다. 즉 정유업체는 통합 정보를 이용해 새로운 가치를 창출하고 획득할 수 있다. 이는 특히 미국의 정유업체에 더욱 의미가 있는데, 이들은 원유 구매전략을 주로 장기계약으로 중^{中}질유와 중^{重}질유를 구매하던 방식(일반적 공급사슬 과정)에서 더 광범위하게 경^{輕}질유와 중^{中}질유, 중^{重}질유 등을 현물 시장에서 구매하는 방식(높은 이익을 위해 더욱 역동적인 공급사슬이 필요함)으로 빠르게 전환하고 있다.

예를 들어 한 미국의 정유업체는 미래 원유구매의 가치, 특히 현물 시장에서 즉시 구매가 가능한 저가원유의 가치를 적절히 측정하기를 원했다. 하지만 이 기업은 다양한 원유의 구매와 처리에서 발생할 미래의 운영 및 유지보수 비용에 대해 한정된 데이터만을 가지고 있었다. 각 원유의 일정하지 않은 황과 역청의 함유비율 때문에 추가적인 운영 및 유지보수 비용이 발생하고 가격 측면의 이익을 상쇄할 가능성이 있었다. 이 정유업체는 우선 성분비율이 다른 다양한 원유의 처리 작업이 정유장비에 미치는 영향을 수집할 수 있는 침습적 센서를 설치했다. 센서에서 수집되고 분석된 데이터는 중앙허브에서 선적 가용성, 가격, 등급 등 원유의 시장 데이터와 통합되어 정유업체가 미래 원유선적을 적시에 효과적으로 입찰할 수 있었다.

이러한 분석이 석유의 인도기한, 부두와 송유관의 가용성, 저장·재고 수준 등 변동성에 대한 정보(범위)와 연결되고 결합되면, 정유업체는 이를 활용해 다양한 가상 시나리오를 세워 원유 구매전략을 더 다양하고 경쟁적으로 펼칠 수 있다.

계속 변하는 효율성과 데이터 취급 문제는 원유조달의 물류에만 한정되지 않는다. 제품 유통의 물류도 고려해야 한다. 유통 생태계는 정유업체와 마케팅업체뿐 아니라 소비자까지 포함한다. 소비자 개인 통신기술, 즉 스마트 이동통신 기기, 자동차 텔레매틱스 시스템의 급속한 혁신과 확산으로 커넥티드 소비자가 출현했고, 나아가 이들은 커넥티드 주유경험을 요구하고 있다. 그렇다면 연료 유통업체는 디지털 능력을 갖춘 소비자 환경에서 어떻게 경쟁해야 할까?

IoT 기반 커넥티드 적용을 먼저 시작한 자동차 업계에서 단서를 찾을 수 있다. 예를 들어 토요타^{Toyota}는 소프트웨어 기업 SAP, 모바일 솔루션 기업 베리폰^{VeriFone}과 함께 운전자의 주유경험을 단순하게 해주는 솔루션 시제품을 개발했다. 오늘날 운전자는 '적합한' 주유소를 사용하기 위해 주유소 찾기, 카드를 입력장치에 긁기, 비밀번호 입력하기, 필요할 경우 영수증 보관하기 등 다수의 시스템을 상대해야 한다. 토요타의 시제품은 차량의 위치, 경로, 그리고 가장 중요한 연료 잔류량을 SAP HANA 클라우드 플랫폼과 블루투스 로우 에너지$^{Bluetooth\ Low\ Energy}$ 무선표준을 사용해 정보를 종합해주는 원터치, 원스크린 솔루션을 소비자에게 제공하는 것을 목표로 하고 있다. 이 시스템은 운전자를 가장 근거리의 '등록된' 주유소로 인도하고, 베리폰의 POS$^{Point\ of\ Sales}$ 솔루션을 통해 자동결제를 승인하며, 개인맞춤 쿠폰과 할인 서비스를 전송하도록 설계되었다.

이 단계에서 기업이 직면하는 도전과제는 광범위하며 기술 관련 문제에만 국한되지 않는다. 데이터는 기존의 통신과 텔레매틱스를 통해 수집되고 제시될 수 있지만, 가장 큰 병목구간은 소비자가 행동하도록 만드는 것이다. 인터페이스는 자연스러운 인간의 의사결정 과정을 보완하는 증강행동 방식으로 설계해야 한다. 그렇지 않으면 소비자가 '독점적'이라거나 '기이'하거나 '산만'하다고 느껴 시스템의 사용을 거부할 리스크가 있다. 이러한 시스템의 설계에는 단순한 기술적 과제를 넘어 인간 행동에 대한 깊은 이해가 수반되어야 한다.

하지만 기업이 실행 가능하고 안전한 시스템을 설계할 수 있다면 그 혜택은 막대할 것이다. 최소한 에너지 유통업체는 커넥티드 카 시제품과 협력하거나 적어도 이러한 시제품에 일부 참여함으로써 주유

296

소와 편의점의 매출을 신장시킬 수 있다. 그다음으로 할인이나 적립 포인트를 고객에게 인센티브로 제공해 기존의 회원 프로그램이나 보상 프로그램에 매력을 더할 수 있다. 애널리틱스 실행에 사용되는 종합 고객정보는 최소 수준인 주유소와 편의점에서만 수집되는 개인의 한정적인 구매행동 데이터 때문에 제약을 받는다. 추가적인 데이터를 종합하면 더 유용한 정보를 창출할 수 있을 것이다.

미래의 소비자 마케팅은 소비자 프로파일을 유통업체 소유의 주유소와 가맹점 매장에서 이루어지는 연료 및 물품 구매와 관련짓는다. 기존의 주유카드 데이터, 클라우드 기반의 새로운 텔레매틱스 솔루션에서 수집된 데이터와 융합한 후 소셜 미디어의 현황 업데이트 및 알림 데이터와 같은 여러 원천의 데이터와 결합해, 행동 마케팅과 예측 애널리틱스를 촉진할 수 있다. 업계는 통합 정유·마케팅업체가 얻는 IoT 혜택의 약 33%가 커넥티드 마케팅에서 창출될 수 있다고 보고 있다.

고리 완성하기

저유가라는 뉴노멀 시대에 직면해 O&G 산업은 IoT가 미래의 성공에 지니는 중요성을 인식하기 시작했다. 하지만 IoT 적용은 센서를 추가로 설치하면 끝나는 간단한 작업이 아니다. IoT 적용으로 가치를 창출하고 획득하려면 IoT 기술을 실행하기에 앞서 명확하게 사업의 주요 목표를 식별하고, 정보의 새로운 출처를 알아내고, 정보의 흐름을 제한하는 병목구간을 해소해야 한다(〈표 1〉 참조).

표 1 O&G 분야별 IoT의 가치 분석

O&G 분야	IoT를 활용한 주요 사업목표	지배적인 가치동인	가장 가능성이 높은 가치고리의 병목구간	잠재적 솔루션
상류부문	최적화	범위, 대기시간	종합	표준
중류부문	신뢰성	정도, 정확성, 적시성	생성	센서
하류부문	신규 가치 창출	범위, 적시성, 보안	행동	생태계 관리

- 최적화에 주력하는 상류부문 사업자는 종합적인 물리적·비물리적 데이터를 표준화하고, 전 기능(탐사·개발·생산)에 걸쳐 통합 애널리틱스를 실행해 운영상의 새로운 인사이트를 도출할 수 있다.
- 고도의 네트워크 정합성과 새로운 상업적 기회를 추구하는 중류부문 사업자는 생산시설의 모든 측면을 다루는 센서에 투자하고, 네트워크 전반에 걸쳐 더욱더 포괄적으로 대량의 데이터를 분석함으로써 혜택을 얻을 수 있다.
- 생태계 단위에서 활동하는 하류부문 사업자는 전체 탄화수소 공급사슬에 대한 가시성을 확대해 핵심 정유사업 경제를 향상시키고, 새로운 형태의 커넥티드 마케팅으로 디지털 시대의 소비자를 겨냥해 가치를 창출할 수 있다.

IoT 적용에 대한 투자는 한 가지 측면에 불과하다. 기업은 IoT 적용을 순조롭게 지속하기 위해 최소한 처음 몇 년간은 IoT 적용과 그 결과를 주의 깊게 모니터링해야 한다. IT 부서와 고위경영진은 모두

IoT가 사업과 직원 전반에 걸쳐 필요한 추진력과 학습을 생성하는지, 기존 애플리케이션의 개장과 상호운용성에 수반되는 향후 비용과 복잡성이 어느 정도인지, 그리고 신규 개발과 관련해 보안상의 취약점은 무엇인지 주기적으로 질문하고 평가해야 한다.

어느 기업이든 IoT 적용을 위한 자체개발 혹은 공유개발에 따라 상업화에 걸리는 시간과 실현 가능한 혜택의 규모가 결정될 것이다. 독점적인 역량의 구축이 경쟁우위를 갖추는 데 필수인 경우도 일부 있지만, 개발속도를 지연시키고 IoT가 주는 혁신적인 혜택을 실현하는 데 제약이 될 수도 있다. "우리가 혼자서 기술 개발의 모든 것을 다할 수 없다. 앞으로 우리는 훨씬 더 협력해야 할 것이다."라고 BP의 최고운영책임자 제임스 뒤프리James Dupree는 말한다. 협력적 사업모델로 업계는 현재의 도전과제에 대처할 수 있을 뿐 아니라 연료부터 분자 단위까지 지식을 획득할 수 있고, IoT의 적용범위를 비용 최적화에서 자본 효율화로, 장기적으로 대형 프로젝트 관리까지로 확장할 수 있다. 사업의 모든 측면에서 정보의 중요성을 강화하고 정보를 이사회의 의제로 상정함으로써 기업은 단지 기존 사업의 최적화뿐만 아니라 사업방식을 근본적으로 변화시킬 수 있을 것이다.

앤드루 슬로터 Andrew Slaughter는 딜로이트 센터 포 에너지 솔루션Deloitte Center for Energy Solutions의 총괄 디렉터다. 그는 딜로이트의 E&R 부문 리더들과 밀접히 협력해 센터의 전략을 정의·실행·관리하고, 에너지산업 연구계획을 기획 및 실행하며, 센터의 대외 홍보와 출간 작업을 관리하고 있다.

그레고리 빈 Gregory Bean은 딜로이트 컨설팅 LLP 휴스턴 사무소의 O&G 전략 사업부의 디렉터다. 그는 30년 이상의 O&G 부문 경영 컨설팅 경험을 가지고 있으며 많은 국제 및 국내 기업을 위해 사업부 전략, 자본투자 전략, 조직 리스트럭처링 업무를 주도해 수행했다.

안슈 미탈 Anshu Mittal은 딜로이트 서비스 LP 마켓 인사이트팀의 총괄 매니저다. 그는 O&G 산업 전반에 걸쳐 거의 12년 동안 전략 컨설팅과 재무 자문을 수행해왔다. 딜로이트에서 작성한 최근 보고서로는 'Following the capital trail in oil and gas: Navigating the new environment'와 'US shale: A game of choices'가 있다.

석유 · 가스산업의 패러다임을 바꾸는 IoT

국내 에너지 · 자원산업의 현황과 대내외적 도전

2000년대 후반부터 본격적으로 추진되어왔던 국내 및 해외 에너지 ·
자원사업이 도전받고 있다. 2000년대 후반 국내 에너지 · 자원정책이
장기적이고 안정적인 에너지 자원의 확보라는 외형적인 성장에 초점
을 두었다면, 최근에는 내실화와 효율화를 강조하고 있는 추세다. 이
는 국내 에너지 공기업을 중심으로 추진된 대규모 해외 에너지자원
투자에 비해 수익 창출이 기대 수준에 미치지 못하고 있고, 이로 인
해 부채비율이 지속적으로 증가하는 등 재무구조가 악화되는 데 기
인한다. 에너지 자원의 불모지인 국내 현실을 감안한다면, 장기적이
고도 안정적인 에너지 자원 확보 차원에서 해외 에너지 자원에 대한
의존도가 높을 수밖에 없다.

아울러 산업 특성상 사업의 수익성이 적정 수준에 이르기까지 비교적 오랜 기간이 소요될 수밖에 없다. 설상가상으로 최근 전 세계적인 원유가격 하락으로 인해 국내 에너지·자원사업 업체들은 이전의 원유가격과 그 예측을 바탕으로 수립한 사업계획의 대폭적인 수정이 불가피해진 상황이다. 배럴당 USD 100 이상이었던 원유가격이 USD 50 이하로 떨어지고, 이마저 하향과 상향의 기로에 서 있다. 현재 상황에서는 원유가격이 예전의 수준으로 높아지지 못할 것이라는 예상이 우세하다.

전 세계적 에너지 자원의 수요 전망도 여의치 않은 실정이다. 글로벌 경기침체로 말미암아 글로벌산업의 가동이 예전 같지 않은데, 특히 해외 에너지 자원 의존도가 높았던 중국은 긴축경제 정책과 산업 둔화 동향 등으로 에너지 수요가 당분간 줄어들 분위기다. 또한 세계 에너지 산업전망은 화석연료 중심에서 친환경적이면서도 효율성이 높은 태양광, 풍력 등 이른바 신재생에너지에 대한 의존도가 높아지는 추세다.

이러한 사정은 국내도 별반 다르지 않다. 2015년 정부가 발표한 제7차 전력수급기본계획을 살펴보면, 온실가스 배출 억제를 위해 탄소 최소화를 지향하는 전력 에너지원 구성을 기본 방향으로 삼고 있다. 이는 신재생에너지를 적극적으로 육성하는 한편 에너지 수요관리를 강화하는 것이라고 볼 수 있다.

외부환경의 변화요인에 더해 국내, 특히 에너지 공기업의 해외 에너지·자원사업이 겪는 난관은 더 있다. 바로 내부의 사업 운영 효율성 문제다. 해외 에너지·자원사업 추진과정에서 겪는 현지 인허가 취득 지연, 사업 추진 지연 등은 예상치 못한 사업비용 증가를 초래하고, 이로 인해 사업수익성은 악화일로에 놓이게 된다. 또한 사업 준비과정에서 사업 타당성 분석이 치밀하게 이루어지지 않거나 투자 심의결정 프로세스에 대한 이해 부족, 투자 이후 투자자산 및 회사에 대한 효과적인 관리 부족 등도 '도전적 요소'를 가중시킨다. 이러한 해외 에너지·자원사업에 대한 대내외적 도전은 종전의 투자사업뿐만 아니라 미래 예상 투자사업의 지속가능성을 한층 제고하기 위해 혁신적이고도 전략적인 접근과 실행을 요구하고 있다.

에너지·자원산업과 IT 산업의 융·복합

최근 '6차 산업'이라 일컬어지는 산업간 융·복합이 화두다. 이는 산업간의 협업을 강조하는 것으로, 상호보완을 통한 상생과 발전을 지향한다는 협의와 함께 추가적인 융합 시너지 창출로 각각의 산업을 종전과 다른 새로운 산업으로 창조해내는 광의를 포함한다. 즉 단일 산업들이 성숙화되면 원래의 기능이나 관행과는 다른 복합적이고 차별적인 연계를 시도하게 되는데, 이것이 산업 전반에 새로운 변화를 견인하게 된다.

융·복합을 말할 때 가장 일반적인 것이 IT 기반 기술과의 융·복합이다. 산업 간 미래 융·복합 시대가 도래하면서 전통산업의 경쟁력은 IT와의 융합을 통해 정보화·첨단화·지능화를 실현할 수 있을 뿐 아니라, 해당 산업 자체의 효율화와 고부가가치화를 도모할 수 있다. 이는 구체적으로 해당 산업의 사업 운영 패러다임을 혁신시킴으로써 현실화되며 에너지·자원분야도 예외는 아니다. 석유와 가스를 포함해 에너지 · 자원사업은 전통적으로 아날로그 형태의 탐사 · 개발 · 생산 · 운송 · 판매에 초점을 두었다. 하지만 이러한 아날로그식 사업추진은 '하이 리스크 하이 리턴High Risk High Return'이라는 경영진의 마인드에서 비롯되는 경우가 많았다. 이는 결국 높은 리스크를 감수하는 방향의 의사결정으로 이어져 미래 사업의 불확실성을 높일 뿐만 아니라 리스크에 노출되어온 것이 사실이다.

이에 대해 대다수의 석유 · 가스 사업 경영진은 상류(개발 · 탐사 · 생산), 중류(운송 · 저장), 하류(정제 · 물류 · 판매)부문을 포함해 운영의 효율성을 높여 고부가가치를 실현할 수 있는 경영전략을 고민해왔다. 상당한 양으로 축적된 대내외 데이터와 정보를 제대로 분류하고 정밀하게 분석하는 작업을 통해 미래에 닥칠 리스크와 시행착오를 미연에 방지하면서 초기의 사업목표를 성공적으로 실현할 수 있도록 운영 패러다임을 변화시킬 시점을 맞이한 것이다.

이를 통해 상류부문의 탐사, 개발 및 생산은 안전하고 안정적인 시추 · 운전뿐 아니라 지금껏 시도하지 못했던 지역에서의 에너지 자원 개발사업도 가능하게 할 것이다. 중류부문에서는 파이프 및 운송 네트워크를 더 효율적으로 관리할 수 있고, 궁극적으로 통합을 가속화하는 전기를 마련할 수 있다. 하류부문의 정제와 물류 또한 생산과 관리의 괴리현상을 없앨 수 있으며, 축적된 회사와 시장정보를 사전에 분석함으로써 판매 역시 효과적으로 향상시킬 수 있다. 석유 · 가스업체는 이 같은 과정을 통해 새롭고 차별되는 지역에서 새로운 서비스와 제품뿐만 아니라 새로운 사업을 창출해 창조적인 경영을 도모할 수 있다.

산업의 융 · 복합은 기본적으로 새로운 것, 차별화를 추구하는 과정에서 나오는 산물이며, 운영의 패러다임이 성숙화되는 과정에서 향후 금융·제조·소비재 등 타 산업들과의 융·복합 또한 보다 가속화될 것으로 예상된다. 최근 석유·가스업계는 저유가 기조, 에너지·자원산업의 사업 방향성 변화의 시기를 맞이해 이중고를 겪고 있지만, 그렇다고 외부환경에서 오는 충격에 대해 관망하며 기다리자는 자세로 대응할 수는 없다.

타 산업과의 융·복합을 통해 사업 운영의 취약점을 보완하고, 앞으로 다가올 전 세계 에너지·자원산업과 시장을 사전에 예측하고 대비할 필요가 있다. 과거 기업 중요 자산의 한 축이었던 데이터와 정보에 대해 간과하거나 제한적인 활용에 머물렀던 것에서 벗어나 데이터를 새로운 안목으로 접근해야 한다. 즉 이미 축적되어 있거나 향후 수집될 데이터와 정보를 적재적소에 치밀하게 활용할 수 있도록 경영시스템을 구축해야 하며, 이를 경영의 인사이트로 발전시켜 최종 경영 의사결정에 효과적으로 접목시켜야 한다.

에너지·자원산업과 IT 산업과의 융·복합에서 IT 산업에 내재된 기술의 활용은 최근 에너지 자원 업계가 겪고 있는 사업 운영의 어려움을 극복할 수 있는 계기를 마련할 수 있을 것으로 보인다. 최근 정부가 추진하고 있는 에너지 신산업의 육성 및 활성화가 좋은 사례다. 에너지의 효율화와 수요관리라는 정부의 정책적 목표하에 기존 에너지산업을 초월한 에너지 신산업 창출에 있어 ICT 산업과의 융·복합은 결정적인 요인으로, 많은 에너지·자원업계가 동 산업에 적극적인 사업 참여를 모색하고 있다. IT 산업의 요체인 IoT에 대한 적극적인 활용은 에너지·자원업계의 경영 효율화를 제고시킬 뿐 아니라 궁극적으로 기업의 가치를 제고시킬 것으로 기대된다.

IoT를 통한 석유 및 가스산업 혁신

IoT는 대량의 데이터 및 정보를 IT 기술의 활용을 통해 기계·설비·장치, 그리고 사용자가 인터넷으로 서로 연결해 정보를 생성·수집·공유·활용하는 기술이다. 소위 '4차 산업혁명'이라 일컬어지는 IoT는 전 세계 산업과 비즈니스에 혁신의 기회를 주고 있다. IoT 산업의 대표주자인 미국의 GE는 제조업은 물론 에너지·자원 분야에서도 사업을 전개하고 있는데, 대표적인 사례가 영국의 대표적인 석유기업인 BP와 원유개발사업 부문에서 협력한 것이다.

BP는 석유·가스 개발사업 추진시 IoT를 활용함으로써 탐사·개발·생산 등 상류사업 부문에서 사전 매장량 추정과 시추 가능성 분석, 시추 단계의 손실 최소화와 안정적인 생산성 확보 등을 모색하고 있다. 또한 석유 및 가스의 생산성을 조절하기 위해 잠재 수급처의 수급가능 물량과 가격 등 데이터를 사전 분석해 효율적인 영업을 시현하고 있다. 또 다른 사례는 미국과 캐나다를 잇는 송유관 건설사업의 중류사업부문이다. 최근 캐나다와 미국을 연결하는 송유관 파이프라인의 건설허가 과정에서 원유누출 안전 문제, 지역환경 오염 가능성, 사업자 간 운영효율성의 문제가 대두되었다. 이에 양국 간 송유관 건설과 운영의 효율성 제고, 사업의 통합과 안정적 유지관리를 향상시키기 위해 운영기관 및 IT 기업 간 IoT 분야에서 협력해 적극 활용할 예정이다. 즉 중류사업 부문에서 데이터 및 정보의 사전 수집과 분석 활용을 통해 운송망 운영(경유지역과 최적의 거리 등)을 기획·통합해 사업을 추진하고 관리할 수 있게 하는 토대를 마련하고 있다. 아울러 파이프의 누출 가능성을 사전에 인지함으로써 교환이나 수

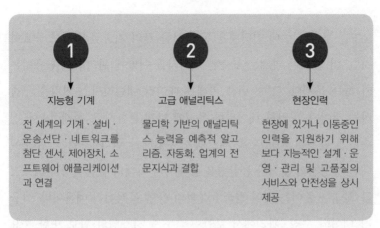

그림 1 산업적 인터넷 활용의 핵심 요소

①

지능형 기계

전 세계의 기계·설비·운송선단·네트워크를 첨단 센서, 제어장치, 소프트웨어 애플리케이션과 연결

②

고급 애널리틱스

물리학 기반의 애널리틱스 능력을 예측적 알고리즘, 자동화, 업계의 전문지식과 결합

③

현장인력

현장에 있거나 이동중인 인력을 지원하기 위해 보다 지능적인 설계·운영·관리 및 고품질의 서비스와 안전성을 상시 제공

출처: GE, Industrial Internet whitepaper(2012)

리 조치를 할 수 있어 사업의 안정성 확보는 물론 정치·사회적인 불안까지도 미연에 방지할 수 있도록 했다. 정제나 판매에 있어서도 정제설비에 대한 유지보수의 타이밍을 사전에 인지해 설비와 부품 등의 사전적 대체, 교환 등 공정의 아이들링idling과 중단을 방지할 수 있다. 또한 판매 제품의 공급량과 시장 점유, 판매 중점지역 등에 대해 경영진에게 인사이트를 제공함으로써 마케팅 및 영업에 대한 선택과 집중을 가능하게 했다.

IoT의 활용은 결국 에너지·자원산업 업체에게 자원의 효과적 배분, 비용의 절감과 분산된 정보의 최적화된 활용을 통해 경영의 전 부문, 즉 생산, 영업, 마케팅, R&D, 재무·회계 등의 부문에 혁신적인 해결책을 주고 있다.

에너지 · 자원 기업, 이렇게 변해야 한다

IoT를 구축하는 데 인터넷을 통한 사물 간의 기술적 연결도 중요하지만, 더 중요한 과제는 구축된 데이터를 어떻게 관리하고 활용하는가 하는 문제다. 그 첫 번째 과제는 데이터 애널리틱스 역량을 구축하는 것이다. 다양한 데이터를 목적에 맞게 분류하고, 적재적소에 신속하게 활용될 수 있도록 시스템을 수립해야 한다. 사업 각 부문에 대한 경영진의 분석과 통찰력을 증대시켜 미래의 불확실성과 리스크를 최대한 줄이는 것이 결국 IoT와의 융합 목적이기 때문이다. 아울러 데이터 수집 · 관리에서 보안cyber security 시스템의 확보 또한 중요한 미래 과제다.

최근 국내 에너지 · 자원 기업들은 여러 대내외 여건으로 경영의 어려움과 미래 불확실성을 동시에 겪고 있다. 모범적인 경영best practice과 운영의 최적화operational excellence를 시현하기 위해서는 기업의 내적 역량과 변화하는 대외환경을 효과적으로 조화시키는 경영전략을 수립하고 실행해야 한다. IoT 기술과의 융 · 복합과 데이터 애널리틱스 역량의 구축이 에너지 · 자원산업을 변모시키는 시작점이자 돌파구가 될 수 있다.

송태인 전무 | 딜로이트 안진 | 에너지 및 자원산업 리더

308

'신재생'을 필두로 한
산업부문 간 가치사슬 수행

고통스러운 '전환'의 시대, 기회는 있다

2008년 미국에서 시작된 경기침체는 유럽을 거친 후 2015년에는 중국으로 그 중심을 옮겼다. 2015년 11월, 모건스탠리투자운용 이머징마켓 대표 루치르 샤르마Ruchir Sharma는 2016년까지 지속될 중국 경기둔화가 글로벌 경제성장률을 2% 아래로 끌어내릴 것이라고 내다봤고, 국제통화기금IMF은 중국이 신성장모델로 전환하는 과정에서 어려움을 겪고 있다고 진단했다.

그 말처럼 중국경제는 전환의 과정을 겪고 있다. 지난 30년간 이룩한 고도성장의 한계를 극복하기 위해 중국이 발표한 '중국제조中國制造 2025'에서 리커창 총리는 "제조업은 여전히 중국의 우위산업이다. 중국제조 2025를 통해 혁신을 추진하고, 스마트화, 기반 강화, 녹

색발전을 견지함으로써 '제조대국'에서 '제조강국'으로의 전환을 촉진시켜야 한다."라고 피력했다.

하지만 전환의 과정은 고통스럽다. 전환을 겪고 있는 중국발 경기침체 우려가 우리나라 경제에 미치는 영향이 지대하다. 이러한 전환기의 '고통'은 에너지 시장에서도 목격되고 있고, 우리에게 미치는 영향이 중국 못지않게 클 것으로 예상된다.

자원가격 하락과 에너지 전환

국제 유가 하락이 장기화되고 있다. 〈파이낸셜 타임스〉에 따르면 국제 유가 하락으로 관련 기업들이 투자를 유보한 규모가 무려 2천억 달러(약 234조 원)에 이른다고 한다. 이는 관련 산업의 침체로 이어져 글로벌 경기침체 요인이 된다.

전문가들은 이러한 유가 하락을 단순한 가격 변동이 아닌 에너지 전환과정의 한 단계로 분석하기도 한다. 경제사학자인 론도 캐머런 Rondo Cameron에 따르면 20세기 자원개발과 관련해 가장 중요한 발전의 하나로 에너지의 성격과 원천에 근본적인 변화, 즉 석탄에너지가 석유에너지로 대체된 것을 들고 있다. 19세기에는 석탄이 목재의 대체자원으로 공업화 과정의 가장 중요한 에너지원이었으나, 20세기에는 석유가 석탄을 대체하는 새로운 에너지원으로 대두되었다. 석유는 19세기 말에 내연기관이 개발되면서 이용 범위가 확대되었고, 전기의 생산과 난방에서 석탄과 경합하다가 20세기 중반 합성제품과 플라스틱제품 생산의 원료로 새로운 중요성을 확보했다.

310

21세기 현재 셰일가스가 석유와 치열한 전쟁을 치르고 있다. 석유는 가스와의 전쟁을 위해 유가 하락을 선택한 것이다. 하지만 이러한 전환으로 우리나라가 고통을 받고 있다. 전체 수출품목의 17% 이상이 석유제품인 한국은 유가 하락 장기화가 미치는 영향이 심각할 수밖에 없다. 2014년도 우리나라 기업의 매출액은 사상 최초로 감소했다. 통계청이 발표한 '2014년 기업활동조사'에 따르면 금융보험업을 제외한 국내 전체 기업 매출액은 2,231조 원으로 2013년 대비 1.2% 줄어든 것으로 나타났는데, 제조업의 부진이 원인이었다. 제조업 매출은 3.8% 줄었는데, 이는 대부분 석유정제·화학·전자·통신장비 등의 산업 분야에서 발생한 것이다.

CO_2 감축을 위한 배출권과 신재생에너지

이러한 와중에 탄소배출권은 우리 기업에 큰 부담이 되고 있고 그 영향은 점점 커질 것으로 예상된다. 현재 국제 탄소배출권 시장은 공급과잉으로 인해 온실가스 배출량 감축에 크게 기여하지 못하고 있다. 배출권 거래시장은 온실가스를 기준량 이상으로 배출하는 업체가 온실가스 배출권을 다른 업체에게서 사들임으로써 자연스럽게 온실가스 배출을 줄이고자 만들어졌다.

그러나 경기침체가 장기화되고 배출권 구매 수요가 줄어 배출권 가격이 낮아지면서 그 기능이 약화되었다. 다만 최근에 미국과 중국이 적극적인 온실가스 감축을 선언하면서 온실가스 감축 압력은 점차 증가할 것으로 예상된다.

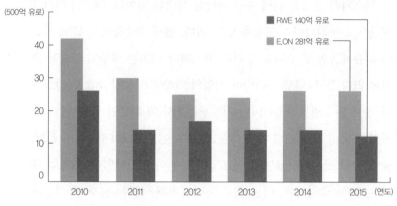

그림 1 독일의 대표적 전력기업 RWE와 E.ON의 주가 추이

출처: 한전 경영경제연구원(2015)

신재생에너지 투자가 상당한 수준에 이른 국가는 전력 거래시장의 가격 변화 때문에 화석연료 발전에 대한 신규투자가 억제되고 있다. 2014년 유럽 내 주요 국가별 전력 도매시장의 평균가격이 2013년도에 비해 최고 22%까지 하락했다. 독일의 경우 신재생에너지가 전체 전력공급의 상당 부분을 차지하게 되면서 한낮 전력 피크 수요를 태양광이 담당하게 되었고, 전체 전력 도매가격이 2013년 약 37.8€/MWh에서 2014년 32.8€/MWh로 하락했다. 특히 가장 높은 가격대를 형성하는 한낮 전력가격이 낮아지면서 기존 화력발전의 수익성이 급속히 악화되었다.

〈그림 1〉과 같이 화력발전 전력회사의 주가가 지난 5년간 절반 이하로 하락했다. 석탄을 이용한 발전이 가장 비용 효율적인 발전방식이지만 신재생에너지를 우선시 하는 정책과 CO_2 배출권과 신재생 보조금의 결합으로 석탄이 시장에서 퇴출되고 있기 때문이다. 이러

한 현상이 확산되면서 신재생에너지 발전을 통해 성장을 모색하는 기업들이 늘고 있다.

성장하는 신재생에너지사업

이탈리아의 신재생에너지 전문기업인 에넬그린파워Enel Green Power (2014년에 매출 29억 9,600만 유로, 영업이익 10억 2,100만 유로, 당기순이익 5억 2,800만 유로)는 라틴아메리카로 신재생에너지사업을 확장해서 분기매출이 13% 상승했다. 발전 용량은 9.8GW로 약 10% 증가했다. 이러한 성장은 태양에너지가 풍부하고, 안정적인 규제환경(장기 전력구입계약과 신재생에너지 보조금)을 제공하는 라틴아메리카 지역에 발 빠르게 진입했기 때문이다. 이 기업은 그동안 라틴아메리카와 북아메리카에서 신재생에너지사업을 확장하면서 약 88억 유로에 달하는 자본 투자를 이 지역에서 수행했다. 그러나 이러한 성장은 단지 남미만의 현상이 아니라 발전원별 구조적인 전환의 문제임을 주시해야 한다.

미국 에너지정보국이 예측한 발전원별 비용에 따르면 미국의 2020년 태양광발전의 원가가 114.3원으로, 석탄발전의 115.7원보다 낮은 것으로 예측되고 있다. 지금도 고도가 높고 연강수량이 400mm 이하인 남미 지역의 태양광발전은 기존 발전비용에 육박하고 있다. 〈표 1〉에서 특이한 점은 가스발전의 비용이 특히 낮은 72.6원으로 예측되고 있는 것인데, 이는 셰일가스 개발로 인한 연료비 하락 때문으로 분석된다.

표 1 2020년 전기 생산을 개시하는 발전소들의 평균 평준화 발전비용(2013년 $/MWh 기준)

발전소 유형	발전 용량	평준화 자본 비용	고정 운영비· 유지비	변동 운영비· 유지비 (연료비 포함)	전송 설비 투자비	총 평준화 발전비용	보조금	보조금 포함 총 평준화 발전비용
필요에 따라 발전량 조절 가능								
석탄발전								
일반 석탄발전	85	60.4	4.2	29.4	1.2	95.1		
고급 화력발전	85	76.9	6.9	30.7	1.2	115.7		
천연가스발전								
일반 가스발전	87	14.4	1.7	57.8	1.2	75.2		
고급 가스발전	87	15.9	2	53.6	1.2	72.6		
고급 원자력발전	90	70.1	11.8	12.2	1.1	95.2		
필요에 따라 발전량 조절 불가능								
풍력	36	57.7	12.8	0	3.1	73.6		
태양광발전	25	109.8	11.4	0	4.1	125.3	−11	114.3
태양열발전	20	191.6	42.1	0	6	239.7	−19.2	220.6

출처: US Energy Information Administration, Annual Energy Outlook(2015)

우리의 경쟁력은 어디쯤에 있는가?

석유에서 가스로의 에너지 전환, 신재생 우선 정책과 결합한 배출권·신재생보조금 제도로 인해 발전시장이 전환되며 가스와 신재생에너지의 경쟁력이 높아지고 있다. 한화와 같은 태양광 선도기업은 이러한 변화의 흐름을 타고 가시적인 성과를 내기 시작하고 있다. 신재생에너지 분야는 혁신기업에 의한 초기 진입국면을 지나 급속한 확장국면을 앞두고 있다.

　비용우위를 향한 치열한 경쟁과 시장확대 전략이 기대되는 상황에서, 언급한 에넬그린의 사례에서 우리가 주목해야 할 특징을 발견할 수 있다. 하나는 전력산업이 가진 느린 의사결정 조직구조에서 벗어나기 위해 에넬이라는 기존 전력사업자가 아닌 에넬그린이라는 별도 신재생 전문기업을 두었다는 점이다. 최근 독일 E.ON도 발전부문과 송변전 및 신재생부문으로 회사를 분할했다. 두 번째는 에넬그린이 이탈리아 내에 머물기보다는 아프리카나 남미 등 해외사업을 적극적으로 벌여 각 지역의 신재생자원(바람·햇빛)과 국가별 신재생지원정책을 적극 활용했다는 점이다. 마지막으로 신재생금융, 신재생건설, 신재생발전운영부문으로 이어지는 신재생을 위한 가치사슬^{value chain} 모두를 수행하면서 가장 경쟁적인 발전비용을 달성했다는 점이다. 이제 신재생은 비용우위의 경쟁 단계에 들어섰다. 글로벌 에너지전환 과정에 적응하기 위해 변화하고 있는 우리의 기존 전력사업자들도 미래 사업적 관점에서 신재생에너지분야에 적극 나서야 할 때다.

강동호 상무 | 딜로이트 안진 | 전력산업·지속가능경영 리더

10부

의료:
2020년 의료와 생명과학 전망

2020년의 헬스케어 및 생명과학 업계에 대한
10가지 도발적인 예측을 정리한다. 각각의 예측은
환자, 의료 전문가, 생명과학 업체 및 연구기관의
새로운 세계에서의 행동양식을 생생하게 제시하고 있다.

디지털 의료로
까다로운 소비자를 만족시키다

낙관적 관점을 견지한 2020년에 다가올 미래

영국 딜로이트 센터 포 헬스 솔루션이 지금까지 해온 연구는 정확한 근거에 기반한 오늘날의 도전과제와 가까운 미래에 대한 솔루션에 주로 초점을 맞추어왔다. 아마도 우리의 관점을 드러내는 데 있어 조심스러웠다고 할 수 있다.

하지만 여기서는 완전히 다르다. 의도적으로 미래 예측에 도전했으며 심지어 도발적이다. 우리의 연구는 업계의 트렌드, 다양한 사건들, 작지만 대담한 발전들에 대한 관찰에 근거한다. 이러한 흐름이 2020년을 넘어 계속 가속된다면 오늘날과는 매우 다른 미래를 보여주게 될 것이다. 헬스케어 및 생명과학 업계의 경영진은 종종 "우리의 미래 시장의 도전과제를 제시해주는 보고서가 있습니까? 다음 달전략 미팅에서 제시할 몇 가지 인사이트, 도전과제, 그리고 도발적인 의견이 필요합니다."라고 종종 요청하곤 한다. 본고는 이 요청에 대한 우리의 대답이다.

여기서 2020년의 헬스케어 및 생명과학 업계에 대한 10가지 도발적인 예측을 정리한다. 각각의 예측은 환자, 의료 전문가, 생명과학 업체 및 연구기관의 새로운 세계에서의 행동양식을 생생하게 제시하고 있다. 비록 업계의 많은 사람이 여러 가지 규제와 느린 변화 속도 때문에 미래에 대해 부정적임을 알고 있지만, 우리의 예측은 미래에 대한 낙관적 관점을 견지하고 있다. 우리는 2020년을 향해 나아가는 주요 트렌드와 극복이 필요한 몇 가지 제약을 기술했다. 또한 여러 곳에서 수집한 근거자료와 사례를 제시한다.

2020년의 의료 소비자*

2020년의 개인은 자신의 유전적 특성, 현재 가진 질병과 생길 수 있는 질병, 받을 수 있는 치료에 대해 잘 알고 있다. 자신이나 가족에 대한 의료 서비스와 그 결과에 대한 기대가 최대치에 달한다. '수치화된 자아'가 예방 개념을 수용해 건강을 유지하기 위한 시간·에너지·돈을 투자한다. 아플 때는 구체적으로 치료를 요구하며, 비용을 기꺼이 지불할 의향도 충분하다. 환자는 선택권이 있고, 최상의 치료를 자신에게 편한 시간·장소·비용에 맞게 받을 수 있도록 자신과

---

* 여기서부터의 모든 내용은 2020년에 대한 예상이며 허구다.

320

서비스 공급자에 대한 정보를 이용하는 진정한 의미의 소비자다.

2020년의 세계는 다음과 같을 것이다.

- 의료기관이 소셜 미디어를 통해 환자와 교류하며, 환자의 니즈를 정기적으로 파악하고 환자의 예산과 의료적 필요에 맞는 상품과 서비스로 유도한다.
- 온라인 환자 커뮤니티가 급속히 성장해 크라우드소싱 데이터의 풍부한 원천이 되고, 의약품과 의료 서비스에 대한 평가 시스템을 갖춘다.
- 이런 커뮤니티의 환자 간 대화를 고급 애널리틱스로 분석해 정보를 모으고, 어떤 진료가 최상의 결과를 가져오는지 알게 되며, 의약 관련 메시지 전달과 서비스를 실시간으로 맞춤화할 수 있다. 또한 인플루엔자와 같은 질병을 조기에 경고할 수 있다.
- 기업과 정부가 환자, 병원, 보험회사의 커뮤니티와 협력해 베스트 프랙티스 및 비용 효과적인 치료를 파악한다.
- 협력과 협조를 통한 새로운 공급자 및 산업모델이 비용을 줄이고 치료를 개선한다.

2020년에 해결된 문제들은 다음과 같다.

- 소비자 스스로 건강을 책임져야 한다는 인식이 확산된다. 건강한 습관에 대한 장려책, 예를 들어 의료비용 보조나 세금 인하 등이 자리 잡는다.
- 데이터의 보호와 보안이 우려되지만 데이터 공유의 혜택에 대한

이해도 늘어난다.

- 보험사와 서비스 공급자가 난치병 환자를 수용해 새로운 치료 과정을 개발할 애널리틱스와 프로그램 등에 투자한다.
- 웨어러블 기기에서 산출된 전자 의료정보 사용에 부정적이던 의사들이 점차 이 기술의 개발과 개선에 적극 관여한다.
- 선진국 환자 대부분이 자신의 전자의료기록EHR을 이용하며 공유 상대방을 결정한다.

2020년 환자의 일상

메리는 유전자 검사를 통해 본인도 유방암으로 돌아가신 어머니와 같은 유방암 인자가 있어 위험하다는 사실을 알게 되었다. 더 큰 걱정은 최근 몸무게가 늘어 당뇨를 관리하기가 더 어려워졌고, 유방암 위험도 더 커졌다는 사실이다.

이 모든 일은 메리가 중병에 걸린 어머니를 돌보려고 직장을 그만두면서 먹는 것을 낙으로 삼았기 때문이었다. 스마트폰 앱으로 측정한 건강 데이터는 상태가 악화되고 있다는 것을 보여주었다. 게다가 당뇨 전문 간호사가 지난 세 달간 그녀의 건강 데이터, 특히 집에 있는 체중계에서 보내는 정보를 보고 그녀에게 병원에 오라고 2주마다 메시지를 보내고 있다.

메리는 최근 개발된 체중관리 효과가 있는 신약이 그녀의 2형 당뇨에 좋지만, 체질량지수를 허용 수준 아래로 내리지 못하면 사용 자격이 안 된다는 사실을 알고 있다. 그녀는 온라인 지원 그룹과 스마트폰의 '살빼기'게임 앱이 체중을 줄여주고 건강 리스크를 완화시켜주길 바란다.

2020년 제약회사 마케팅 매니저의 시각

신설된 소셜 미디어 부서를 지난 3년간 운영했으며, 주요 브랜드 출시 지원에 주목할 만한 성과를 거두었고, 뉴미디어 관련 포상도 몇 건 받았다. 이 부서는 환자와 보험회사에게 이전보다 더 탁월한 신약과 서비스 패키지의 효험을 홍보하면서 환자가 올바른 습관을 갖고 건강을 유지하도록 해 비용절감을 유도한다. 또한 환자, 의사, 제약회사 간에 새로운 신뢰관계를 형성하는 업무도 맡고 있다.

미래에 대한 현재의 증거: 환자들은 점점 소비자가 되고 있다

신규 진입자가 의료업계를 바꾸고 있다. 일례로 미국 유통매장은 소비자의 수요에 대응해 서비스를 확대함으로써 중요한 의료 서비스 제공자로 부상하고 있다. 이들은 1차 진료의사를 찾기가 힘든 상황에서 백신 접종, 검사, 만성질환 관리 등의 서비스를 저렴하고 빠르고 편리하게 일주일 내내 24시간 제공한다.

이런 유형의 클리닉이 지역의 의료 시스템과 연계하거나 제휴를 맺어 데이터를 공유하고 환자의 전자의료기록에 접근할 수 있게 되었다. 소비자는 예약할 필요 없이 방문 사유를 디지털 스크린에 입력하면 임상 간호사나 의료 보조자와 곧바로 만날 수 있다. 예를 들어 2014년 10월 월마트는 보험이 없거나 충분치 않은 사람이 많으며 만성질환자나 의료 서비스에 접근하기 어려운 지역과 월마트 직원 수가 많은 지역으로 한정해 몇 군데 클리닉을 새로 열었다. 진료비용은 시장 평균의 절반가량인 40달러이며, 미국 월마트 직원 및 가족이 회사의 보험에 가입한 경우는 4달러다. 임신 테스트는 3달러, 콜레스테롤 테스트는 8달러다.

2020년의 의료 서비스 제공 시스템

환자들은 많은 의료 서비스를 집에서 받게 된다. 진료 장소는 클리닉이나 병원으로 제한되지 않는다. 디지털 의사소통이 일반화되면서 환자와 의사 간의 접촉이 가상현실에서 이루어지고, 멀리 있는 환자에게 의료 서비스 제공이 가능해진다.

전문 의료기관은 외상·응급치료에 집중하고, 각 1차 의료기관이 대부분의 선택적 수술을 맡게 되며, 만성질환과 장기질병은 지역사회가 관리한다. 책임 의료기관이 특정한 환자집단에 의료 서비스를 제공해 집단 리스크를 책임진다. 장기건강보험, 공동 예산, 균일 할당, 개인의료 예산 등의 새로운 의료비 지원모델이 생긴다.

2020년의 세계는 다음과 같다.

- 여러 종류의 웹 통합 무선 모니터링 기기로 웹 기반 포털을 통해 합법적이고 비용처리가 가능하도록 환자-의료진 간 상호작용한다.
- 물리적 검진이 가능한 디지털 진단도구의 지원을 받는 원격진료를 통한 정기적 접촉이 가능해져 병원에 오가는 시간, 대기시간, 불편이 크게 줄어 의료 생산성이 대폭 개선된다.
- 로봇 수술 혹은 로봇지원 수술이 보편화되고, 로봇지원 수술 플랫폼을 활용해 방사선 검사 정보를 사용할 수 있으며, 집도의는 3D 고글을 사용해 수술의 시각화 수준도 높아진다.
- 핵심기술이 완성된다. 예를 들면 의료기구나 인공장기의 3D 프린팅, 식도를 통한 집도로 피부 절개와 흉터가 없는 수술, 심장 장애, 뇌졸중, 마비 환자의 기능을 개선하는 신경세포 이식 등이다.

2020년에 해결된 문제들은 다음과 같다.

- 원격멘토링이 법제화되고 임상적 지원을 받아 원격으로 외과의가 현장 의사나 로봇을 도울 수 있다.
- 원격의료나 모바일의료 솔루션에 대한 의사들의 반감이 줄어들어 규제당국과 자금 담당 기관이 신기술의 효용과 안전에 대한 입장을 분명히 하고, 의사들이 새로운 도구를 이용해 정보를 통합하기가 쉬워진다.
- 환자가 자신의 데이터에 대한 소유권을 가지게 되면서 환자 중심의 치료결과 기반 서비스 모델로의 변화가 일어난다.
- 환자 위주의 진료지침을 만들고, 의사와 간호사는 클리닉을 운영하며 지역사회에 진료 서비스를 제공한다. 한편 1차 진료인은 지역사회와 전문 의료기관에 대면 서비스를 제공해 병원과 지역사회 사이의 단절이 줄어든다.

2020년 환자의 일상

하비에르는 아버지와 같은 암에 걸렸지만 현재 그가 받는 치료방식은 아버지와 다르다. 하비에르는 유명 암 전문병원의 지역 허브에서 받은 수술을 제외하고는 의료 시스템이 가정의료로 바뀌면서 화학치료·물리치료·영양보조치료 등을 모두 집에서 받았다.

가족들도 그에게 일어난 상황을 더 잘 이해하고, 어떻게 도울지도 알게 되어 치료에 더욱 집중하게 되었다. 하비에르와 지명된 간병인은 질문이나 문제가 발생하면 시간과 요일에 관계없이 콜센터와 암치료 안내인에게 도움을 구할 수 있었다.

2020년 디지털 의료 제공자의 시각

최근 이사회에서는 부서 간 장벽을 없애기 위해 다음과 같은 IT 전략 개정에 동의했다.

- 최신 임상 가이드라인에 맞춰 임상데이터의 맥락을 분석하는 지식관리ᴷᴹ 솔루션을 도입해 더욱 효과적인 임상진단과 치료를 가능하게 한다.
- 전자의료기록을 실시간 임상추적 기능과 외래 환자와의 상호작용 기능이 가능하도록 업그레이드한다.
- 이미 이 지역의 600개의 병상을 관리하고 있는 원격 중환자실 모니터링 컨소시엄에 가입한다.

미래에 대한 현재의 증거: 커넥티드 의료의 부상

머시Mercy는 미국에서 다섯 번째로 큰 카톨릭 의료 기관으로, 부족한 중환자 전문 의료인에 대한 솔루션인 세이프워치SafeWatch라는 프로그램을 개발했다. 중환자 전문 의료인인 의사와 간호사가 원격의료허브에서 일하며 중환자실ICU을 24시간 모니터링하면서 이상징후를 포착하고, 문제 소지를 발견하며, 담당의가 ICU에 없을 때는 치료를 지원한다.

이 지역의 다른 병원들도 야간 업무에는 이 서비스를 활용할 수 있다. 실제로 허브에 있는 전문 의료인이 5개 주의 25개 ICU, 450개 병상을 모니터링한다. 그 결과 ICU 사망률이 15~20% 감소했고, 근무시간도 10~15% 줄었으며, 코드블루(응급상황)와 간호사 이직률도 현저하게 줄었고, 환자 만족도도 상승했다.

제약회사가 약물 간 상호작용을 방지하고, 의사의 진단결과 해석을 지원하는 인공지능^{AI} 시스템이 의료계에서 이미 사용되고 있다. 이는 휴대기기에서 사용할 수 있는 포털로, 클라우드 기반의 인공지능 플랫폼 왓슨^{Watson}을 의료 및 의약 분야에 적용하는 기술이 개발중이다. 이를 통해 의사는 진단의 속도·정확성·비용효율을 제고할 수 있고, 증거에 기반한 데이터를 적용한 의사결정 지원을 받고, 개별 환자에게 최적의 치료(약물, 기기, 외과적 처치)를 선택할 수 있다.

2020년의 웨어러블과 모바일 의료기기

웨어러블이 사람들의 삶의 모습과 건강관리 행태를 포착하고 추적하면서 삶의 질이 향상된다. 웨어러블은 광범위하게 사용되고 있으며, 전문 의료 웨어러블(바이오 센서)도 가격 부담이 크지 않다. 인식개선, 자가관리, 예방전략 등에 바탕을 둔 새로운 의사-환자 파트너십은 이전의 권위적 접근법을 대체하고 있다.

2020년의 세계는 다음과 같다.

- 웨어러블의 광범위한 도입이 이미 임계점에 도달했다. 웨어러블은 자발적으로 사용되고, 예방과 건강 유지를 위한 기본적인 도구로 권장된다.
- 차세대 웨어러블 기기는 상호운용이 가능하며, 통합적이고, 참여적이며, 결과중심적이다. 웨어러블 기술은 저렴해졌고, 정교하며, 데이터의 질도 개선되었다.

- 웨어러블은 자세부터 두뇌 활동까지 넓은 범위의 생체신호를 지속적으로 모니터링한다.
- 단순한 치료의 효용이나 안전성 이외에도 삶의 질까지 추적할 수 있다.
- 치료 계획에 '웨어러블'이 처방으로 포함되어 중병 환자를 모니터링하고 의료비용의 통제를 돕는다.
- 생체탐지 기기는 주로 비전통적 의료기업인 스타트업이 장악해 새로운 거대 산업을 창출했고, 아직 최종 승자는 결정되지 않았다.

2020년에 해결된 문제들은 다음과 같다.

- 데이터 수집의 편리성, 데이터의 의학적 정확성, 기기-분석도구 간의 상호운용성이 해결되었다.
- '삶의 질' 측정은 임상실험의 표준으로 자리 잡았다.
- 정보보호가 여전히 우려되긴 하지만, 효과적인 규제와 기업의 홍보로 소비자들은 활동 추적기와 의료 목적 데이터 등의 개인 기기에서 생성된 데이터를 적극적으로 공유한다.
- 환자가 다양한 유형의 데이터를 여러 가지 방법으로 공유하는 법을 배워 데이터를 현재의 표준 전자의료기록에 연결하고, 자신의 의료기록이 정확하다고 확신한다.
- 소비자가 데이터를 직접 관리하게 되면서 복약 준수가 개선되고, 만성질환 관리가 쉬워지며, 공급자 입장에서는 투자수익률이 높아진다.

2020년 환자의 일상

82세인 아낄의 아버지는 거의 움직일 수 없는 데다 치매도 악화되고 있다. 그러나 신기술을 통해 아버지는 집에서 여생을 보낼 수 있다. 아버지가 냉장고를 매일 열지 않으면 알람을 받을 수 있도록 설정해두었다.

아낄도 웨어러블 기기를 이용해 운동·수면·영양 등을 최적화하고, 가장 큰 걱정거리인 천식발작 경고를 받을 수 있다. 천식을 일으키는 요소를 파악해 아낄은 더 건강해졌고, 건강을 유지한 데 대해 직원건강보험이 보상으로 주는 상품권도 받았다.

2020년 제약회사 컴플라이언스 회의

2019년 새로 도입한 치료약 모니터링 기기는 반응이 매우 좋았다. 해당 약을 처방받는 환자들의 수요가 급증한 덕분이다. '케어 시스템'이 진화해 치료약, 웨어러블 기기, 교육 서비스, 소셜 미디어 피드백 고리, 치료 결과 데이터에 대한 보험회사의 반응, 가치 위주의 가격결정 등을 통합했던 시점과 출시시기가 일치했던 것은 거의 우연이었다. 이를 모방한 다른 제품의 출시는 어려워졌다.

미래에 대한 현재의 증거: 바이오 센서 기술의 부상

현재까지 웨어러블 기기는 실용적이라기보다 신기한 물건에 가깝지만, 업계 전문가들은 웨어러블의 상업화 단계가 이미 진행중이라는 데 동의한다. 디자인, 사용편의성, 표준, 개인정보, 가격과 같은 몇 가지 실질적인 과제가 남아 있지만, 헬스케어 서비스 공급자와 업계, 소비자의 관심이 증가하고 있다.

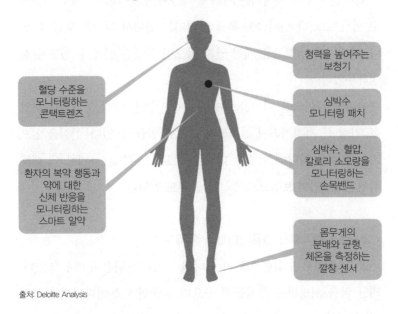

그림 1 웨어러블이 사람들의 건강 상태에 대한 정보와 이해를
어떻게 바꿀 수 있는지에 대한 사례

청력을 높여주는
보청기

혈당 수준을
모니터링하는
콘택트렌즈

심박수
모니터링 패치

심박수, 혈압,
칼로리 소모량을
모니터링하는
손목밴드

환자의 복약 행동과
약에 대한
신체 반응을
모니터링하는
스마트 알약

몸무게의
분배와 균형,
체온을 측정하는
깔창 센서

출처: Deloitte Analysis

이를 보여주는 사례는 다음과 같다.

- 모바일 헬스시장 매출은 2013년 24억 달러에 도달했고, 2017년
  말에는 260억 달러 규모로 전망된다(여전히 글로벌 헬스케어 시장
  의 1% 미만이다).
- 앱의 최고 사용자들은 이미 매달 수억 건의 중요 생체지표를 생
  성하고 있다.

2020년의 빅데이터

많은 국가에서 의료 데이터가 국가 인프라 구축의 우선순위이기 때문에 상당한 자금을 투자한다. 결과적으로 환자 자신과 의사, 의료당국이 의료 데이터를 이용해 진단과 치료 과정을 변경해 치료 결과와 의료 생산성을 개선한다. 제약회사는 환자 및 의료 시스템과 긴밀히 협력해 데이터를 이용한 더 나은 치료법을 개발하고 신속히 출시해 치료 결과의 개선 정도에 따라 가격을 결정한다.

2020년의 세계는 다음과 같다.

- 의료 시스템이 기존 데이터와 새 데이터 원천(예: 전자의료기록, 환자가 제공한 데이터 등)의 가치를 인식하고, 데이터 접근과 공유에 대한 관리체계를 세우고 데이터 제휴관계를 체결하며, 데이터에 근거해 의료 서비스의 제공방법을 변모시키고 있다.
- 의료 데이터의 사용이 국가의 경제발전 정도를 측정하는 기준이 된다.
- 제약회사가 새로운 역량(데이터 관리와 애널리틱스) 및 제휴관계(보험회사와 병원 시스템)를 구축·인수·고용해 신약 후보의 발견부터 가치에 근거한 가격책정까지 가치사슬 전반에 걸쳐 빅데이터를 이용한다.
- 데이터에 기반한 새로운 경쟁자가 과학에만 집중한 R&D 모델을 데이터와 결과에 초점을 맞춘 모델로 와해시킨다.
- 유전자 검사는 유효한 정보로 인정된다.

2020년에 해결된 문제들은 다음과 같다.

- 일반인들이 개인 의료정보를 적절히 사용하면 이득이 된다는 것을 인식한다.
- 막대한 정부 자금이 데이터 접근을 제공하는 IT와 의료 데이터 인프라 구축에 투자되는 동시에 환자 기밀 보호와 환자 데이터 사용의 통제가 이루어진다.
- 환자가 생성한 데이터, 예를 들어 운동량 추적기나 실시간 관찰기기의 데이터의 질과 규제환경이 개선되고, 소비자들의 데이터 사용에 대한 발언권이 강해지며, 데이터 사용에 대한 신뢰도도 높아진다.
- 의사가 환자에게서 실시간 데이터를 받고, 분석도구를 일상적 의사결정을 위한 비교 데이터 분석에 사용한다.
- 제약회사는 의료 시스템에서 좀더 신뢰받는 파트너가 되며 진단, 데이터 애널리틱스, 민간-공공 의료 서비스 제공에서 성공적인 실적을 쌓는다.

2020년 환자 상담

나디아는 30대 후반으로 천식이 너무 심해 1차 진료의가 전문병원에 진료를 의뢰했다. 나디아의 주치의는 그녀의 시계와 스마트폰이 정기적으로 보내는 데이터가 보여주는 것처럼 상태가 악화되고 있다는 점을 우려했다. 그는 또한 나디아의 데이터를 새로운 기상 앱과 연동해 상태가 악화된 시점의 대기오염 수준과 유형을 상세하게 파악했다.

약속된 면담을 준비하는 과정에서 전문의는 미리 의뢰해놓은 나디아의 유전자배열 검사결과 등 그녀의 데이터를 같은 생체표지자 및 환자집단의 리스크 계층화 결과와 비교해보았고, 현재 병원이 실험 중인 성공적인 치료법 중 그녀에게 맞는 치료법이 있을지 찾아보았다. 분석 시스템은 나디아에게 적합한 치료법을 찾아주었고, 전문의는 그녀와 상의해 맞춤 치료계획을 함께 세웠으며, 그녀는 이 계획을 1차 진료의와 공유했다.

데이터 중심의 제약기업

이 회사는 조직의 직능 체제를 조정해 실시간 데이터를 회사의 연구개발, 치료결과 및 개인화된 보상 모니터링의 워크플로우에 통합하는 개편작업을 완료했다. 회사는 현실 데이터 애널리틱스를 위한 혁신센터를 건립하고, 이를 위해 적절한 행동규약을 수립하고, 막대한 양의 내·외부 데이터 관리 및 분석을 위한 직원 훈련을 실시했다. 혁신센터 건립에는 지금까지 회사에 없던 완전히 새로운 부류의 인력이 필요했는데, 데이터의 상업적·과학적·기술적 '노하우'를 결합할 능력을 가진 데이터 과학자를 고용했다.

미래에 대한 현재의 증거: 전자환자기록이 폭발적 성장을 이끈다

약품 제공을 넘어선 포괄적 서비스beyond the pill에 기반한 치료 결과와 실제 데이터가 의료 데이터를 제공하고, 의료의 가능성도 변화시키고 있다(〈그림 2〉 참조).

그림 2 새로운 의료기술 사업모델

공급 측 동인

의료 및 환자 데이터:
전자의료기록, 의료센서, 소셜
미디어, 유전학이 애널리틱스를
위한 새롭고 풍부한 데이터의
원천이 된다.

빅데이터 애널리틱스:
컴퓨터 역량의 비용 하락과 정
교한 애널리틱스가 환자의 행
동, 치료비용, 연구개발에 새로
운 인사이트를 제공한다.

모바일, 모바일 헬스:
무선통신과 스마트폰의 도입 확
산이 일상 정기진료의 새로운
관계 모델을 만든다.

**의료 전문가의
워크플로우 디지털화:**
전자의료기록의 통합과 원격의
료의 증가가 디지털 역량을 갖
춘 새롭고 조직화된 진료인력
모델의 확산을 추진한다.

수요 측 동인

환자 치료결과와 연동된 새로운
사업모델이 등장해 의료과실을
줄이고 서비스 품질을 개선한다.

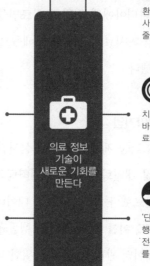

의료 정보
기술이
새로운 기회를
만든다

치료효과에 대한 실제 증거를
바탕으로 표적화·개인화된 치
료법을 발견하고 제공한다.

'단순한 약 처방'을 넘어 환자의
행동에 영향을 미치고, 병원 등
전통적 치료환경 밖에서도 관계
를 유지한다.

환자집단 관리, 프로토콜 기반
의 환자 리스크 집단 및 계층화
관리

출처: Monitor Deloitte

334

2020년의 규제 준수와 환자 안전

2000년대의 체계에 기반한 새로운 규제는 과학과 기술의 융합을 통한 혁신을 장려한다. 와해성 기술이 처방약의 품질, 안정, 효용을 평가하는 데 사용되던 방법과 절차를 바꾸고 있다는 현실을 전 세계 규제당국이 인식하고 이에 적응한다. 2015년에는 약의 제조법이 주로 규제의 대상이 되었지만, 2020년의 규제당국은 환자의 치료결과에 근거한 데이터 중심형 접근법을 도입했다.

2020년의 세계는 다음과 같다.

- 미국 식품의약국FDA과 유럽 의약국EMA이 허브앤스포크hub and spoke 모델을 포함해 조직과 글로벌 연계를 정비하고, 다른 나라도 실정에 맞는 유연한 지도체제를 구축한다.
- 각 국가가 독자성을 유지하면서도 다른 국가의 조사결과나 규제체제를 이용해 산업 투명성을 높인다.
- 빅데이터, 웨어러블, 소셜 미디어, 바이오시밀러의 사용을 위한 규제구조가 도입되며, 환자와 의사를 보호하는 추가적인 통제방안도 생긴다. 승인절차가 빨라지면서 의료상품, 의약품 개발자, 투자자의 위험 회피도가 줄어든다.
- 자가측정, 유전학, 소셜 미디어의 부상, 온라인 환자 커뮤니티의 폭발적 성장으로 규제 당국의 관심이 실제 세계에서의 성과 모니터링으로 이동한다.
- 공통 기술표준이 전 세계적으로 통용되어 약품의 품질을 보증하고, 중복되는 제조공장 검사를 줄이며, 기업이 점점 길어지는 공

급사슬을 관리할 수 있도록 돕는다.

2020년에 해결된 문제들은 다음과 같다.

- 규제당국이 능력 있고 명망 있는 데이터 과학자와 기술자를 고용해 새로운 규제수단을 개발·관리하면서 이전보다 규제절차와 감독이 자동화된다.
- 과학적 발견을 인정하고 환자의 의사결정권을 존중하는 새로운 사회적 계약으로 적극적인 참가자가 늘어나고, 규제와 환자의 안전에 대해서도 더욱 엄격한 접근법이 적용된다.
- 의약품·기기·진단 간의 벽이 낮아지면서 특정 질병군에 대한 '의료 솔루션'이 하나로 합쳐지고, 이런 솔루션이 개발·규제되는 방식에 영향을 미친다.

2020년 환자의 일상

소니아는 최근 류마티스성 관절염 진단을 받아 걱정이 많다. 그녀는 온라인 환자 커뮤니티에 가입해 자신의 병과 현재 사용 가능한 약, 임상실험중인 약에 대한 정보를 제공하는 진단 앱을 다운로드했다. 이런 진단 앱과 소셜 미디어 사이트에 대한 인증 시스템 덕분에 소니아는 스마트폰 앱의 진단 결과를 믿을 수 있었고, 의사가 이를 이용해 그녀의 치료경과를 관찰하는 것도 신뢰하게 되었다. 앱에서는 신약 임상실험에 참여할 것을 권했고, 그녀는 온라인으로 가입했다. 소니아는 규제기관이 안전망을 제공한다는 점을 신뢰하며, 주치의도 그녀의 실험 참여에 대해 즉시 통지받는다는 점을 알고 있다.

2020년 제약회사의 규정 준수에 대한 애널리스트의 시각

규제환경이 갈수록 복잡해지고 각국 규제기관 간의 공조체제가 생기면서 클라우드 기반 인프라를 구축해 업계와 규제 당국이 공유하게 되었다. 이로 인해 비용이 급증하긴 했지만, 이 인프라를 사용하면서 생명과학 기업은 '거대 제약회사'에 비해 우위를 가진 민첩성을 유지할 수 있었고, 규제 결과도 개선되었다. 지금은 기업이 규제 준수를 얼마나 능숙하게 관리하는지가 차별적 경쟁우위를 결정한다.

미래에 대한 현재의 증거: 기술 혁신으로 인한 규제 관련 도전과제 증가

구글의 생명기술회사 칼리코Calico는 눈물에서 혈당농도를 측정할 수 있는 콘택트렌즈 시제품을 개발했다. 렌즈가 측정한 데이터를 인공지능 알고리즘으로 전달하면 알고리즘이 실시간으로 운동, 음식, 기타 혈당에 영향을 미치는 외부요소를 감안해 개별 환자에게 적절한 약물 복용량을 알려주게 된다. 하지만 이 발명은 규제당국이 전에는 다뤄보지 못한 문제를 제기했다. 이런 와해성 기술은 복합성 제품에 대한 기존 임상실험과 마케팅 승인 평가기준 등이 상당 부분 변해야 적용이 가능하다. 예를 들어 알고리즘이 새 환자에 대해 배우면서 치사량의 약물을 처방하지 않도록 하는 통제체계를 규제 당국이 세울 필요가 있다. 규제기관은 복용량 그 자체가 아닌 복용량 처방기준을 승인해야 하며, 연구 결과나 마케팅 승인 요청 등을 평가하려면 새로운 분석능력이 필요할 것이다. 또한 변경 승인절차에 수정된 알고리즘에 대한 검토가 포함되어야 하며, 규제기관이 사이버 보안과 데이터 보호를 할 수 있는 장치가 있어야 한다.

2020년의 연구개발

2020년의 R&D는 제약이 거의 없고 모델은 네트워크화되었으며, 학계 및 기타 제휴관계를 중심으로 진행되고 있다. 내부적으로만 공유하는 연구 결과는 전례 없는 수준으로 줄어들었다. R&D 활동은 여러 제약회사가 중심이 되어 조직화와 통합을 수행하면서 폭넓게 분산되었다.

주안점은 질병의 생물학적·유전적 특성의 이해, 현 의료 서비스의 표준과 비용, 진료지침 등이다. 네트워크화된 R&D는 질병의 예방과 치료를 위한 환자의 적극적 참여를 제약과 기술에 통합하고 있다. 기업의 R&D 전략이 고가치·저물량의 선진시장과 저가치·고물량의 신흥시장을 놓고 경쟁한다.

2020년의 세계는 다음과 같다.

- 제약회사는 R&D 초기 단계에서 이해관계자와 협력하고, 더욱더 빠르게 최선의 R&D 결과를 산출한다.
- 임상실험실이 지역의 병원, 원격모니터링, 의사의 가상방문 등으로 대체된 '연구원 없는 임상실험'이 실험비용을 대폭 낮추고, 지속적 모니터링을 통해 유의미한 데이터의 생성이 늘어난다.
- DNA 염기서열분석 비용이 유전자 프로파일 하나당 50달러 미만이 되어 광범위한 검사와 실험 대상 환자의 효과적 표적화, 맞춤약물과 의료적 개입의 개인화가 가능해진다.
- 환자들이 참여할 실험을 검색하고, 제약회사는 환자 확보, 특히 특징이 뚜렷한 소규모 환자그룹 대상 실험을 위해 경쟁한다.

2020년에 해결된 문제들은 다음과 같다.

- 제약회사가 가장 중요한 과거 데이터와 새로운 R&D 데이터 원천을 우선적으로 처리해, 이 데이터를 효율적이고 일상적으로 이용할 수 있도록 운영모델을 조정한다.
- 방대한 데이터 분석(실험 결과와 유전체학 정보)이 화학적·생물학적 연구과정과 완전히 통합된다.
- 이전에 경쟁하던 분야와의 협력이 일반화된다.
- 규제기관이 변화하는 임상실험 요건을 수용해 임의통제실험RCTs보다 우선하는 새로운 표준을 세운다.

2020년 환자의 일상

존은 방금 희귀암 진단 결과를 받았다. 소셜 미디어 블로그를 통해 실험중인 치료약 2가지 중 한 가지가 치료효과가 높으며, 실험과정에서 환자들에 대한 지원이 원활했다는 점을 알게 되었다. 존은 해당 약의 제조사를 알고 있었고, 의사와 상의해 실험에 참가하기로 결정했다.

2020년 제약회사 경영진 회의

경영진은 어제 회의를 통해 세 건의 제휴계약을 승인했다. 그 중 2가지는 명문 대학의 알츠하이머 연구팀과 맺은 장기 자금지원 계약이다. 다른 하나는 자금력이 탄탄한 실리콘밸리의 소규모 생명기술 회사와 체결한 계약으로, 유전체 데이터를 바탕으로 연구를 진행하는 것이다. 두 번째 계약이 특히 흥미로운데, 실시간 임상실험에 환자들이 온라인으로 동의해 원격 스마트폰 데이터 수집을 통한 상당한 양의 임상 및 행동 관련 데이터를 확보할 수 있게 되었기 때문이다. 규제기관과 보험사도 이 신규 데이터를 수용했다.

미래에 대한 현재의 증거: R&D 네트워크가 부상하고 있다

이제 사업모델은 환자의 치료 결과의 개선을 보여줄 수 있는 복잡하고 고도로 혁신적인 제품을 시장에 제공하는 방향으로 맞춤화되고 있다. 생명과학산업은 외부기관과의 협조하에서만 구할 수 있는 기술과 역량이 필요하다는 현실을 인식하고, 전통적인 M&A와는 다른 형태의 제휴관계를 개발했다. 이런 계약에는 자산 스왑, 제휴, 합작 투자 등이 있는데, 이를 통해 제약회사는 외부기관이 수행한 연구 결과를 이용하고 치료 분야의 기술을 제품의 시장출시를 앞당기는 데 사용하고 있다. 마찬가지로 공중보건에 시급한 위협을 해결하는 항생제와 같은 제품의 개발을 보장할 필요가 있다. FDA와 유럽연합 집행위원회, 혁신적 의약 이니셔티브[MI] 등은 공동출자 임상실험, 보상책 제공 등을 통해 기업과 투자자를 항생제 연구 분야로 복귀시켜 효과적인 신항생제 개발을 장려하는 방안을 찾고 있다. 2014년 7월, 영국 정부는 항균제 내성에 관한 경제적 문제를 포괄적으로 검토하기 위한 대규모 국제적 연구를 시작했다.

2020년의 의약품 상업화모델

처방과 조달과정이 동종 의약품에 대한 '승자독식' 현상을 만든다. 2000년대의 영업조직모델은 더이상 존재하지 않는다. 대신 의료 교육자와 임상적 소통 조율자를 활용한 고객 대면 모델이 등장한다. 제약회사는 다채널 마케팅을 강화해 의료진이 언제 어디서나 정보에 접근할 수 있게 한다. 결과 중심의 상업화모델과 계약모델이 제약회사를 보편적인 임상 서비스 제공과정에 통합시켰다.

이런 변화로 제약 분야의 상업화모델은 지역이 아닌 질병을 중심으로 재형성되었다. 맞춤치료 분야의 전략은 시장 접근성이 최우선이며 판매와 마케팅은 그다음이다. 현지 데이터와 서비스 파트너십은 치료 결과에 따르는 리스크를 공유하고, 이에 따라 의료진과 제약회사가 집단치료결과와 의료예산의 효과적 사용에 대해 동일한 이해관계를 공유한다.

2020년의 세계는 다음과 같다.

- 전 세계적인 고객관계관리^{CRM} 인프라와 의료진의 선호 사항에 대한 이해 덕분에 의료진에게 유의미한 다채널 정보의 맞춤제공이 가능하다.
- 홍보 캠페인은 전 세계적으로 실행되며, 현지에서 세일즈맨이나 교육자가 수행하는 대면 접촉은 크게 줄어든다.
- 제약회사는 리스크와 지역 서비스 관리에 집중하는 지역 관리자와 팀원들과 함께 현지에서의 포괄적 의료 서비스에 참가한다.

2020년에 해결된 문제들은 다음과 같다.

- 제약회사가 의료 서비스 제공과 관계된 리스크를 다루는 방법을 이해하고 수용했다. 무엇이 가능한지에 대한 실험은 이제 성공적

인 장기제휴관계로 진화하고 있다.

- 의료 시스템과 의료진은 이제 제약회사가 의약품과 치료법에 대한 최신 과학기술을 교육하고 제공하는 데 중요한 역할을 한다는 점을 인정하고, 제약회사를 의료 시스템의 필수적이고 긍정적인 요소로 여긴다.
- 수년에 걸친 인수 합병으로 제약회사와 생명기술회사 간의 경계가 불분명해졌다.

2020년 제약회사의 '조율자'

존은 한 제약회사에서 10년 이상 일해왔다. 그동안 거의 모든 것이 변했다. 최신 개발된 약의 효과를 보여주기 위해 병원의 접수대에서 의사를 만나게 해달라고 설득할 필요가 없다. 한 병원의 접수 담당자가 그에게 세 번이나 전화해 현지 최신 실제 데이터 분석과 베스트 프랙티스 치료법에 대한 연구 결과를 보내달라고 요청했다. 존은 웹 세미나에 더 자주 초대해달라는 의사의 요청을 회사에 전달했고, 글로벌 다채널 팀이 이미 조치했을 것이라고 믿는다.

2020년 실무 관리자의 시각

한 실무 관리자의 메모는 다음과 같다. '다음 주 실무회의에 참석해주십시오. 당뇨약 회사의 존을 초대해 우리가 작년에 실시한 당뇨병 관련 프로토콜 변경과 관련된 최신 데이터와 조사 결과에 대해 들어보기로 했습니다. 존이 미리 보낸 자료를 보니 놀라웠습니다. 고객과 접촉하는 프로그램을 늘리고, 젊은 환자에 다른 약을 처방했던 것이 큰 변화를 가져왔습니다. 존과 환자기금에서 지원금을 좀더 많이 받아 활동영역을 넓히는 방안에 대해 논의할 예정입니다. 존의 회사에서 당뇨 전문가도 함께 올 예정이니 이번 세션은 우리에게도 좋은 교육시간이 될 것입니다.'

미래에 대한 현재의 증거: 전사적 수준의 마케팅의 발전

존슨앤존슨Johnson & Johnson은 휴스턴의 텍사스 메디컬 센터에 신생기업 인큐베이터를 개설했다. 텍사스의 제이랩J-Lab(전 얀센연구소) 또한 50여 곳의 생명과학 관련 스타트업을 유치해 교육을 집중적으로 제공할 계획이다. 제이랩 모델은 입주 기업에 부대조건 없는 고정비용만 부과하며, 이 요금에는 자금유치에 관한 자문, R&D 교육훈련 기회, 자원, 의료부문 스타트업 전반에 대한 행정지원 등이 모두 포함된다. 혜택을 받을 수 있는 기업은 제약·생명공학·의료기기·디지털 기업 등이다.

이런 혁신단지를 조성함으로써 직접적으로 개입하지 않지만 존슨앤존슨은 최고의 신기술을 완전 백지에서 끌어내는 데 목표를 두고 있다. 이 인큐베이터에 입주한 스타트업은 존슨앤존슨의 벤처투자부문과 연계될 수도 있다.

2020년의 제약기업의 조직

글로벌 비즈니스 서비스GBS는 모든 백오피스 기능을 제공하는 표준적 모델이다. 이 모델은 재무, 인사, 조달, 부동산, IT, 고객 접촉까지 모두 맡아 가치사슬 전반에 걸쳐 인사이트 도출이 가능한 환경을 만드는 정보엔진이다. GBS는 프로세스를 처음부터 끝까지 책임지고, 통합 공유 서비스 센터와 혁신 센터의 글로벌 네트워크를 관리한다. 이 부서는 풍부한 기술과 애널리틱스 역량, 인재 개발과 프로세스 관리, 실적기준 등을 망라한다. 백오피스가 비즈니스의 신경중추가 되어 제약회사가 진정한 인사이트 중심 조직이 되도록 한다. GBS는 기업 전반에 걸쳐 적절한 비용과 자원분배 결정을 주도하는 핵심 전략적 파트너로 대우받는다.

2020년의 세계는 다음과 같다.

- GBS는 창출하는 가치와 관리하는 리스크에 근거해 평가된다. 중앙통제 센터는 핵심·확장·아웃소싱 과정의 실적, 예외사항, 서비스 수준을 모니터링한다. 프로세스는 완전히 웹 기반 워크플로우로 조직화되어 있고, 자가실행이 가능하다.

- GBS가 거래처리 조직의 차원을 넘어 전사적 애널리틱스 공장이 된다. 회사가 극단적으로 복잡한 상황에서도 효과적 결정을 내릴 수 있도록 핵심적인 사실과 새로운 정보를 지속적으로 제공한다.

- GBS가 시작부터 끝까지 전체 프로세스를 담당해 준법 감시 환경을 단순화한다. 전 세계적인 실시간 준법 감시가 일반화된다.

2020년에 해결된 문제들은 다음과 같다.

- 전사적 자원관리^{ERP}가 드디어 성과를 내고 있다. 시각적 프로세스 관리 및 프로세스 애널리틱스 도구가 광범위하게 사용된다.

- 데이터관리 통합의 제약이 없어져 전 세계 수준에서 내부 데이터

와 소셜 미디어를 포함한 외부 데이터를 일관되게 통합할 수 있
게 된다.

- 이질적인 기술 아키텍처들이 전사적인 클라우드 기반 솔루션으
  로 대체되었다. 규제장벽이 극복되어 비용 효과적이고 확장 가능
  하며 쉽게 배포할 수 있는 이네이블링 아키텍처enabling architecture
  가 공급된다.
- 모든 응용프로그램이 이제 모바일 기기에서 사용 가능하며 기기
  의 종류나 운영체제와 상관없이 쓸 수 있다. GBS가 애널리틱스
  결과를 사용자의 기기로 실시간 전송한다.

2020년 현지 시장관계 관리임원의 일상

한 시간도 되지 않아 새로운 대시보드가 나의 현지실적 관련 주요
데이터를 보여준다. 고객관계관리CRM 결과와 재무·운영 데이터를
함께 검토해 고객 수익성을 더 투명하게 보여주고, 보다 효과적인 목
표고객 설정으로 고객 만족도를 높일 수 있다. 우리의 백오피스 시스
템이 표준화되어 GBS가 시장 전반에 일관되게 적용되는 부가가치
정보를 제공하는 것이 큰 도움이 된다.

2020년 제약회사에 대한 업계 애널리스트의 시각

가상의 제약회사 파마포투데이가 백오피스 지원모델을 마침내 완
성했다는 점을 감안해 주식매수를 추천한다. 이제 파마포투데이는
글로벌하며 군더더기 없고 비즈니스에 필수적인 인사이트 도출을
추진하고 있다. R&D 분야에 구체적 목표를 두고 투자해 기존의 제
품을 되살렸고, 새로 시작한 다수의 프로젝트도 성공적이다. 의료 분

야의 주요 애널리틱스 회사와 맺은 조인트 벤처도 수익을 내기 시작
했다.

미래에 대한 현재의 증거: GBS의 도입

릴리^{Lilly}의 영업직 1만 6천여 명은 클라우드로 일하고 있다. 릴리
의 CTO 마이클 미도우^{Micael Meadows}는 "새 시스템이 나왔을 때 모두
들 반겼다. 사용법이 쉬워서 영업사원들이 금방 적응했다. 예전 시스
템과 비교했을 때 사용자 만족도가 우리가 기대했던, 혹은 바랐던 수
준보다 훨씬 높아졌다."라고 했다. 새 시스템은 IT 비용과 효율성 제
고 측면에서 1년에 수백만 달러를 절감하게 해줄 것이다. 가장 중요
한 것은 영업조직의 효과성 개선에 도움이 된다는 점이다.

2020년의 신흥시장의 새로운 사업모델

미국·일본·서유럽의 전통적 제약시장이 주요 시장으로 남는 가운
데 새로운 사업모델을 요하는 새로운 시장도 커지고 있다. 브라질·
러시아·인도·중국의 브릭스 시장에 집중되었던 시장전략은 남미·
베트남·인도네시아·아프리카 등의 신흥시장이 부상하면서 위협받
고 있다. 이들 시장은 기대하지 않았던 높은 실적을 보이며 새로운 사
업모델을 육성하고, 신약 개발도 주도하고 있다.

제약산업은 신흥국가들이 채택한 다양한 의료 서비스 공급모델에
대응해 전략을 수정하고 있다. 전략은 접근성, 가격 적정성, 치료 결
과에 집중하고 있고, 현지화와 단순한 치료약 제공 이상의 서비스 공

급을 강조하고 있다.

2020년의 세계는 다음과 같다.

- 신흥시장에 대한 통찰과 학습이 새로운 사업모델의 부상으로 이어졌고, 전통시장의 운영과 상업화모델에도 큰 변화를 가져오고 있다.
- 이전에는 복제약 기업만이 활동했던 아프리카와 아시아의 신규 시장이 부상한다.
- 경영진의 다양성이 증가하고, 신흥시장 출신 현지인이 포함되는 것도 보편적이다.
- 제약회사가 이중 브랜드를 만들어 특정 신흥시장에서 현지 적정 가에 맞추는 가격모델을 적용하고, 이를 통해 한편으로는 병행무역을 방지한다.
- 당뇨와 특정 암이 신흥시장의 가장 시급한 의료 문제가 된다. 이는 해결책을 개발해야 하는 모든 이해관계자에게 도전과제가 되고 있다.
- 유전자 재배열을 포함한 변형재생 의약 덕분에 일부 연구 분야에서 신흥국가가 선진국을 뛰어넘었다. 브라질과 중국이 제약 혁신의 중심지가 되어 전 세계 인구 노령화와 합병증 솔루션 개발에 크게 기여하고 있다.

2020년에 해결된 문제들은 다음과 같다.

- 브릭스와 기타 신흥시장에서의 운영을 위한 IP 보호와 규제체제

가 지속적으로 변화해 수용되고 있다.

- 다양한 문화와 법적 환경 내에서 현지 제휴관계를 관리·운영하는 능력이 개선되었고, 제휴관계의 숫자도 임계점에 다다른다.
- 신흥국가 정부가 자국시장 내에서 혁신적 치료법과 세계적 제약기업이 맡은 역할이 있고, 이들이 상호 호혜적 관계를 발전시켜왔다는 점을 인정한다.
- 의료기술이 급격히 발전해 신흥국가가 모바일, 대량 판매, 저비용 서비스에 초점을 맞춘 의료모델을 더욱 유연하게 개발할 수 있다. 이에 대한 대응으로 제약회사는 보다 유연한 환경에 상응하는 맞춤전략을 개발했다.

2020년 신흥시장 매니저의 일상

우리는 현지 병원과 공동으로 새로운 당뇨병 치료 알고리즘을 개발했다. 덕분에 의사 한 명이 거의 2배의 환자를 진료할 수 있게 되었고, 치료의 예측성과 결과도 개선되었다. 우리는 이 알고리즘을 미국과 EU의 동료들과 공유했다. 그들은 이를 도입했고, 우리 고객을 초청했다. 이 사례는 저비용 혁신이 선진국에서도 예상보다 더 큰 역할을 할 수 있다는 점을 보여주었다.

2020년 신흥국 정부 공무원

우리는 세계적 제약기업과 현지 기업간의 제휴를 통해 건설된 새로운 제약공장의 운영을 시작했다. 이 제휴관계는 현지 의료 시스템에 완벽하게 통합된 것이다. 현지 대학 내에 새로 변형재생 의약 연구기관을 설립하고, 가까운 현지 2차 병원을 혁신센터로 지정하며,

최첨단 '가상진료' 원격의료 허브를 건립하기로 했다. 제휴관계는 초기에 논란이 조금 있었지만 대다수의 환자, 의료진, 현지 정치인들은 이런 변화를 반겼다.

미래에 대한 현재의 증거: 신흥시장의 성장과 저비용 혁신

전 세계에 걸친 모바일과 무선기술의 확장은 신흥시장에서 더 효과적인 의료 서비스를 제공하기 위한 전례 없는 기회를 주고 있다. 신흥국가의 통신 인프라가 개선되면서 지역 의료진과 실무진은 비디오 회의, 모바일 헬스 앱, 원격 진단도구를 통해 멀리 떨어진 전문가와 상담할 수 있다. 기존의 모바일 네트워크 사업자들은 원격진료 프로그램에 보조금을 제공하고 있다. 상당 수의 민간-공공 파트너십이 아시아와 아프리카 개발도상국의 어머니들에게 모바일로 의료정보를 제공해 산모와 영아 건강의 실질적 개선을 이루고 있다. 원격의료 서비스는 많은 신흥국가에서 방사선학·심장학·안과학·병리학 분야에 사용되고 있다.

2020년의 기업행동이 기업의 명성에 미치는 영향

제약산업이 지난 수십 년간 골칫거리였던 부정적인 기업 평판을 복원하는 데 실질적인 전진을 이루었다. 기업평판 문제는 모든 제약회사의 최우선 과제였지만 완전한 회복에는 몇 년이 더 걸릴 것이다. 제약회사가 좀더 포용적인 자세도 이해관계자를 이해하려 노력하며 그들의 니즈를 맞추려 했을 때 성공이 따라왔다. 제약업계가 신약 개발과 가격책정의 접근법에서 투명성을 높이기 위한 캠페인을 실시했던 것 또한 큰 영향을 미쳤다.

2020년의 세계는 다음과 같다.

- 지난 5년간 대부분의 기업이 기업의 책임과 재정적 이익 간의 균형을 찾기 위한 방법을 모색했고, 이제는 이를 연례 보고서에 포함된 몇 가지 수치로 보여주고 있다.
- 기업 브랜드는 더 잘 알려지고 신뢰받으며, 이는 R&D 파트너와 임상실험에 참가할 환자를 유인할 때 차별화할 수 있는 요인이 된다.
- 새로운 연구는 제약업계와 개별 제약회사의 평판이 환자집단과 구축한 관계와 불가분하게 연결되어 있다는 점을 확인해준다. 기업 브랜드는 의료, R&D 제휴관계, 환자 앱, 소셜 미디어에 이르기까지 거의 독점적으로 사용된다.
- 제약회사 브랜드의 임상 서비스 참여를 통한 환자 및 의료진과의 밀접한 관계 수립은 인지도와 기업 이미지를 개선했다.

2020년에 해결된 문제들은 다음과 같다.

- 소셜 미디어 공동참여와 환자집단과의 새로운 관계 형성이 이전의 적대적 이미지 개선에 도움이 된다.
- 제약기업이 자선사업에 인색하다는 인식은 개발도상국의 의료 개선, 그리고 빈곤층 환자집단의 긍정적인 피드백을 통해 크게 개선되었다.

- 투명성 개선 문화가 보편화되었다. 가격책정, 처방자에 대한 비용 지급, 임상실험 결과 등 많은 분야의 투명성이 외부감사에 모든 데이터를 공개하면서 크게 개선되었다.

2020년 환자의 일상

골관절염과 심장병이 있는 제임스는 최근 승인된 신약을 처방받았다. 제임스는 이 약의 효능과 위험을 잘 알고 있었고, 약에 대한 찬반 논쟁을 들어보기 위해 제약회사와 규제당국이 공동주최한 온라인 토론 그룹에 적극 참여했다. 제약회사는 제임스에게 지원과 현지 약국 정보, 상시 연락 가능한 간병인 그룹의 정보를 제공했다. 또한 제임스의 직장에도 현 상황에 대해 논의할 것을 제안해 이 약이 그의 업무능력을 저하시키지 않는다는 점을 주지시켰다.

2020년 제약회사의 의료진과 환자관계 관리부서

기업평판 제고의 진전도 평가를 위한 이사회에서 우리는 다음과 같은 성공 요소를 확인했다.

- 자사의 모든 디지털 자산과 연계해 통합 브랜드^{umbrella brand}를 만든다.
- 단순히 치료약을 판매하는 개인적 치료행위를 넘어 환자의 약물 사용과 복약 준수를 개선할 수 있는 지원도구와 치료약 판매를 결합한다.
- 재무제표를 통해 우리의 윤리 및 신뢰 기반 관리체계의 구체적 사례를 강조한다.

미래에 대한 현재의 증거: 제약산업의 기업평판 개선 사례

제약산업의 기업평판 제고를 위해 환자집단과 환자들이 변화를 요구한 8가지 분야는 다음과 같다.

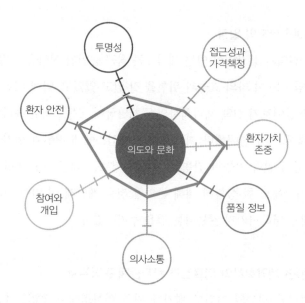

딜로이트 센터 포 헬스 솔루션 Deloitte Centre for Health Solutions은 영국 딜로이트 소속으로 헬스케어 및 생명과학 산업 내의 주요 트렌드, 도전과제와 기회에 근거한 연구 보고서와 인사이트를 산출하고 있다. 딜로이트 네트워크 내의 다른 센터들과 밀접하게 협력해 연구팀은 헬스 가치사슬 전반에 걸친 협업을 장려하는 아이디어, 혁신안, 인사이트를 도출하고 민간과 공공부문, 서비스 벤더와 구매자, 그리고 소비자와 기업을 연결시키고 있다.

18

2020년 한국 의료시장의
3대 키워드

한국 의료시장의 3가지 큰 변화

2014년 말 기준 우리나라에는 종합병원 330개, 개인병원(클리닉) 약 5만 8,500개가 있고, 2만 1,058개의 약국이 영업중이다. 이들이 취급하는 하루 평균 의약품 판매 규모는 230억 원에 달하며, 2020년에는 380억 원 수준을 넘어설 것으로 예상된다.

인구 1천 명당 의사 수는 2020년에 OECD 최하 수준인 1.7명선을 유지하고, 의료비 지출 역시 GDP 대비 7.6%로 OECD 국가 중 가장 낮은 수준을 유지할 것으로 예상된다. 참고로 국가별 의료 서비스 비용을 비교하는 '어포더블 랭크Affordable Rank'에서 한국은 엑스레이 촬영이 전체 55개국 중 여섯 번째, 아스피린 100알 가격은 열세 번째로 저렴한 국가에 등록되어 있다.

한편 2014년 말 81.1세인 한국인 평균 수명은 2020년 약 82.6세로 증가할 것으로 예상되는데, 이는 전체 인구의 약 15.6%가 65세 이상 노령인구로 구성됨을 의미한다. 국내 개인 의료보험(의료실비보험) 가입자는 이미 2,800만 명에 육박하는데, 개인 의료보험 가입자의 노령화에 따른 의료시장의 대규모 변화는 불가피할 것으로 전망된다.

2020년까지 한국의 의료시장은 크게 의료 서비스 글로벌화, 개인 의료보험 가입자 증가, 원격진료라는 3가지 테마로 큰 변화를 맞게 될 것이다.

한국 의료 서비스의 글로벌화 국면

2020년에는 외국인 환자 100만 명 시대의 도래가 예측되고 있다. 이에 따라 외국인 환자가 국내 환자와 함께 치료를 받아야 하는 불편함과 의료 공급자원 부족에 대한 불만이 내·외국인 환자 모두로부터 제기될 가능성이 높다. 이에 따라 정부는 불편 완화와 외국인 환자의 추가적인 유치를 위해 투자개방형 '국제병원'을 부분적으로라도 허가할 가능성이 높을 것으로 예상된다. 국민 의료비 증가를 이유로 투자개방형 병원 설립을 반대하는 여론은 여전히 존재하겠지만, 현행 국민건강보험 체계 안에서도 국제병원 운영은 가능하다. 경제적 파급과 기여가 있는 외국인 환자 유치 차원에서도 국제병원 허가는 불가피하다는 중론이다.

반면 주요 대학병원과 종합병원을 중심으로 한 해외병원 설립 및

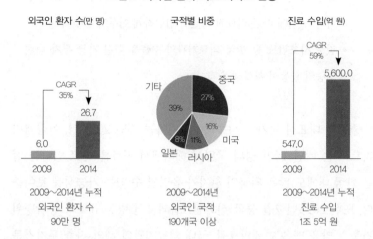

그림 1 외국인 환자 의료 서비스 현황

외국인 환자 수(만 명)

CAGR
35%

6.0   26.7

2009   2014

2009~2014년 누적
외국인 환자 수
90만 명

국적별 비중

기타
39%

중국
27%

미국
16%

일본 8%   러시아 11%

2009~2014년
외국인 국적
190개국 이상

진료 수입(억 원)

CAGR
59%

5,600.0

547.0

2009   2014

2009~2014년 누적
진료 수입
1조 5억 원

출처: 보건복지부 '2014년 외국인 환자 유치 현황'

의료기술 제휴는 다양한 형태로 추진될 것이며, 지역적으로는 일단 중국과 중동지역으로의 진출이 가장 활발할 전망이다. 그간 한국 의료 서비스기관이 해외로 진출할 때 최대 걸림돌은 충분한 규모의 투자금 조달과 확실한 수익모델 보유 여부였다. 그러나 2020년에는 의료 서비스에도 전문경영인 및 선진 의료관리체계가 도입되어 문제점들이 상당 부분 해소될 전망이다.

2020년 한국 의료시장에 대한 전망은 다음과 같다.

- 인바운드 외국인 환자의 권익 보호, 의료분쟁 해결, 신뢰할 수 있는 통역이 제공되는 서비스 사업이 확장될 것이다.
- 국민건강보험 체계하에서도 큰 상충 없이 운영 가능한 국제병원의 설립이 증가할 것이다.

- 중동·중앙아시아 등 해외 설립 병원에 대한 위탁운영 수요가 증가하고, 이에 따른 의료진 파견이 빈번하게 이루어질 것이다.
- 전문 사모펀드 등 한국 의료기관의 수출을 위한 자금 투자 관련 업종의 활동이 활발해질 것이다.

중동의 대표적 국가인 사우디아라비아는 매년 20만 명, 아랍에미리트UAE는 매년 14만 명의 국민이 해외에서 치료를 받고 있다는 점은 한국 내에도 많은 외국인 환자가 유입될 수 있는 가능성을 보여준다. 또한 2015년 7월 중국 신화진그룹과 1천 병상 규모의 종합병원 건축 계약을 맺은 연세의료원, 국내 의료기관의 해외 진출 투자전문 사모펀드 출범 등의 사례도 한국 의료 서비스의 글로벌화가 빠르게 진행되고 있다는 대표적인 증거들이다.

의료비 지출 늘고 국민건강보험 보장률은 축소

2020년 현재 한국 내 인구의 70%가 가입되어 있는 개인 의료보험(의료실손보험)은 대부분 국민건강보험에서 보장하지 않는 비급여 부분이나 본인 부담금을 보장하는 형태로 설계되어 있다. 이는 꼭 필요한 검사와 치료에 부가적으로 시행되면 환자의 편의 또는 웰니스Wellness 차원에서 효과적이지만, 비용상의 문제로 '사각지대'에 있던 틈새 의료 서비스를 더욱 강화하는 결과를 가져왔다. 정형외과의 대표적 비급여 항목인 통증 완화를 위한 도수치료(수기 마사지)가 대표적인 사례다. 과거 수면내시경 검진을 시행하면 내시경 검진 자체는

그림 2 진료비와 건강보험 보장률 추세

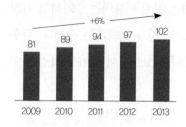

한국 연평균 1인당 진료비(만 원)

+6%

| 2009 | 2010 | 2011 | 2012 | 2013 |
| 81 | 89 | 94 | 97 | 102 |

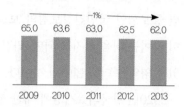

전체 의료비 중 건강보험 보장률(%)

−1%

| 2009 | 2010 | 2011 | 2012 | 2013 |
| 65.0 | 63.6 | 63.0 | 62.5 | 62.0 |

출처: 국민건강보험공단 '2013 건강보험주요통계'

건강보험을 통해 보장되는 '급여' 항목이었고, 환자의 '수면' 상태를 위한 투여 약물은 '비급여' 항목이었다. 이 '비급여' 항목을 일정 수준 보장해주는 의료실비보험의 도입 이후 수면내시경 시행 비율이 증가했다. 내시경에 대한 고통과 공포를 확연히 감소시켜 주기 때문이다. 마찬가지로 본 마취 전, 주사 부위 피부에 대한 국소마취 등 과거에는 여러 문제로 고려하지 않던 편의 옵션들에 대한 비용 문턱이 낮아지면서 최근 더욱 많은 환자들이 이용하고 있다.

WHO에 의하면 2013년 세계 전체 의료비 지출 중 개인 의료보험이 차지하는 비중은 약 46.6% 수준이다. 대부분의 개인 의료보험은 국영·단체 의료보험으로 보장되지 않는 비급여 항목 및 개인 부담금 비용을 부담해준다. 한국의 개인 의료보험은 개인 부담금을 포함해 국민건강보험에서 보장하지 않는 비급여 항목을 보장해주기 위해 설계된 보험상품들이 주를 이룬다. 보험개발원의 발표에 의하면, 2015년 1월 60세 이하 인구의 67.4%가 개인 의료보험에 가입했고,

60세 이상의 경우 상대적으로 높은 보험비에 따른 부담으로 17%만 가입되어 있다.

하지만 이렇듯 한국인들이 지출하는 전체 의료비는 증가하고 있지만 공보험인 국민건강보험의 보장률은 점차 하락하는 추세다. 향후 이 차이는 더욱 커지게 되며, 민간 실손의료보험이 사업을 확장할 수 있는 영역은 더욱 넓어질 것이다.

2020년 한국의료시장에 대한 전망은 다음과 같다.

- 환자의 치료·검진과정상의 불편이나 거부감을 최소화하는 서비스와 약품이 대거 출시될 것이다. 기존에 비급여 항목으로 분류되어 경제적 판단으로 배제되었던 의료 서비스들이 개인 의료보험 혜택을 받는 환자들에게 큰 호응을 얻게 될 것이다.
- 국민건강보험 및 보험사들은 비급여 항목과 본인 부담금의 보장 금액 증가에 따라 심사기능을 강화하고, 의료행위 필요성에 대한 판단 방법을 고심할 것이다.
- 개인 의료보험 시행 후 10년이 넘는 빅데이터 축적은 보험 보장 내용 악용과 관련해 발생 가능한 문제들에 대한 대응력을 키워줄 것이다.

원격진료가 가져올 의료 유통 혁신

2020년 한국 인구의 15.6%는 65세 이상 노인이 차지하게 될 전망이다. 이에 따라 만성질환 비율이 급증하고, 노인층 증가에 따른 웰니

2014년 시범 시행된 원격모니터링 내용	2014년 시범 시행된 원격진료 내용
• 고혈압, 당뇨환자들의 자가 모니터링 앱 데이터를 의사가 확인해 정기적으로 원격상담 실시 • 내원 필요 환자가 발생할 경우 의사가 판단해 내원 요청	• 도서 벽지 및 특수시설의 경증질 환자 대상 시행 • 의사가 원격진료 후 필요시 전자 처방전을 발행 • 다만 대면 진료가 필요한 경우 병원을 내원하도록 요청

스 시장 규모가 크게 확대될 것이다. 정부는 인구 고령화에 따른 전반적 의료비 상승 대응책의 하나로 원격진료를 본격적으로 육성하고 있다. 효율적인 방식의 의료 서비스와 관찰·예방 중심의 의료 서비스가 가능한 원격의료는 2014년부터 희망 지역에 한해 원격모니터링과 원격진료로 구분해 정부 주도의 시범사업으로 시행하고 있다. 관련 법안은 국회 계류중이나, 의료비용 지출을 낮추는 사회적 효과가 있기 때문에 결국 통과될 가능성이 높다.

2020년 한국 의료시장에 대한 전망은 다음과 같다.

- 의료기관을 방문하기 어려운 노인 환자나 고혈압과 당뇨와 같이 상시 관리해야 하는 질환을 보유한 환자들에게는 자가진단기와 스마트폰을 이용한 원격모니터링 및 간단한 진료가 이루어질 것이다.
- 동네 의원을 중심으로 원격진료를 비롯한 관련 교육·상담·처방이 활성화되어 1차 의료기관 활성화의 대안으로 원격진료가 부상할 것이다.

- 한국의 ICT 기술과 전자제품 제조기술을 기반으로 원격의료 관련 제품의 개발·생산·수출이 큰 폭의 성장세를 보일 것이다.
- 군, 교도소, 도서 벽지 등 특수지 거주 환자의 90% 이상이 원격진료를 이용하게 될 것이다.
- 원격진료에 따른 보안 문제에 대응하는 다양한 스타트업과 대기업 투자로 여러 솔루션이 개발될 것이다.

현재 의사협회·간호사협회 등 직능단체가 주장하고 있는 원격진료에 따른 동네 의원 및 중소병원의 생존 위협 문제는 1차 의료기관의 역할 정립이 자연스럽게 이루어지면서 해소될 것이다. 1차 의료기관들의 경우 원격진료에 따른 사용법 교육·처방·상담 등을 담당해 더 많은 의료 서비스 수요가 창출될 수 있다. 또한 원격진료에 대한 교육·상담 등에 대해서도 별도의 새로운 수가 적용되어 실시될 수 있는 여지가 높다.

현재 원격진료의 효과성에 대해서는 폭넓은 공감대가 형성되어 있다. 예를 들어 만성 대사질환의 경우 과거 환자들이 2~3개월에 한 번 내원해 측정한 혈압·당 수치만으로 처방을 받았다면, 원격진료 모니터링으로 주 1회 이상 측정된 데이터 값을 자동으로 받아 8~12주 가량의 누적 혈압·당 수치를 바탕으로 정확한 처방과 상담이 가능해진다.

이미 국내에서 개발되어 출시된 원격진료·모니터용 개인 의료기기 사례인 서울대 부착형 심전도·혈압측정기는 가슴에 부착해 시간 단위로 심전도 및 혈압을 자가 측정해 장기적인 측정값에 대한 자가 모니터링은 물론 유무선 통신을 통해 의사에게 데이터를 전달한다.

이 밖에 기초과학연구원의 전자파스는 반창고처럼 피부에 붙여 파킨
슨병, 수전증 등 운동장애 상태를 실시간으로 모니터링·분석·전송
한다. 부경대의 소변검사 스마트폰 앱은 소변검사로 혈당·적혈구·
백혈구·비타민·혈청 등 12가지 검사 결과를 즉시 알려준다.

김기동 전무 | 딜로이트 컨설팅 | 생명과학 및 헬스케어산업 리더

11부

공공분야:
커넥티드 정부와 IoT

공공부문이 IoT의 시사점을 지금 당장 분석하지 않으면
다른 부문에 비해 뒤처질 위험이 있으며,
효과적 규제와 효율적 서비스를 실행하기가 힘들어질 것이다.

19

공공분야에서의
예측, 감지, 그리고 대응

새로운 IoT 역량이 어떻게 가치를 창출하는가?

오늘날 손목형 웨어러블 기기가 등장하기 오래전에 이미 헐리우드 영화 속에서 제임스 본드는 손목시계로 방사능을 측정하고 본부에서 지시를 받았다. 그리고 커넥티드 카 시제품이 등장하기 전에 제임스 본드는 뒷좌석에서 휴대전화로 차를 운전하면서 추격전을 펼쳤다. 이때 그가 사용한 기기는 기능이 증강된 휴대전화로 구멍 난 타이어 같은 안전 문제를 감지하는 센서나 도로의 장애물을 경고해주는 비디오 기능을 갖추고 있었다. 이처럼 과거에는 허구였던 영역이 이제 현실이 되고 심지어 주요 트렌드가 되고 있다. 예를 들어 스마트워치로 신분을 확인하고 물건값을 지불할 수 있으며, 자명종이 교통현황을 알려주고, 스마트글래스로 전문가의 조언을 바로 들을 수 있다.

한때 첨단 기술에 능한 첩보원이나 사용하던 상상 속의 기기가 현실의 공무원이 일반적으로 사용하는 새로운 차원의 도구가 될 날이 멀지 않았다. 나날이 복잡해지는 환경에서 정부가 고품질 서비스를 제공하기 위해 노력하면서 이미 기업과 소비자의 생활을 편리하고 효율적으로 만들어준 장비들이 더 큰 공익의 창출에 활용될 수 있다.

하지만 내장된 센서와 무선 연결기기들의 집합인 사물인터넷Internet of things, IoT의 전략적인 활용이 정부 차원에서는 여전히 초기 단계다. 최근 브루킹스 연구소Brookings Institution 보고서에 따르면 미국 연방정부 기관 중 전략계획에서 IoT를 언급한 기관은 단 한 곳도 없었다. 공공부문의 임무와 봉사의 대상인 시민들의 다양성은 정부기관의 신기술 도입 및 실행을 어렵게 만든다. 하지만 공공부문이 IoT의 시사점을 지금 당장 분석하지 않으면 다른 부문에 비해 뒤처질 위험이 있으며, 향후 효과적 규제와 효율적 서비스를 실행하기 힘들어질 것이다.

본고에서는 새로운 IoT 역량이 어떻게 가치를 창출하는지 개괄적으로 살펴보고, 공공부문의 전통적인 3가지 분야인 교육·치안·유틸리티에 대한 IoT의 영향을 검토한다. 또한 정부기관이 IoT의 도입을 계획할 때 고려해야 할 몇 가지 사항을 논의함으로써 정부의 리더들이 변화하는 현실을 잘 헤쳐나가도록 지원하고자 한다.

새로운 기술, 새로운 가치

'컴퓨터'의 정의가 다시 바뀌고 있다. 저가의 프로세서와 고속 네트워크의 개발을 위한 지속적인 진화가 데스크톱 워크스테이션에서 휴

366

대전화로의 변화를 가능하게 했고, 이제는 일상의 사물에도 컴퓨터가 확장되어 '사물인터넷'이란 신조어가 탄생했다. 거의 모든 기기에서 인터넷 접속이 가능해져 이들을 '스마트'하게 해주는 추가적인 연산능력 및 분석역량과 연결된다. 센서, 비콘beacon, 기계, 기타 IoT 기기의 산출물이 종합되어 하나의 더 나은 혹은 스마트한 제품보다 훨씬 큰 가치를 제공한다. 이들 기기와 환경을 연결해 기기의 활용법에 대해, 그리고 이 세상과 우리 자신에 대해 더 많이 실시간으로 이해할 수 있다. 더 복잡하고 성숙한 시스템이 이 같은 연결성을 활용한 새로운 역량을 가지게 되면서 조직은 새롭고 다양한 방식으로 가치를 창출하기 위해 이러한 신기술들의 결합방법을 고민해야 한다.

하지만 현재의 IoT 적용은 제품 및 프로세스를 새로운 관점에서 생각하기보다는 단순히 기존의 것을 개선하며 한정적인 가치만을 창출하는 데 그치는 경우가 많다. 마치 텔레비전을 '사진이 보이는 라디오'처럼 간주해 아나운서가 원고를 손에 들고 그날의 사건을 읽어내렸던 초창기 텔레비전 뉴스처럼 당장의 성과 개선에만 집중한다. 궁극적으로 IoT 기술은 '사물인터넷'이란 용어를 고안한 케빈 애시튼Kevin Ashton의 설명처럼 기계와 다른 기기들이 정보의 수집 · 처리 · 해석의 주요 수단으로서 인간을 대체하는 새로운 업무방식을 의미한다. 이로써 정보의 적시성에서 가용성까지 근본적인 비즈니스 프로세스를 전통적으로 규정하던 많은 제약이 해소되고, 조직은 가치창출 방안에 대해 다르게 생각하도록 요구받는다.

이를 위해서는 단순히 '빅데이터 2.0'이 아니라 정보 수집과 분석에 대한 참신한 접근이 필요하다. 오늘날 기업의 8%만이 IoT 데이터를 적시에 획득해 분석하고 있으며, 86%가 더 빠르고 유연한 애널리틱스를 시행하면 IoT의 투자가치가 증가할 것이라고 말했다. 대량 수집과 탐색적 분석이 특징인 현재의 모델은 지속 가능하지 않다. 미래에 분석할지도 모른다는 가정하에 모든 정보를 수집하는 대신에 이제는 정보를 능률적으로 수집하고 당장 실행할 수 있는 인사이트를 도출하도록 명확한 규칙을 정립해야 한다. 넷앱NetApp 데이터 매니지먼트의 공공부문 협력 매니저 스티븐 프리칭어Steven Fritzinger는 "센서와 네트워크가 저렴해지면 이들을 모든 곳에 배치하고 싶은 유혹이 들 것이다. … 하지만 문제 자체에 대해 생각하는 것이 훨씬 중요하다."라고 했다.

하드웨어 스타트업 MC10이 개발한 체크라이트 스포츠 임팩트 인디케이터CheckLight Sports Impact Indicator는 정확하게 정의된 데이터의 수집으로 인사이트를 도출하고 행동을 변화시키는 방식을 보여준다. MC10은 운동선수가 머리에 입은 타격의 위험도를 점검하고, 뇌진탕 여부를 확인하기 위한 선수 교체를 코치가 쉽게 결정할 수 있도록 지원하는 방안을 모색한 결과물이다. 체크라이트는 선수가 머리에 쓴 가속도계와 자이로스코프를 이용해 몇 가지 기본적인 개별 데이터를 수집한다. 그리고 알고리즘을 이용해 충격의 강도를 감지하고 판단한다. 분석 결과는 선수의 머리 아래 부분에 장착된 불빛으로 표시된다. 충격의 정도가 중간 수준이면 불빛이 노란색으로 나타나지만 심각하면 붉은색이 나타난다. MC10을 미식축구팀을 대상으로 실험한 결과, 코치가 붉은색 표시가 계속 나타나는 선수를 교체시켰더니 시합에서 빠지게 된 선수들이 행동에 변화를 일으켰다. 선수들은 태클 기술을 향상시켰고, 시즌이 지날수록 머리 부분의 충격강도가 줄어들었다.

마찬가지로 조직도 즉각적인 피드백을 제공하고 더 나은 의사결정을 촉진하는 기술을 활용해 성과를 개선할 수 있다. 하지만 이를 위해서 조직은 센서, 프로세서, 구동기로 구성된 복잡한 시스템을 조율해야만 한다. 정보가치고리(370쪽의 '정보가치고리 개요' 참조)는 IoT에 적용된 기술들이 가치를 생성하기 위해 어떻게 상호작용하는지에 대한 청사진을 제시한다. 가치고리는 우리의 관심을 사물을 연결하는 것에서 데이터와 행동 간의 관계를 촉진시켜 무엇을 할 수 있는가로 이동시킨다. 그리고 가치고리를 통해 정부는 더 효과적이고 효율적으로 공익을 추진할 수 있다.

정부의 IoT 적용

"IoT가 홈 자동화, 자동차 자동화 혹은 인터넷을 이용한 보안 시스템과 같은 제어기기와 관련이 있다면 공공 서비스를 제공하는 정부부처와는 대체 무슨 상관이 있는가?"

　2014년 소셜 미디어 고브루프GovLoop의 설문조사에서 나타난 반응처럼 많은 사람이 IoT가 정부와 무슨 상관이 있는지 의문을 가진다. 물론 스포츠 센서나 커넥티드 전자제품처럼 직접적 관련성을 찾기는 어렵겠지만, 정보 수집 및 분석으로 가치를 도출하는 것은 정부 임무에 핵심적이다. IoT는 공무원, 프로그램, 정책이 어떻게 효과적으로 임무 수행에서의 난관을 해결할 것인지에 대해 양질의 정보를 수집하고, 정부가 실시간이나 특정 상황의 조건에 따라 서비스를 제공하도록 도와줌으로써 가치를 증가시킨다.

정보가치고리 개요

정보가치고리를 어떻게 구축해야 할지 고민하는 정부기관은 데이터 생성·전달·종합·분석·행동이라는 5가지 핵심 역량을 고려해야 한다.

- 생성create: 센서가 물리적 환경에서 데이터를 수집한다. 예를 들어 대기온도, 위치, 기기의 상태 등을 측정한다.
- 전달communicate: 이렇게 수집된 정보는 네트워크를 통해 다른 기기 혹은 중앙 플랫폼과 공유될 수 있다.
- 종합aggregate: 다양한 출처에서의 정보가 공통표준에 따라 결합된다.
- 분석analyze: 분석도구는 행동이 필요함을 알려주는 패턴, 혹은 추가 조사가 필요한 이상상황을 감지하도록 지원한다.
- 행동act: 분석에서 도출된 인사이트로 행동을 개시하거나 사용자를 위해 선택안을 설계한다.

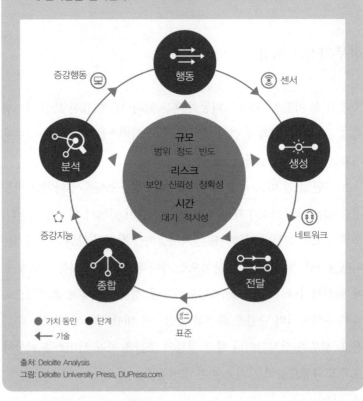

출처: Deloitte Analysis
그림: Deloitte University Press, DUPress.com

370

초기 정부의 IoT는 대민 서비스 개선에 주력하는 '스마트 시티'와 측정역량의 확장에 주력하는 연방정부기관 등 소수의 핵심부문을 중심으로 수행되었다. 지역의 실험조치에는 통근자의 주차 공간 탐색을 지원하는, 그리고 법 집행의 능률을 개선하는 '스마트 주차', 인터넷에 연결된 쓰레기통이 상태정보를 전송해 쓰레기 수거경로를 최적화하도록 지원하는 빅벨리솔러^{Bib Belly Solar} 같은 '스마트 폐기물' 프로그램 등이 있다. 뉴욕시는 공중전화를 인터넷이 연결된 통신탑으로 전환시켜 응급 메시지를 방송하거나 시민들이 다양한 공공주제에 대한 의견을 제시하는 경로로 사용하려고 한다. 연방정부 차원에서는 정부기관들이 측정역량을 확대하는 데 주력하고 있다. 예를 들어 미국 국방부는 RFID 칩을 이용해 공급사슬을 더 정확하게 모니터링한다. 미국 지질연구소는 센서를 이용해 하천과 호수의 박테리아 수준을 관리하고, 미국 총무청은 센서로 '그린' 빌딩의 에너지 효율성을 측정하고 검증한다.

산업분야의 초기 IoT 사례처럼 정부의 이러한 IoT 적용 방안도 대부분 현재의 운영을 최적화하는 데 주력하고 있다. 더 빠르고 정확하고 신뢰성 있는 정보가 서비스를 제공할 때 어떻게 새로운 기회를 창출할 수 있는지는 우선순위가 아니다. 그러나 공공부문의 조직이 IoT의 잠재적인 혜택을 완전히 누리기 위해서는 어떻게 사업을 운영해야 할지 재고해야만 한다. 서비스의 신규 모델을 파악하고 기술을 채택하고 이의 지원에 적합하도록 조직구조를 재구성해야 한다. 우리는 전통적인 공공 분야의 몇 가지 영역에 IoT가 제시하는 의미를 탐색하고, 이 새로운 도구가 업무를 재정의하는 방법을 다음 3가지로 전제한다.

- **반복적 업무의 제거:** 교사는 학급관리에 소요되던 시간을 학생 개인 지도에 사용한다.
- **역량 향상:** 공공치안 담당자는 위기상황에 더 빠르고 적극적으로 대응한다.
- **협력 증진:** 지역들이 협력해 수자원 보존과 안전을 위한 생태계를 구축한다.

교육: 학급관리에서 개인지도로 전환

미국 학생들은 매년 평균 1,025시간을 교실에서 보내지만 이 중 300시간 이상이 수업 외 시간으로 낭비될 확률이 높다. 사실상 추정 시간 5분당 1분이 이동, 자료 배부, 수업시작과 마무리 등 '예상된 방해anticipated interruption'로 소비된다. 교사가 수업 관리에 사용하는 시간을 줄일수록 개개인 교육지도의 차별화, 학생의 사회감성적 능력개발 등을 위해 개별 학생에게 사용할 수 있는 시간은 늘어난다. 이는 1980년대 후반 이후 50% 이상 증가한 소득 격차에 따른 학업 성취도 차이를 줄이기 위한 것이다.

IoT의 기여

커넥티드 기기는 교사의 출석 확인, 자료 배부 등 행정업무 부담을 덜어주고, 학습지도에 집중할 시간을 늘려줄 수 있는 가능성을 내포하고 있다.

학생들이 커넥티드 교실에 착석하면 웨어러블 '스마트 밴드'를 통해 출석이 자동기록된다. 이 밴드는 이미 많은 놀이공원에서 입장, 기구 탑승, 미아 찾기에 사용되는 RFID 밴드와 같다. 비콘은 학생들의 태블릿이나 스마트 책상으로 연습문제를 직접 전송한다. 학생이 문제에 집중하게 하기 위해 교사는 모바일 기기의 무음알림과 유사한 '햅틱haptic' 진동신호를 학생의 웨어러블 기기나 태블릿으로 전송한다. 주변의 시선으로 학생을 당황하게 하거나 학생과 교사 간의 직접적인 대립을 일으키지 않고 학생의 주의나 행동을 환기시킬 수 있는 방법이다.

학급관리를 위한 잡다한 업무에서 해방된 교사는 학생에게 더 온전히 집중하고 기민하게 대응할 수 있다. 새로운 입력정보에 적용되는 패턴인식 소프트웨어나 데이터 애널리틱스로 학생에 대한 교사의 이해도가 향상되며, 학생의 스트레스 수준, 교실의 분위기, 심지어 교사 자신의 활동에 대한 행동기록이 지도로 제작된다. 그리고 IoT 기술은 이러한 데이터를 실시간으로 인사이트로 전환할 수 있다. 이는 MIT 미디어랩의 마인드라이더MindRider 프로그램과 비슷하다. 마인드라이더는 자전거 헬멧으로 집중 또는 스트레스와 같은 10가지 뇌파 유형을 인식해 공황상태를 불러오는 행동을 주행자가 인지할 수 있도록 감정상태를 나타내는 불빛을 생성한다.

교실에서도 비슷한 기기를 사용해 어떤 학생이 더 높은 수준의 인지적 에너지를 사용하고 있는지 확인할 수 있다면, 교사는 요란하게 도움을 요청하는 학생보다 실제로 가장 관심이 필요한 학생에게 주의를 기울일 수 있다. 다년간의 경험을 갖춘 교육자라면 이렇게 복잡한 행동 역학관계를 직관적으로 이해하는 능력이 있겠지만, 커넥티드 교실은 그렇지 않은 초보교사에게도 인사이트를 제공할 수 있다.

시사점

이러한 역량을 활용하려는 학교와 학군은 단지 신기술을 도입하는 것 이상의 조치가 필요하다. 정보가치고리의 용어를 이용해 데이터의 생성과 전달을 지원할 수 있는 디지털 문해력 문화의 구축을 시작해야만 한다. 이러한 데이터를 생성하기 위해 교사는 기술을 학습지도의 구성 요소로 활용하고, 학교는 교사에게 수업에 가장 적합한 기기가 무엇인지 결정할 수 있는 권한을 부여한다. 이 접근법은 오늘날의 컴퓨터 실습실 중심으로 편성된 중앙집중적 기술 예산 및 조달절차의 중요한 변화를 의미한다.

부족한 재원에도 전향적으로 접근한 아이다호주의 웨스트 에이다 West Ada 학군의 사례처럼, 탈脫중앙집중적 기술을 수용한 학군은 상향식bottom-up 실험을 독려하고 효과적인 방안을 확대할 수 있었다. 앞으로 학교와 학군은 탈중앙집중적 공유 플랫폼에 투자해야 한다. 공유 플랫폼은 공통의 정보 보안, 데이터 표준, 시스템 모니터링을 제공해 학교기록과 정보관리시스템을 통합하고, 궁극적으로 IoT 데이터의 전달과 통합을 지원한다.

공공치안: 더 빠르고 적극적인 위기 대응

오늘날 위기 대응은 정보 격차와 불균형 문제가 발생하고 있는데, 이는 관련 당국에 얼마나 빠르고 적절하게 연락할 수 있는지에 따라 달라진다. 예를 들어 2011년 로스앤젤레스 911 상황실 요원의 15%만이 목표시간인 60초 내에 성공적으로 소방당국에 출동지령을 전달한 것으로 분석되었다. 충분한 정보를 기다리면 대응이 지체되지만, 너무 일찍 대응해도 정보가 부족한 대원들이 위험에 처하거나 불필요한 자원이 낭비될 수 있다.

IoT의 기여

IoT를 적용하면 더 빠르게 사건정보를 종합하고 분석해 응급대원이 사건을 보다 정확히 파악하고 대처방안을 결정해 사건 관계자들에게 결정사항과 중요한 조치를 전달할 수 있다.

예를 들어 환경 감지 센서가 위기나 범죄의 초기 지표를 기록하고 신고할 수 있다. 이미 샷스파터ShotSpotter 시스템은 총성을 감지하고 발생위치를 3m 이내 오차로 정확히 알려준다. 시스템은 자동으로 경찰에 출동을 요청해 대응시간을 단축시키고, 범죄 신고에 대한 증인 의존도 역시 낮출 수 있다. 어쩌면 영영 신고되지 않았을 범죄를 감지할 수도 있다. 뉴저지주 캠던Camden에서 샷스파터를 도입했을 때 경찰은 한 지역에서 총격사건의 약 38%가 신고되지 않고 있다는 사실을 발견했다. 총격 감지 외에도 다른 센서, 카메라, 데이터베이스에 수집된 개별 데이터를 종합해 사건의 패턴을 드러낼 수 있다. 프레드폴Predpol, 팰런티어Palantir 같은 시스템이 오늘날 범죄가 발생할 가능성이 가장 높은 '우범지대'를 예측하는 데 사용되는 것처럼, 이와 비슷한 알고리즘을 환경감지 센서에서 수집된 데이터에 사용해 범죄가 일어날 가능성을 파악할 수 있다.

이처럼 주변 환경에서 생성된 경보는 다양한 관련자에게 신속하게 전송된다. 샌프란시스코의 비영리단체 펄스포인트PulsePoint가 위치추적 앱을 사용해 심폐소생술CPR을 익힌 대중을 활용하는 것이 사례다.

펄스포인트는 긴급상황이 발생하면 도보거리 내에 있는 CPR 훈련을 받은 민간인에게 경보를 전송해 이 '시민영웅'이 구조대원이 도착하기 전에 먼저 응급조치를 시행할 수 있도록 지원한다.

또한 커넥티드 기기는 사건에 대처하는 경찰관의 성과를 향상시킬 수 있다. 예를 들어 커넥티드 총기는 언제 어디서 경찰관이 권총을 권총집에서 꺼내 발사하는지 추적한다. 무기를 꺼내거나 발사하는 순간에 추가지원 출동지령이 내려진다. 시간이 지나면서 누적된 기록을 이용해 경찰관을 지도하고, 성과 개선을 위한 논의를 발전시킬 수 있다.

그 외 웨어러블 기기도 경찰관의 행동에 비슷한 인사이트를 제공해 관련 논의를 증강시킬 수 있다. 경찰관의 스트레스 수준과 심박수, 성량 등을 관측하는 센서가 경찰관이나 행인을 위험에 빠뜨릴 수 있는 고조된 긴장상태나 기타 변칙을 감지하면 감독관이나 동료 요원에게 경고 메시지를 전달한다. 이를 통해 개입조치가 신속히 시행되고, 추후에 미래의 상황을 위한 지도 및 훈련을 실행할 수 있다. 대중 통제에 대한 지역 치안조직의 역할이 커지거나 사건 대응 시간이 길어지는 상황에서 이러한 방안이 시사하는 바는 상당히 크다.

경보 전송이나 경찰관의 성과 개선 외에도 IoT의 적용은 실시간 정보를 종합해 상황 인식을 개선할 수 있다. 더 많은 도시가 스마트 사회기반시설을 통합하고 있다. 예를 들어 아이페이브먼트 iPavement 는 와이파이와 블루투스 기능을 갖춘 보도 내장재인데, 범죄경보와 응급 메시지를 특정 거리 내에 있는 휴대전화에 전송할 수 있다. 또한 차세대 911 시스템에 배치되고 있는 비콘은 응급대원에게 사건이 발생한 정확한 층과 호실 정보를 전송한다.

위기 대응 시스템은 이러한 정확한 위치 데이터를 지역 비디오 및 소셜 미디어와 통합해 응급대원이 현장에 도착하기 훨씬 전에 상황 정보를 알려준다. 즉 사고지역 근처의 카메라에서 전송하는 지역 동영상이 대원이 탑승한 차량의 계기판으로 직접 실시간 전송된다. 그리고 같은 지역에서 실시간 업데이트되는 소셜 미디어 포스트가 게시자의 위치에 맞춰 지도에 표시된다.

이를테면 미국 한 대도시의 경찰청은 동영상 및 소셜 미디어를 얼굴 인식 혹은 소셜 네트워크 분석 소프트웨어와 결합해 경찰관의 범죄수사와 용의자 확인에 사용하고 있다. 현재는 사건 발생 후에 이러한 분석이 시행되지만 IoT를 적용하면 실시간 인사이트를 제공해 기존의 집행모델을 예방모델로, 즉 '분석'에서 '행동'이라는 가치고리의 최종 단계로 이동시킬 수 있다.

시사점

사람들은 공공치안 담당자가 인간센서로서 다양한 출처에서 데이터를 종합하고 상황을 평가해주기를 기대한다. 향후 공공치안 조직이 센서를 이용해 더 광범위한 실시간 정보를 수집할 수 있지만, 이 데이터를 효과적으로 종합하고 분석하려면 새로운 프로세스가 필요하다. 현재 많은 프로세스가 중앙집중적 분석에 의존하고 있다. 하지만 경찰에게 IoT가 생성한 지역단위 데이터에 입각해 의사결정할 수 있는 역량을 부여하면 더 큰 가치를 획득할 수 있을 것이다. 또한 기존 시스템은 정보가 한 방향으로 흐른다고 가정하지만, 비콘이나 블루투스를 통한 지역 차원 통신을 도입하면 상황실 요원이 사고지역의 시민과 협력할 수 있다. 공공치안을 공유된 책임으로 재구성하게 된다.

더욱이 공공치안 네트워크가 새로운 정보 출처(교통, 수도·전기·가스, 통신 등)에서 정보를 종합하면서 정부는 공통 데이터 표준을 지원하고 구현해 상호운용성을 보장해야 한다. 엄청난 양의 정보와 정보에 대한 접근성은 거리의 제약을 없애고 대응속도를 높일 수 있지만, 궁극적으로는 상이한 유형의 데이터를 적절히 연결하기 위한 정교한 이해가 필요하다.

유틸리티: 수자원 보호를 위한 생태계 구축

UN의 2030 수자원그룹 2030 Water Resource Group 은 현재 추세가 지속된다면 2030년 물 수요가 공급을 40% 초과할 것이라고 추산했다. 미국에서도 상황은 심각하다.

이미 미국 캘리포니아주는 오랜 가뭄 때문에 최근 물 배급 제도를 시행했다. 그레이트플레인스 Great Plains 농업지역의 수원인 오갈라라 Ogallala 대수층의 수위는 역사상 최저치를 기록하고 있다. 하지만 매우 국지적이고 세분화된 15만 5천 개 이상의 미국 수도회사 시스템을 상대로 해결책을 조정하는 것은 어려운 문제다. 수자원 이슈에 주력하는 벤처캐피털이나 기업 연구소는 극소수이기 때문에, 물 공급과 수요 간 격차를 줄이는 일은 정부기관의 과제로 남을 수밖에 없으며 이 과업에 향후 20년간 연간 500억~600억 달러의 예산이 소요될 것으로 추산된다.

378

IoT의 기여

IoT 기술은 정부가 물 공급, 소비자 수요, 관리에 대한 우선순위를 보다 잘 정의할 수 있도록 해 수자원 확보와 관련된 복잡한 도전과제를 이해하는 데 도움이 될 수 있다. 다양한 요인이 작용하는 다른 문제와 마찬가지로 수자원 관리 역시 개선하려면 생태계 협력자들의 기여가 필요하다. 하지만 이들 다수는 수자원 보존에서 자신의 역할이 무엇인지조차도 모르고 있다.

정부는 IoT를 적용해 각 정책의 구체적인 영향을 파악해 생태계 관계자 간의 반응을 원활히 조율할 수 있다. IoT는 정책의 영향을 파악할 때 예측적 모델뿐 아니라 '린스타트업lean startup' 스타일의 A/B 테스팅(A안과 B안 가운데 더 나은 것이 무엇인지 시험해보는 기술)이 가능한 실시간 측정법을 사용할 수 있게 해준다.

물 보유량이 감소하면 첫 번째 대안으로 물 공급의 확대를 생각하기 때문에 기업은 전통적으로 새로운 수원 탐색에 투자를 많이 해왔다. 예를 들어 텍사스 주의 미들랜드Midland는 약 100km 떨어진 곳의 새로운 수원을 이용하기 위해 최근 1억 9,700만 달러 상당의 비용을 투입했다. 하지만 새로운 수원이 고갈되어감에 따라 유틸리티 기업은 공급의 효율성을 향상시키는 데 주력할 수도 있다. 유틸리티 인프라의 40% 이상이 40년 이상 노후화되었으며, 수도 공급 시스템의 누수율은 평균적으로 총공급량의 16%에 달한다. IoT는 효율을 높이기 위해 정확히 어디를 수리해야 할지, 그리고 그 지역에서 복구되는 누수량이 보수에 투입되는 자본을 상쇄하는지의 판단을 지원한다. 센서는 물의 흐름을 더 정확하게 파악하고 개선해야 할 부문의 우선순위를 정하는 데 도움을 준다. 이때 일반적으로 국가 차원의 수자원

인프라와 큰 관계가 없는 개인 주택 소유자의 수준에서 분석이 가능하다. 연간 최대 약 3만 8천l의 물이 낭비되는 가정누수를 차단하거나 줄이면 수돗물 공급효율을 높일 수 있다. 리크스마트LeakSmart와 같은 제품은 간단한 센서와 구동기를 결합한 장치로, 파이프가 터져 물 공급이 방해되는 시점을 모니터링한다.

수요를 감소시켜 수자원을 절약하는 것 또한 한정된 물 자원을 연장할 수 있는 효과적인 방안이다. 보스턴시는 이에 대한 사례를 보여준다. 1980년대 초 물 수요가 공급을 초월하자 보스턴시는 절약 캠페인을 통해 43%의 물 소비를 줄여 5억 달러의 인프라 자본 투자를 줄일 수 있었다. IoT를 활용하면 보존 캠페인의 진행상황을 추적하고, 물을 절약할 수 있는 새로운 방안을 제시하며, 심지어 자동화까지도 가능하기 때문에 캠페인을 훨씬 쉽고 효과적으로 실행할 수 있다.

캘리포니아주 이스트베이 지역 상수도국의 사례를 살펴보면, 소비자에게 자신이 언제 어디에 물을 사용하는지, 그리고 이웃과 비교해서 얼마나 사용하는지에 대한 인사이트를 제공하는 것만으로도 물 절약을 독려할 수 있다는 사실을 알 수 있다. 이스트베이 상수도국은 워터스마트WaterSmart 소프트웨어 회사와 협력해, 고객 1만 명에게 웹 포털에 접속해 자신과 비슷한 규모의 가정과 비교해 물 소비량을 확인할 수 있게 하고, 물 절약을 개선할 수 있는 방안을 제시함으로써 물 소비량의 5%를 줄였다.

IoT 시스템은 사용자가 어디에 어떻게 물을 가장 많이 소비하는지에 대한 이해를 돕고 샤워, 가전제품, 수영장 등의 영역에서 사용할 때 절약원칙을 적용하고 이를 상기하도록 한다. 이러한 실시간 모니터링은 지역의 '배수탑water tower'을 대중에게 물 절약의 진척 정도를 보여주는 수단으로 활용 가능하다. 이를테면 서던캘리포니아 에디슨Southern California Edison 에너지 회사가 현재 송전망의 수요 상황을 알 수 있게 고객과 사업체에 다른 색깔로 빛나는 '에너지 줄joule(에너지 및 일의 단위)'을 배부한 것처럼 말이다.

물 소비를 가장 줄일 수 있는 방법은 농업 목적의 물과 지방자치단체의 물 사용을 자동화하는 것이다. 오늘날 농업용수는 물 전체 소비의 70% 이상을 차지하고, 도시의 조경 유지관리에 남은 양의 60%가 소비된다. 농경업체는 두 경우 모두 종종 현재의 상태를 반영하지 않고 관개를 시행하는데, 이때 물을 모자라게 주기보다 차라리 과하게 주는 편을 택한다.

고급 알고리즘을 갖춘 센서는 토양의 수분과 열, 대기습도, 경사의 수치를 종합해 식물이 필요로 하는 물의 양을 분석해 문제 해결을 돕는다. 스타트업인 하이드로포인트Hydropoint는 몇몇 조경회사와 제휴해 이 시스템을 도시공원, 골프장, 기업 캠퍼스 등에 설치했다. 로스앤젤레스 교외지역인 산타클라리타시는 하이드로포인트 시스템을 이용해 관개비용의 25% 이상을 줄였고, 향후 연간 6억 8천만l의 물을 절약할 것으로 추정하고 있다.

시사점

IoT는 수요와 공급의 양 측면에 보다 나은 인사이트를 생성해 정부와 유틸리티 기업이 협력해 수자원 생태계 관리를 개선하도록 지원한다. 하지만 정보만으로는 수도 시스템을 효과적으로 개선할 수 없다. 지역사회는 주민들이 정보에 따라 행동할 수 있도록 행동적·

기술적 토대를 구축해야 한다. 예를 들어 다양한 시나리오에 소비자가 어떻게 반응할지 알 수 있다면 소비자 맞춤 보상책을 만들고 물 사용과 관련된 행동을 변화시킬 수 있다.

또한 IoT에서 생성된 정보와 행동은 직접적으로 희소자원을 절약해줄 뿐 아니라 개선된 계획과 정책을 수립하는 데도 기여한다. 이를테면 정치적 압력이 아니라 실증적 데이터에 기반해 의사결정을 내릴 수 있다. 그리고 정부관리와 수도회사가 운영을 개선하게 되면 이익률을 높이고, 추가적인 혁신을 위한 자본을 확보할 수 있다.

개인정보와 보안

위에서 살펴본 3가지 예는 대규모 데이터의 수집·분석·사용에 기반하고 있다. 따라서 시민의 개인정보와 보안에 관한 복잡하고 논쟁적인 이슈를 불러왔다.

IoT 적용으로 생성되는 정보가 급증하면서 정부 시스템과 공무원이 데이터를 어떻게 다루어야 하는지에 대한 우려는 계속 제기될 것이다. 이미 초기의 IoT 적용은 전국적인 논란을 촉발했고, 상원은 개인정보에 대한 심리를 수행했다. 그 중 하나인 2015년 미국 상무과학교통 상원위원회 심리는 '커넥티드 월드: IoT에 대한 조사The Connected World: Examining the Internet of Things'라는 제목으로 'IoT 혁신의 장려와 개인정보보호 및 데이터 보안 사이에 적절한 균형을 어떻게 유지할 것인가'의 문제를 논의했다. 정부의 IoT 적용을 대중이 수용하도록 추진하는 것은 가치, 보안, 신뢰라는 개념을 중심으로 '개인정보보

382

호' 이슈를 논의하는 기틀을 적극적으로 형성하게 됨을 의미한다.

국민에게 가치 제공

우리 사회는 가치 있는 서비스를 위해 데이터를 교환하는 일에 익숙하다. 페이스북 사용자부터 운동량 측정기 사용자까지 소비자는 기업이 자신의 데이터에 접근하는 대가로 가치를 제공한다고 생각하면 이를 점차 승인하는 경향을 보이며, 이는 정부분야에도 동일하게 적용되는 듯하다. 미국 관세 및 국경관리청US Customs and Border Protection이 신속한 서비스를 제공하는 자동출입국심사서비스global entry program에 등록하려면 여권정보 외에도 지문을 포함해 민감한 개인정보가 요구되지만 이미 사용자가 180만 명에 달하고 매달 5만 명이 신청하고 있다.

보안을 우선순위로 설정

공익을 보호한다는 본질적 책임을 고려하면 공공분야의 조직은 특히나 IoT의 철저한 보안 개발을 지원해야 한다. 민간 기업은 이윤 추구라는 본연의 목표와 균형을 이루어야 하지만, 정부의 핵심 임무는 당연히 안전 및 보안 유지다.

IoT 기기의 통합관리 플랫폼인 뉴라Neura의 CEO 길러드 메이리Gilad Meiri는 "시장은 보안이나 사생활 보호를 요구하지 않는다. 스타트업은 보안설계보다 고객 확보에 주력한다."라고 말한다. 이러한 간극을 좁히기 위해 정부는 공공분야와 민간분야 모두에서 보안을 개선할 수 있는 빈틈없는 솔루션의 개발을 주도·장려하고 경우에 따라 확보해야만 한다.

미국 오스틴시의 최고혁신책임자 케리 오코너Kerry O'Conner는 "보안은 우리가 입수하는 일용품이 아니다. 계속적인 반복을 통해 설계하고 작업해야만 하는 것이다."라고 했다. 『미래의 범죄Future Crimes』의 저자 마크 굿맨Marc Goodman과 같은 사상가들의 지지를 받으며 최근 각광을 받는 보안 접근법은 공중보건 분야와 동일한 방식으로 대중교육, 증상추적, 그리고 사고 발생 시 신속한 격리를 통해 보안 문제를 해결하는 것이다. 이 방식은 '누가 침입하는가'에서 '무엇이 유출되는가'로 초점을 전환해 회복력을 높이는 방안이다.

투명성을 통한 신뢰 구축

정부기관은 산업분야보다 많은 책임을 지고 높은 투명성을 제공해야 한다. 예를 들어 어떤 데이터가 요청되는지, 어떻게 데이터가 사용되는지, 그리고 누가 데이터를 열람하는지에 대한 정보가 공개되어야 한다. 한 모바일 사이버 보안 회사의 정책 담당자는 이 개념을 '놀라움 최소화surprise minimization'라는 용어로 표현했다. 이 용어의 핵심은 "사용자는 조직이 자신의 데이터를 가지고 하는 일에 대해 절대로 놀라지 말아야 한다."라는 점이다.

투명성은 사용자가 자신이 입력한 정보에 통제권을 가지고 있다고 느끼게 도와주며, 산출물에 대해서도 사용자에게 선택권을 부여해야 한다. 이는 일반적으로 사람들이 서비스를 사용할 가능성을 높여준다. 실제로 2014년 시행된 한 연구에서 사용자의 80%는 '신뢰받는 브랜드'에 기꺼이 개인정보를 제공할 것이라고 응답했다.

비전의 실현

다음 한 가지는 분명하다. IoT를 당분간 지켜보기로 선택한 정부기관은 전문적인 역량을 개발할 가능성이 낮고, 새로운 현실에서 효과적이고 효율적인 서비스를 제공하거나, 신기술이 어떤 영향을 미칠지 우려하는 시민을 안심시키기 위한 신뢰를 확보하기가 어려울 것이다.

조직 차원에서 볼 때 IoT 기술의 잠재력을 활용하려는 공공분야의 리더는 먼저 구체적이고 긴급한 임무의 확인을 시작해야 한다. 그후 더 많은 혹은 더 나은 정보, 실시간 분석 또는 자동화된 행동이 앞서 확인한 문제를 해결하는 데 어떤 도움이 되는지 분석한다. 구체적인 문제를 해결함으로써 정부는 새로운 이익을 실현하기 위해 필요한 기술적 · 조직적 · 인적자원 차원의 변화를 더 효과적으로 식별하고 그 중 효과적인 방안을 확대해서 추진할 수 있다.

미국 연방정부 차원에서 볼 때, 추가적으로 필요한 변화에는 관리예산처Office of Management and Budget 나 총무청General Services Administration 같은 기관들이 과거 기술전환기에 고질적으로 나타났던 문제, 즉 단절되거나 호환되지 않는 시스템들의 증가를 미연에 방지하기 위해 부처 간 벽을 넘어 협력해야 한다. 미국 표준기술연구소National Institute of Standards and Technology와 국가정보교환모델National Information Exchange Model과 같은 기관들은 산업부문과 협력해 표준을 제정하고 상호운용성을 확보한다. 이는 특히 IoT의 가치창출 토대가 데이터의 통합임을 감안할 때 중요한 부분이다.

정부는 조직과 광범위한 정부정책이 전술적 변화의 수준을 넘어,

특히 IoT 적용이 잠재적으로 지닌 사회적 함의에 민감하게 대응해야 한다. IoT 기기에서 수집한 데이터는 새로운 인사이트를 제공하는 한편 새롭고 복잡한 사회 문제를 야기할 수도 있다. 예를 들어 데이터의 편재성으로 잠재적인 차별이 초래될 수 있다. 데이터 처리과정에서 현재 작용하는 사회적·경제적·인종적인 요인을 고려하지 않고, 알고리즘을 사용해 인간을 자동으로 분류하고 의사결정을 내리고 다르게 취급하기 때문이다. 이러한 사회적 리스크를 앞서 이해하는 것이 공적인 IoT 적용을 효과적으로 설계하기 위한 핵심이다.

궁극적으로 IoT는 멋진 신기술일 뿐 아니라 우리가 일하고 비즈니스를 구조화하고, 그 결과 생성된 사회와 경제를 관리하는 방식의 변곡점이다. 2015년 아이젠하워 펠로우십Eisenhower Fellowship 프로그램의 선정자이자 미국 연방통신위원회Federal Communications Commission의 CIO인 데이비드 브레이David Bray는 이러한 전환과정에서 공공분야의 중요한 역할을 다음과 같이 인식하고 있다. "소비자에게 선택할 수 있는 역량을 부여하고, 민간 및 공공분야의 조직이 새로운 IoT 협력관계를 구축하도록 독려하고, 미래에 모두가 더 많은 혜택을 누릴 수 있도록 IoT 보안과 회복력을 증진하는 새로운 방법을 탐색하는 것이다." 정부기관은 이러한 미래를 이해하고 구축해나가는 적극적인 참가자가 되어야 한다.

맥스 마이어스 Max Meyers는 딜로이트 GovLab 펠로우이며 미국 딜로이트 컨설팅 LLP의 인력 자본 사업부의 시니어 컨설턴트다. 그는 클라이언트가 새로운 트렌드를 헤쳐나가고 필요로 하는 인력을 활용할 수 있도록 돕고 있다. 딜로이트에 합류하기 전에는 고등학교 교사로 일했으며, 여기서 얻은 경험이 공교육 분야의 도전과제 해결을 위한 창조적인 문제해결 방안의 적용에 관심을 갖게 했다.

클레어 니치^{Claire Niech}는 딜로이트 GovLab 펠로우이며 미국 딜로이트 컨설팅 LLP의 전략 및 운영 사업부의 시니어 컨설턴트다. 그녀의 딜로이트에서 연방 정부기관을 위한 정책 분석, 전략 개발, 발전된 촉진방안 설계 및 실행을 수행해왔는데 국가안보 분야에서 주로 일했다.

윌리엄 에거스^{William D. Eggers}는 딜로이트 서비스 LP 소속으로 딜로이트 공공부문 사업부의 연구 및 대외 출간 업무를 담당하고 있다. 그는 8권의 책을 집필했는데, 폴 맥밀란^{Paul Macmillan}과 공동 저술한 최신작인 『The Solution Revolution: How Business, Government, and Social Enterprises Are Teaming Up to Solve Society's Biggest Problems』은 〈월스트리트 저널〉이 "민간과 기업의 자선활동 참여에 대한 새로운 아이디어로 빛나고 있다."라고 평했고, 10곳의 '2013년 올해 최고의 책' 리스트에 포함되었다.

20

창조마을에서 커넥티드 시티까지,
핵심은 '커넥티드'

인간은 지배할 것인가, 지배당할 것인가?

2015년 11월 창조경제박람회에서 실시된 무인자동차 시범주행이 많은 관심을 끌었다. 이번 시범에서 무인자동차는 주행차선 유지, 서행차량 추월, 기존 차선 복귀 등 실제 주행환경 속에서 필요한 주행 기술을 선보이며 상상 속에서 그리던 모습들을 실현했다. 센서와 인공지능의 융합으로 자동차 운전이 인간 대신 로봇으로 대체되어 주행마저도 기계가 스스로 감지하고 판단하는 수준으로 발전했다. 이런 분위기 속에 융합정보기술의 발달로 대체될 직업에 대한 논쟁도 활발해, 없어질 직업과 새롭게 뜰 직업에 대한 관심도 증폭되고 있다. 심지어 프로야구 기사를 쓰는 로봇이 등장하면서 데이터 속에서 유용한 정보를 찾아 초기 경보 시스템의 역할을 하는 로봇저널리즘 시

388

대가 도래함으로써 기자라는 직업마저도 위협을 받고 있을 정도다.

농촌 역시 변화의 기로에 있다. 전통적인 농업방식에서 ICT에 기반한 창조농업으로 바뀌어가고 있다. 세종시에 조성된 세종창조마을에서는 ICT 기반에 IoT 기술이 결합해 농업방식이 탈바꿈하고 있다. 미국 바이탈리티^{Vitality}에서 개발한 글로우캡^{GlowCap}은 약 뚜껑에 센서를 부착해 불빛, 오디오, 전화, SNS 메시지 등으로 환자들에게 약 먹을 시간을 알려준다. 그야말로 사람과 사물, 사물과 사물이 연결되는 세상이다.

정부 3.0, 국민 행복시대를 열 수 있는가?

이처럼 융합정보기술의 발달로 위치적·공간적 제한이 없어지고, 언제 어디서나 정보를 예측하고 감지해 대응이 가능한 시대가 열리면서 새로운 서비스도 자연히 확대될 것으로 예상된다. IoT로 세상은 커넥티드^{connected}되고 있으며, 우리의 삶과 가치에도 많은 변화를 초래하게 될 것이다.

산업과 민간 생활경제 분야는 융합정보기술의 빠른 변화에 사업화를 통해서 대응하고 있다. 그렇다면 공공부문에서는 어떤 대응을 하고 있는가? 전자정부를 실현하고 있는 우리나라는 IT 강국임에는 틀림 없다. 그러나 부처 및 부서 간 칸막이 행정이나 정보의 단절로 인해 많은 비효율을 낳고 있는 것도 사실이다. 국가 재난상태 또는 응급상황에서 선제적이고 체계적으로 정보의 공유가 이루어지지 않아 적절한 대응이 지연되는 사례를 여기저기에서 볼 수 있으며, 이는 물리적이고 정보적인 측면에서 커넥티드 수준이 낮기 때문이다.

정부 3.0의 프레임은 정부가 정보기술을 토대로 선제적인 국민 맞춤형 서비스를 제공하겠다는 것이다. 하지만 그간 정부 3.0을 통해 예측·감지해 맞춤형으로 적절히 대응했다고 하기에는 부족함이 많다. 세월호 침몰이나 메르스 사태는 정부와 정부 또는 공공과 민간 간의 정보가 원활히 커넥티드되지 않아 상황을 예측하고 감지하지 못한 대표적인 선제적 대응 실패 사례다. 공공부문에서 IoT와 같은 정보기술의 전략적인 활용에서 아직은 초기 단계에 머무르고 있는 것도 하나의 원인이다.

정부 3.0은 개방·공유·소통·협력의 4대 원칙을 근간으로 업무 방식 혁신과 정보기술인 클라우드, IoT, 빅데이터 분석을 토대로 선제적인 국민 맞춤형 서비스를 제공해 신뢰받는 정부와 국민 행복국가 구축을 비전으로 제시하고 있는데, 공공부문에서 IoT라는 새로운 기술을 활용해 새로운 가치를 창출하고 비전을 실현할 수 있는지를 조망할 필요가 있다. 다시 말하면 무엇을 위한, 어떤 가치를 위한 커넥티드를 할 것인가에 대한 전략적 사고가 필요하다. 공공부문에서의 신기술 도입은 공공성과 효율성의 관점에서 판단되어야 하며, 궁극적으로 국민의 삶의 질을 높일 수 있는지에 따라 결정되어야 한다.

미래창조과학부는 IoT의 도입에 기반한 커넥티드 공공부문을 실현하게 되면 상당한 규모의 경제적 가치를 낼 것이라고 하며, 공공자원의 효율성 증대와 중앙정부 및 지방자치단체의 신규 수익모델 발굴 등의 효과가 있을 것으로 분석하고 있다. 이는 주로 경제적 가치 개념에 무게중심을 두고 있는 것이다. 그렇다면 삶의 질은 어떠한가? 단편적으로 보면 경제적 가치의 증대로 삶의 질이 개선될 수 있으며,

여러 정보이용기술의 편리성으로 인한 장점도 있을 것이다. 그러나 인간의 많은 활동들이 기계로 대체될 수 있는 커넥티드 환경에서 우리는 정말 행복할 수 있을까? 사람마다 가지고 있는 가치 기준의 차이는 행복의 차이를 만들 것이다. 개개인들의 많은 데이터들이 활용되는 커넥티드 시대에서는 신뢰받고 투명한 정보의 이용과 보안이 전제되는 것이 무엇보다 중요할 것이다.

커넥티드된 공공부문의 기여와 가치

공공부문의 IoT 활용 및 기여는 19장 '공공분야에서의 예측, 감지, 그리고 대응'에서 언급하고 있는 '학급관리에서 개인지도로 전환을 지원할 수 있는 커넥티드 교육 시스템, 위기에 더 빠르고 적극적으로 대응할 수 있도록 하는 커넥티드 공공치안 시스템, 수자원 보호를 위한 생태계 구축 커넥티드 수자원 관리시스템' 등의 영역뿐만 아니라 국방 시스템, 재난 대응 시스템, 헬스케어 시스템, 스마트시티 등 다양한 분야에서의 커넥티드 IoT 활용을 통해 경제적 가치와 삶의 편리성을 증대시킬 것으로 판단된다.

커넥티드 시티 시대, 진화속도는 가속화된다

커넥티드 전력분야에서는 스마트미터Smart Meter, 스마트그리드Smart Grid 사업과 함께 커넥티드 전력 IoT 사업이 추진 가능하다. 최근 한국전력은 전력분야 IoT 산업의 진흥·확산을 위해 전기·전자·ICT 등 관련 산업 및 연구단체와 함께하는 전력 IoT 동맹^Alliance을 구축하고, 전력 IoT 산업 생태계 조성에 역량을 집중하기로 발표했다. 전력 IoT는 변압기, 개폐기, 전선 등 송배전 전력망에 스마트센서 기반의 IoT 기술을 융합해 전기 고장을 사전에 예지하는 등 혁신적 설비운영모델을 구축하고, 취득한 방대한 양의 빅데이터를 활용해 수요관리 및 사회안전망 등 새로운 응용 서비스를 창출하는 융합기술로서 산업의 전·후방효과가 클 것으로 기대된다.

커넥티드 시티의 모델 사례로 언급되는 스페인의 바르셀로나 사례에서는 IoT 전용 네트워크 인프라 활용, 데이터 수집부터 활용까지의 플랫폼 구축, 다양한 분야의 전문 사업자 참여와 신규 일자리 창출의 효과 등이 자주 언급되곤 한다. 우리나라의 경우에는 어떤가? 커넥티드 시티를 대표하는 곳은 서울시일 것이다. 휴대폰 통화량 데이터와 서울시 교통 데이터를 활용해 심야 버스노선을 결정한 빅데이터 활용 사례부터 주차공간 부족 등의 도시 문제를 IoT 기술과 접목해 해결하는 사업을 추진하고 있는 등 신기술 도입 및 확산을 지속적으로 추진하고 있다.

도시상하수도에 누수탐지 센서를 부착해 누수 예방효과를 거둔 사례, 고속도로에 카메라와 센서로 고속도로를 지능화해 통행 소요시간과 교통사고 및 대기오염의 감소효과를 거두고 있는 사례, 가정용 쓰레기통에 무선 RFID 태그를 부착해 배출량을 모니터링함으로써 쓰레기 배출량을 줄이는 사례 등 IoT 활용이 다양한 분야로 확대되고 있다. 우리가 생각하는 것은 기술의 발달로 궁극적으로 실현되기 마련이다. 따라서 앞서 언급된 IoT 활용 사례 이외에도 앞으로 공

392

공부문에서의 창의적인 적용 사례들이 속속 등장할 것이며 진화속도
도 가속화될 전망이다.

정보 보안으로 인간의 존엄과 가치를 보호해야 한다

인간의 생각을 정보기술로 구현하고 융합한 IoT 시대에서는 삶의
방식과 가치관에 많은 변화를 초래할 것으로 예상된다. 예상하고 감
지해 대응하는 커넥티드 시스템 환경은 인간에게 많은 편리성을 가
져다주겠지만, 동시에 인간의 생각이 시스템에 의해 지배될 수도 있
다. 특히 인공지능이 시스템에 탑재되는 시대에서는 더욱 그렇게 될
수도 있다.

따라서 인간의 존엄과 가치를 보호해야 할 의무가 있으며, 그 출발
점은 정보보안과 투명하고 신뢰할 수 있는 시스템 구축이다. IoT에
기반한 커넥티드 환경에서는 데이터를 수집해 분석하고 사용하는 데
다량의 개인정보가 이용되는 경우가 많을 것이다. 개인정보에 대한
보안과 투명한 시스템의 구축은 신뢰받는 환경을 만드는 데 더욱 중
요하다. 따라서 IoT 산업의 성장전략과 더불어 데이터 처리과정에서
발생할 수 있는 여러 사회적 리스크를 이해해 공적인 기능으로 효과
적으로 설계되도록 해야 한다. 또한 커넥티드 시대에서는 해킹 등으
로 인해 시스템이 마비되면 엄청난 혼란이 초래될 수 있으므로 고도
의 사이버 보안cyber security이 담보되어야 한다.

윤영원 부대표 | 딜로이트 안진 | 공공부문 리더

새로운 시장 진입자의 공격은
위협이자 기회다

2012년 1월 파산 신청으로 세상을 떠들썩하게 했던 이스트먼 코
닥Eastman Kodak은 현재 회생 절차를 끝내고 재기하기 위해 노력중이다.
지금까지 축적한 많은 지적 자산을 활용해 디지털 프린팅과 기타 기
술의 혁신기업으로 이미지를 제고하고, 다른 산업계에 서비스를 제
공하는 기업으로 변신을 꾀하고 있는 것이다.

디지털 기술이 보편화된 시대의 사람들이라면 "코닥 같은 대기업
이 어떻게 디지털 사진이라는 기회를 놓쳤지?"라고 생각할 수도 있다.
사실 코닥은 필름산업을 무너뜨린 원인인 디지털카메라를 1975년에
세계 최초로 개발하는 등 막강한 기술 역량을 보유했던 회사였다. 하
지만 코닥의 사례는 보다 중요한 다른 질문들을 내포하고 있다. 그것
은 '왜 신기술이 기존의 탄탄했던 대기업에 그렇게 파괴적일 수 있었
는가? 왜 회사는 대응하지 못했을까? 어떻게 하면 기업의 리더가 사
업환경의 변화로 발생하는 소음 속에서 신기술의 중요성을 파악할
수 있는가?' 등이다. 이러한 질문과 그 답변이 가지는 중요성은 지금

진행되고 있는 산업 간 경계의 와해와 신기술의 발전 속도를 감안할 때 점점 더 커지고 있다.

　기업들이 새로운 위협을 감지하기 어려운 이유 중 하나는 새로운 시장 진입자들이 기존 산업 및 시장을 와해시키는 방식에 차이가 있기 때문이다. 아마존이 미국 도서 유통업계를 평정한 것처럼 대표적인 새로운 시장 진입자가 있는 경우는 누구나 쉽게 위협을 인지할 수 있다. 하지만 많은 소규모 업체가 기존 시장 내에서 차지하는 점유율이 미미할 때는 이들의 집합적인 위력을 과소평가하기 쉽다. 2000년대 초반 인디 음악가들이 인터넷, MP3 음원과 같은 디지털 기술을 활용해 대중에게 접근하기 시작했을 때, 미국 4대 음반 레이블은 시장의 80% 이상을 차지하는 안정적 과점구조를 형성하고 있었다. 그러나 현재는 다수의 소규모 독립음반사들이 4대 레이블이 차지하고 있던 시장의 30%를 가져가 버린 상황이다.

　이보다도 위협을 인지하기 어려운 경우는 새로운 진입자들이 시장을 새롭게 확대하는 경우다. 기존 업체들은 확대된 시장의 혜택을 보진 못하지만 기존의 수익에는 영향이 없다. 일반적인 기업들은 시장과 경쟁자를 좁게 정의하고 그 안에서의 점유율과 실적만 분석하기 때문에 이러한 위협을 간과하기 쉽다. 당장은 수익의 변동이 없기 때문에 문제가 아니라고 생각할 수 있지만, 정체된 성장으로 투자자들의 관심을 잃게 되고, 인재 유출을 겪게 되며, 시장의 진화를 이해할 기회를 상실하기 때문에 결국엔 주류에서 밀려나게 된다.

　더 심각한 경우는 기존의 시장이 아예 대체되거나 의미를 상실하게 되는 경우다. 스마트폰이 소형 카메라, 내비게이션, 손전등, 계산기, 손목시계 등의 수요를 크게 축소시킨 것이 대표적인 사례다. 처음에는 시장 간의 연관성이 전혀 없어 보이기 때문에 위협을 빠르게 감지하는 것이 거의 불가능하다.

따라서 자신의 기업과 유사한 동종기업만 주시하는 것은 지금과 같이 산업 간의 경계가 와해되고 있는 시기에 매우 위험한 접근법이다. 물론 지나치게 다양한 분야의 활동을 파악하려 노력하면, 분석과정에서 자사에 유의미한 맥락을 찾아내는 데 어려움을 겪을 수 있다. 하지만 과거에는 전혀 관계없던 산업, 경제의 가장자리에서 새로운 위협이 갑자기 등장하는 경우가 점점 늘어나고 있다.

따라서 과거에는 유용했던 동종업체 벤치마크 방식이 한계를 드러내고 있다. 기존의 동종업체 분석은 경쟁환경을 좁게 정의하기 때문에 새롭게 떠오르는 위협을 간과하기 쉽다. 매년 비슷비슷한 대여섯 개의 기업만을 추적 비교하게 되면, 평가 결과에 큰 변화 없이 매년 똑같은 결론을 내리게 된다. 비교 결과에 만족하고 있는 동안, 기업이 속한 산업은 새로운 경쟁자에게 잠식당하거나 의미를 상실해갈 수 있다. 이는 동종업계 선두를 계속 유지한다고 해도 마찬가지다. 계속해서 경계하고 '경쟁자'의 범위를 확대해서 정의하지 않으면 기업은 취약해진다.

예를 들어, 애플워치의 등장이 스위스 시계업계에 미친 영향은 전문가들의 예상을 뛰어넘는 수준이었다. 2015년 3분기 중 스위스 시계 수출은 2009년 이래 최악의 하락세를 보였다. 분기 수출이 8.5% 하락했는데, 특히 애플이 목표하는 시장인 500~1천 달러 제품군의 타격이 컸다. 세계 최고 수준인 스위스 시계업계의 품질과 브랜드 가치에도 불구하고 기존 산업이 디지털 산업의 스마트워치 공세에 흔들리고 있다. 구글의 자율주행차와 테슬라의 전기자동차도 자동차산업의 판도를 바꾸고 있는 유사 사례다.

이러한 현상은 해외에만 국한된 것이 아니다. 삼성전자의 삼성페이는 기존 신용카드 단말기에서도 사용 가능한 범용성과 결제절차의 편의성을 앞세워 출시한 지 2개월 만에 서비스 이용자 100만 명, 하루 결제건수 10만 건, 누적 결제금액 1천억 원을 달성했다. 그런데 이로 인해 지급결제 과정에서 전표수거를 담당하는 밴VAN 사업체가 직접적인 타격을 받고 있다. 현대카드는 삼성페이가 지문 인식으로 본인 확인을 하기 때문에, 사고 발생에 대비해 밴사로부터 매출전표를 매입하던 관행을 계속할 필요가 없다고 결정했다. 이 같은 움직임은 타 카드사로도 확대될 가능성이 크다. 밴 업계는 매출의 20~30%가 사라질 위기에 봉착했다.

또한 카카오택시는 서비스를 시작한 지 1년도 되지 않아 콜택시 업계에 지각변동을 일으켰고, 대리운전 등 인접영역으로도 서비스 확대를 계획하고 있다.

이렇게 기존 기업들이 새로운 진입자들에게 시장을 내주고 있는 사례를 보고 있으면 이런 생각이 든다. '왜 그들은 대응을 하지 못했는가? 왜 대량해고와 사업정리를 할 정도로 상황이 악화될 때까지 뭔가 행동을 취하지 않았을까?'

기존 기업이 새로운 경쟁자 또는 새로운 시장접근법이 위협임을 인지하고, 충분한 경영능력을 가지고 있더라도 새로운 비즈니스 관행을 도입하거나 신상품을 개발하는 것은 간단하지 않다. 잘못된 의사결정, 느린 업무 프로세스, 보수적인 문화, 강력한 리더십의 부재 등 여러 요인이 복합적으로 변화를 방해할 수 있다. 특히 기존에 잘 나가던 기업의 경우 현상 유지가 최우선 목표이기 때문에, 불확실성을 다룰 때 이로 인한 이익은 평가절하하고 리스크는 부풀려서 보는 것이 일반적이다.

이렇듯 기존 기업이 시장을 와해하는 위협에 대한 대응이 어려운 근본적 원인은 크게 다음의 3가지로 볼 수 있다.

첫째, 시장와해자의 접근법을 모방하면 기존의 수익 흐름이 훼손되기 때문이다. 새로운 진입자는 원가구조가 근본적으로 다르거나 또는 기존과는 개념적으로 완전히 차별화된 신제품을 가지고 있다. 이러한 차이로 인해 기존 기업이 신규 진입자를 흉내내면 기존 제품의 매출을 감소시키거나 수익성을 악화시키게 된다. 그 결과 기업은 불확실한 미래를 위해 단기적 수익을 포기하고 기존 사업을 변환시키려 노력하기보다는, 기존 제품의 수익성을 높이기 위한 노력을 강화하는 방안을 선택하기 쉽다. 메이저 음악 레이블들이 디지털 음원 유통에 적응하지 못하고 저작권 단속만을 강화하려다가 아이튠즈 같은 새로운 디지털 유통채널에 시장을 내준 것이 대표적 사례다.

둘째, 새로운 접근법이 기존 자산과 투자를 쓸모 없게 만들기 때문이다. 신기술은 과거 시장 진입에 필요했던 대규모 투자를 줄이거나 제거하고 혹은 완전히 새로운 투자를 요구한다. 시장 진입을 가로막는 장벽으로 유용했던 기존 자산이 비용을 낭비하는 부채가 되어버린다. 새로운 접근법이나 제품을 추구하려면 이러한 자산을 상각할 필요가 생기는데, 경우에 따라서 사업부나 공장을 폐쇄하게 될 수도 있다. 이러한 경영적 결단은 어렵고, 시간과 비용이 많이 들고, 사내 정치에 휘둘리기 쉽다. 특히 자산의 규모가 큰 대기업일수록 매몰비용의 오류에 빠지기 쉽다.

마지막으로, 기존의 제품이나 서비스에 대한 근본적인 가정의 변화가 필요하기 때문이다. 기존 기업이 시장와해자와 새로운 제품 또는 서비스를 가지고 경쟁하려면 영위하는 사업에 대한 기본적인 가정조차 의심해보아야 한다. 예를 들어 제조업체는 지속적으로 뛰어난 제품의 원가절감에 전념해야 하고, 이와 다른 사업은 할 수도 없고 해서도 안 된다는 '한 우물을 파라'는 신념 같은 것이다. GE가 제조업체에서 서비스 기업, 소프트웨어 기업으로 변화하고 있는 것이 이러한 고정관념을 타파한 대표적 사례다.

오랜 기간 동안 성공적이었던 기업은 비슷한 사업 모델을 가진 소수의 경쟁자를 능가하기 위해 전체 조직을 최적화해왔고, 가격 경쟁력 확보와 제품 차별화를 이루는 데 자원을 집중 투입해 성공했다. 그러나 전혀 다른 방식으로 운영되는 시장와해자와의 경쟁에서는 이러한 과거의 성공비결이 오히려 변화를 가로막는 장애물이 되고 있다.

케서린 서트클리프Kathleen Sutcliffe와 클라우스 웨버Klaus Weber의 공동연구에 따르면, '겸손함'과 '낙관주의'라는 역설적인 조합을 소유한 리더가 이끄는 기업이 변화의 시기에 가장 뛰어난 성과를 거둔다고 한다. 즉 조직의 결점과 역량 부족을 인지하면서도, 새로운 것을 배우고 적응할 수 있는 조직의 능력을 확신하는 리더가 빠른 행동을 이끌어내어 조직의 관성을 극복할 수 있다는 것이다. 리더는 과거의 성공을 가능하게 했던 지식과 경험, 조직구조를 모두 버릴 수 있다는 자세로 기존의 틀을 깨고 주위를 둘러봐야 할 것이다.

성공적인 과거와의 단절은 말처럼 쉽지 않고 고통스러운 일이다.

그러나 위기라는 단어의 속성이 보여주듯이 신기술, 파괴적인 혁신으로 인한 와해성 변화는 새로운 엄청난 기회가 될 수 있다. 앞서 언급한 스위스 시계업체들은 애플의 공세에 대응해 글로벌 IT기업과 손잡고 스마트워치 시장에 뛰어들고 있다. 침체된 기존 시계사업을 대신할 스마트워치 시장의 가능성을 확인하고, 부족한 부분은 외부와의 협력을 통해 보완하면서 강점인 디자인 능력과 브랜드 이미지를 무기로 내세우고 있다. 태그호이어TAG Heuer는 구글·인텔과 협력해 자신은 기계식 메커니즘을 맡고 인텔은 프로세서, 구글은 소프트웨어를 담당해 각자의 장점을 활용하는 윈-윈 모델을 선택했다. 스와치, 브라이틀링BREITLING, 몬데인Mondaine 등도 역시 시장에 스마트워치를 출시하고 있다.

디지털 기술은 기존의 안정된 환경을 뒤흔드는 위협이 되지만, 핵심 역량을 보유한 준비된 기업에게는 새로운 시장에 대한 접근 장벽을 낮춰주고 부족한 부분을 보완해준다. 새로운 트렌드와 기술 변화에 대한 끊임없는 탐색은 생존을 위한 필수 조건일 뿐만 아니라 이전과 비교할 수 없는 가능성과 기회를 열어주는 열쇠가 되고 있다.

박종민 딜로이트 안진 산업연구본부 선임연구원

위기상황을 돌파하고 산업강국으로서의 위상을 회복하기 위해서는
21세기 산업 패러다임 전환의 테마인
글로벌 · 스마트 · 디지털 · 융합의 관점에서
정부의 제도 개혁과 기업의 혁신이 병행되어야 한다.

『경계의 종말』
저자와의 인터뷰

Q. 『경계의 종말』을 소개해주시고, 이 책을 통해 독자에게 전하고 싶은 메시지
   는 무엇인지 말씀해주세요.

A. 21세기의 디지털 융합은 100여 년간 굳건했던 산업 간, 학문 간,
   생산자와 소비자 간 등 수많은 경계를 희미하게 만들고 있습니다.
   이러한 변화의 영향과 시사점에 대한 딜로이트 글로벌 최고 전문
   가들의 견해를 주요 산업별로 소개하고, 우리나라 산업과 기업의
   관점에서 의미하는 바가 무엇인지를 제시하고자 합니다.

Q. '경계의 종말'이란 어떤 의미인가요? 자세한 설명 부탁드립니다.

A. 지난 수십 년 동안 지속해온 기존의 수많은 경계가 희미해지고
   있습니다. 산업과 하위부문이 서로 수렴하면서 20세기 초반에 규
   정되고 체계화된 경계의 명확한 선이 흐려지고, 회사 간, 회사 내

경계가 약화되었습니다. 상품과 서비스 간의 오래된 구분도 깨지고, 거대 조직과 소규모 조직 간 역량 차이도 줄어들고 있습니다. 과학과 기술분야 전역에서 이루어지고 있는 상호교류와 협력의 증가는 수많은 지식의 경계를 허물어뜨리고 있습니다. 계몽주의 시대와 산업혁명 시대에서 볼 수 있듯이 다양한 경계가 동시에 이동할 때, 인간의 진보는 새로운 연결과 가능성, 아이디어 창출을 통해 놀라운 약진을 겪으며 큰 발걸음을 내디딜 것입니다.

Q. 경계의 종말이 가져오는 문제와 가능성은 어떤 것이 있나요?

A. 경계는 일반적으로 제약을 만들어 선택과 활동을 제한하고 효율성을 감소시킵니다. 오래된 경계와 제약은 한계를 만들지만 명확하다는 특징이 있습니다. 따라서 수십 년간 경계와 제약은 명확한 정의와 집중해야 할 대상을 알려주고, 무엇이 가능한지를 제시하며, 경쟁우위의 원천을 명확히 보여줄 뿐 아니라 사업전략과 운영의 핵심요소를 알려주었습니다. 경계의 종말은 이에 따라 형성된 기존의 전략과 자산을 쓸모없게 만들 수 있습니다. 반면에 흐려진 경계는 경제와 그보다 더 넓은 사회에 대한 새롭고 놀라운 가능성을 만들고, 주목할 만한 혁신과 기업가 정신을 이룰 수 있게 합니다.

Q. 기존의 경계가 무너지면서 새로운 경계가 생긴다고 했는데요. 새로운 경계로 어떤 예를 들 수 있나요?

A. 아직 새로운 경계는 명확히 정립되지 않았지만, 이미 가시화되고 있는 경계들도 있습니다. 과거 이데올로기로 인한 지정학적 긴장

이 아닌 원리주의적 신념체계로 인한 새로운 갈등이 등장하고 있습니다. 역동적인 경제체계에 적합한 기업가 정신을 갖춘 창의적인 사람들과 변동 없는 안정적인 고용체계에 익숙한 사람들 간의 새로운 경계도 나타나고 있습니다. 이처럼 디지털 문해력을 갖춘 사람들과 그렇지 못한 사람들 간의 역량 차이도 가져올 수 있습니다.

Q. 경계가 무너지면 물건을 만드는 제조업의 미래는 어떻게 될까요?

A. 기존 제품을 개선해 품질을 높이고 더 많은 기능을 더해 더 낮은 가격에 제공하는 것이 제조업체의 근본적인 성장 방안이었지만, 기술 발달 속도가 빨라지고 제품수명주기가 단축되는 현재에는 더이상 유효하지 않을 것입니다. 제조업체는 개인화·맞춤화된 제품을 원하고, 제품 개발 과정에 적극적으로 참여하는 소비자에 대응해야 할 것입니다. 또한 제조업체는 판매 이후 제품 사용과정에서 발생하는 추가적인 가치를 획득할 방안을 찾기 위해, 제품의 플랫폼화 가능성을 탐색할 것입니다. 디지털 기술의 발전으로 낮아진 진입장벽 때문에 수많은 소규모 신규 진입자가 제조업에 뛰어들고 있습니다. 기존 제조업체는 이들이 경쟁자일 뿐만 아니라 새로운 시장이 될 수 있음을 인식하게 될 것입니다.

Q. 경계가 무너지면 금융업의 미래는 어떻게 될까요?

A. 금융업은 근본적으로 규제에 큰 영향을 받기 때문에 변화의 속도가 늦습니다. 그러나 최근의 핀테크 열풍처럼 디지털 기술은 금융업에도 변화의 바람을 일으키고 있습니다. 딜로이트와 세계경제

포럼의 공동 연구를 통해 세계 금융업계에서 혁신이 집단으로 일어나고 있음을 발견했습니다. 플랫폼 기반의 데이터 집약적인 적은 자본이 필요한 새로운 금융 서비스가 나타나고 있습니다. 규모의 경제의 혜택은 줄어들고 종합뱅킹모델은 해체되어 분산화되며, 새로운 자본의 원천이 등장할 것입니다. 파괴적 혁신의 영향은 은행업에서 먼저 드러나겠지만 보험업에서 가장 강하게 나타날 것입니다. 이 책에서는 주계좌·지급결제·자본시장·자산관리, 보험에서 나타날 혁신을 개괄적으로 보여주고 있습니다.

Q. 경계가 무너지면서 기존 보험사를 위협하는 킬러 애플리케이션에 대해 말씀하셨는데요, 대표적인 킬러 애플리케이션 하나만 소개해주세요.

A. 대표적인 사례로 사적 단체보험Peer To Peer Insurance, P2PI을 들 수 있습니다. 비슷한 보험 수요를 가진 소비자들이 온라인 소셜 네트워크를 통해 모여서 공동기금을 조성함으로써 상호부조를 수행하고, 기존 손해보험사는 재보험사로 활용하는 방식입니다. 사적 단체보험은 회원들 간의 감시 강화, 회원들의 리스크에 대한 높은 이해, 손해사정 비용과 마케팅 비용의 절감으로 보험료를 크게 낮출 수 있을 것으로 보입니다. 실제로 영국과 독일의 대표적인 사적 단체보험업체들은 매우 빠른 속도로 성장하고 있습니다.

Q. 경계가 무너지면서 유통업의 변화를 주도하는 주요 요인이 있다고 하셨는데요, 간략하게 설명 부탁드립니다.

A. 크게 2가지 요인이 있습니다. 첫째는 높아진 소비자의 정보수준입니다. 인터넷과 모바일 기기의 확산으로 오늘날 소비자는 상품

관련 정보를 쉽게 얻을 수 있고, 가격과 세부사항을 즉시 비교할 수 있습니다. 그래서 상품 관련 정보를 얻기 위해 더이상 오프라인 매장을 방문할 필요가 없습니다. 또 하나는 틈새상품과 틈새시장의 확산입니다. 디지털 기술이 발전하면서 소규모 업체나 개인은 저렴한 비용으로 제품을 제조할 수 있게 되었으며, 다양한 니즈를 가진 소비자들에게 쉽게 접근할 수 있게 되었습니다. 이런 틈새시장의 확산으로 대량 생산제품에 주로 의존하는 기존 유통업체의 중요성이 약화되고 있습니다.

Q. 경계가 무너지는 시대에 가치를 창출하는 새로운 방법이 있다면 어떤 것이 있을까요?

A. 가치창출을 위한 여러 가지 방법이 있겠지만, 하나는 분산화된 소비자의 니즈를 만족시켜주는 틈새상품과 서비스를 제공하는 것입니다. 이는 소비자와 밀접한 관계를 유지하고 빠른 피드백을 제공할 수 있는 소규모 업체에 적합합니다. 한편 대기업은 이러한 소규모 사업자들을 대상으로 정보·자원·플랫폼을 제공해 가치를 창출할 수 있을 것입니다. 그리고 유통업체는 개인 소비자에 대한 깊은 지식과 경험을 이용해, 각 고객에게 가장 적합한 대안을 적극적으로 제안하는 대리인 역할을 수행할 수도 있습니다.

Q. 경계가 무너지면 새로움으로의 전환이 필요한데, 고통스러운 전환의 시대에 어떻게 기회를 찾을 수 있을까요?

A. 경계가 와해되는 상황에서 기존의 업계와 동종업체만을 살펴봐서는 위협을 빠르게 인지하거나 기회를 찾을 수 없습니다. 리더는

과거의 성공을 가능하게 했던 지식과 경험, 조직구조를 모두 버릴 수도 있다는 자세로 기존의 틀을 깨고, 주위를 둘러봐야 합니다. 또한 모든 것을 혼자서 다할 필요가 없음을 인식하고 생태계에의 참여와 협력을 고려해야 합니다. 예를 들어 태그호이어는 애플워치에 대항하기 위해 구글·인텔과 협력해 스마트워치를 출시했습니다.

* 이 인터뷰 대본 내용을 다운로드받고 싶으시다면 원앤원북스 홈페이지에 회원으로 가입하시면 됩니다. 홈페이지 상단의 '자료실–저자 동영상 대본'을 클릭하셔서 다운받으시면 됩니다.

측정할 수 없으면 개선할 수 없다

서울대 최종학 교수의 숫자로 경영하라 3

최종학 지음 | 값 19,500원

서울대학교 교수이자 손꼽히는 대한민국 경영대가 최종학 교수의 세 번째 역작이다. 전작에서 전략적 이슈와 관련된 회계 전문 지식으로 큰 반향을 불러일으킨 후 2년 만에 내놓는 신작이다. 과학적 발견과 논리에 근거해 여러 기업 사례의 핵심을 파악하고 대안점을 제시했던 최종학 교수는, 이번 책에서 더 날카로운 시각과 시대적 흐름을 읽는 혜안으로 경영의 핵심을 파고든다.

경영은 분석하는 것이 아니라 통찰하는 것이다!

딜로이트 컨설팅 김경준 대표의 통찰로 경영하라

김경준 지음 | 값 19,000원

사회생활 선배이자 CEO인 저자가 후배들을 위해 다년간의 경험 노하우를 아낌없이 풀어놓았다. 또한 역사·문화·예술 등 다양한 사회 면면을 관찰하고 성찰해, 기업조직과 경영 활동에 필요한 시사점을 자신만의 시각으로 정리했다. 뻔히 답이 보이는 형식적인 접근과 내용이 아니라 저자 자신의 삶과 경험, 그리고 인생관과 가치관을 솔직하게 담아냈기 때문에 사회 초년생은 물론 CEO까지 누구나 읽고 공감하기에 부족함이 없다.

잘되는 회사를 만들기 위한 경영 노하우

사장이라면 어떻게 일해야 하는가

김경준 지음 | 값 14,000원

이 책은 세계적인 경영컨설팅 회사 딜로이트 컨설팅의 대표이사인 저자가 거창한 경영혁신기법이나 교과서적인 경영이론 대신 어느 조직에서나 곧바로 적용 가능한 60가지 실천적 방안들을 군더더기 없는 특유의 직설화법으로 풀어낸 조직관리 지침서다. 이론 중심의 일반적 경영서와는 달리 실전 중심의 현장성 가득한 내용들을 다루고 있으며, 미래 자기사업을 꿈꾸는 사람들에게 큰 도움이 될 것이다.

어떤 팀장이 최고의 리더가 되는가

팀장이라면 어떻게 일해야 하는가

김경준 지음 | 값 14,000원

이 책은 대개 10년 이상의 업무 경험을 가지고 부의 창출에 결정적으로 기여하는 실제적 지식을 갖춘 팀장들이 변화와 혁신의 주역이 되어 조직 전체의 성과를 높일 수 있도록 하는 기본적 관점을 제공한다. 조직과 인간을 이해하는 통찰력, 팀원들에게 비전을 제시하고 현실적으로 인솔하는 리더십의 발현, 살벌한 기업현장에서 살아남기 위한 냉철한 인식 등 조직의 핵심으로 도약하기 위해 반드시 필요한 지침들이 잘 정리되어 있다.

직장인을 위한 조직생활 교과서
직원이라면 어떻게 일해야 하는가
김경준 지음 | 값 14,000원

이 책은 세계적인 경영컨설팅 회사 딜로이트 컨설팅의 대표이사인 저자가 자신의 샐러리맨 경험을 바탕으로 조직사회에서 어떤 마음가짐과 자세를 가져야 하는지를 들려주는 '조직사회 교과서'이자 '인생매뉴얼'이다. 더이상 직장이 안정된 생활을 보장해주지 않는 오늘날 현실에서 저자는 직장생활을 단순한 밥벌이의 수단이 아닌, 자신의 인생 CEO가 되기 위한 훈련과정으로 생각하도록 권한다.

로마인에게 배우는 불멸의 경영법칙 22
위대한 기업, 로마에서 배운다
김경준 지음 | 값 18,000원

이 책은 현직 기업 임원급 인사라면 경영의 기본을 다지고 싶을 때마다 펼쳐봐야 할 매뉴얼이며, CEO를 목표로 하는 야심 있는 젊은이라면 바이블로 삼아야 할 지침서다. 2천년 전 세계를 경영한 천년제국 로마의 선례를 통해, 글로벌 경쟁환경에서 기업조직과 그에 속한 개인이 생존을 위해 어떤 감각으로 무장해야 할지 확실하게 터득할 수 있을 것이다.

저금리 시대에는 수익형 부동산에 투자하라!
1%금리시대, 수익형 부동산으로 승부하라
최현일 지음 | 값 15,000원

이 책은 저금리와 저성장 시대의 새로운 블루오션 시장으로 떠오르고 있는 수익형 부동산을 이해하는 데 길잡이가 되어준다. 수익형 부동산을 주거용, 상업·업무용, 숙박용으로 용도별로 나누고, 각 수익형 부동산의 특징 및 장단점, 투자시 유의사항 등을 상세히 알려준다. 또한 다양한 수익형 부동산에 투자했던 사람들의 실제 사례를 수록해 독자들의 이해를 돕는다.

블루로즈, 기적의 꽃으로 꿈을 피우다
300만 원으로 꽃집 창업, 10년 만에 빌딩을 짓다
이해원 지음 | 값 14,000원

이 책은 제주도에서 소자본으로 시작해 국내 최고의 꽃배달업체가 된 '플라워몰'의 놀라운 성공스토리를 담았다. 단돈 300만 원으로 시작한 작은 꽃집을 전국 규모의 꽃배달전문점으로 성장시킨 이해원 대표, 저자는 이 책에서 자신의 성공비법을 알려준다. 적은 돈으로 시작해 어떻게 큰 성공을 거둘 수 있었을까? 여러 번의 실패도 있었지만 포기하지 않고 끊임없이 도전했던 저자의 이야기를 들어보자.

한 권의 책으로 주식 대가들의 투자철학을 배운다!

주식투자자라면 놓치지 말아야 할 주식 명저 15

전영수 지음 | 값 16,000원

성공투자를 위해서는 탄탄한 이론과 노하우가 합쳐진 기본기를 익히는 것이 가장 중요하다. 어디서 어떻게 투자정보를 구해야 할지 모르는 초보자, 자신만의 원칙이 확립되지 않은 상태에서 남들을 따라 여기저기 마구잡이로 투자하는 경험자라면 반드시 이 책을 일독하길 권한다. 이 책은 중요한 투자원칙과 게임의 법칙을 알려줌으로써 주식 초보자들뿐만 아니라 전업투자자들에게 투자활동을 할 수 있는 나침반이 되어줄 것이다.

사람들의 호감을 얻는 스피치 스타일의 비밀

임유정의 나의 스피치 스타일을 바꿔라

임유정 지음 | 값 15,000원

라온제나 스피치 아카데미의 임유정 대표가 다수의 기업 강의와 수많은 수강생을 지도해오며 정립한 '스피치 스타일'이란 개념을 통해 개개인이 가진 기존의 스피치 스타일을 진단하고 짧은 시간 안에 완벽한 스피치 스타일을 이룰 수 있도록 돕는 최고의 스피치 실전 지침서다. 대한민국 제1호 '스피치 스타일리스트'인 그녀만의 특별한 콘텐츠와 차별화된 코칭 방법은 말하는 법을 싹 바꾸고 싶은 이들에게 구체적인 해답을 알려준다.

2015년 최신 정부지원금 개정 내용 완전 반영!

정부지원금의 모든 것

김대임 · 서정헌 지음 | 값 25,000원

이 책은 중소기업과 소상공인에게 지원하는 자금을 망라한 정부지원금 해설서로, 2014년에 이어 올해 최신 정부지원금 개정 내용을 완전 반영했다. 각종 정부지원금을 받고자 하는 모든 중소기업과 소상공인에게 자금 신청부터 최종 선정에 이르기까지 현장에서 즉시 활용할 수 있는 정보를 자금별로 분석해 핵심 내용을 제공하는 안내서이자, 소상공인, 창업자, 기존 중소기업인 등 모두에게 유용한 자금지원 해설 지침서다.

누구나 읽어야 할 인사 · 노무관리의 필수 지침서!

실전에 강해지는 인사 · 노무지식의 모든 것

박현웅 지음 | 값 17,000원

이 책은 기업의 인사 · 노무관리 업무와 노사관계를 성공적으로 이끌기 위한 전반적인 인사 · 노무지식을 다루고 있다. CEO나 실무자, 일반 직장인, 예비 직장인 등 누구나 한 번쯤은 읽어야할 기본지식을 담고 있다. 한눈에 바로 이해할 수 있는 용어 풀이와 재미있는 일러스트로 쉽게 인사 · 노무지식을 배울 수 있을 것이다. 몇 조 몇 항의 법령이 아닌 누구나 명쾌하게 이해할 수 있는 필수 지침서다.

기본에서 실전까지 재건축 투자의 모든 것!
재건축 투자자가 꼭 알고 싶은 것들

리얼투데이 외 지음 | 값 16,000원

부동산 리서치 전문업체인 ㈜리얼투데이와 최고의 부동산 전문가가 모여 재건축과 관련한 모든 정보를 담은 책이다. 신뢰성 있는 자료와 정확한 시장 분석을 통해 재건축 투자자들이 알아야 할 필수 정보와 요긴한 전략들을 제시한다. 또한 풍부한 사례를 보여주며 관련 법령을 상세하게 설명할 뿐만 아니라 유망 투자처의 조건과 그에 따른 투자 관련 팁까지 알려주므로 후회 없는 성공 투자를 위한 투자 나침반이 되어줄 것이다.

프랜차이즈를 이기는 동네빵집의 성공 비결 120
장사 잘되는 동네빵집은 따로 있다

신길만 · 송영광 · 이복섭 · 신욱 지음 | 값 16,000원

이 책은 저자가 그동안 배우고 경험하면서 깨달은 제빵기술과 동네빵집 운영 노하우를 아낌없이 쏟아붓고 버무려서 만든, 맛있는 카스테라 같은 책이다. 제과점의 실제 사례를 바탕으로 동네빵집이 가져야 할 경쟁력과 방향을 제시해, 빵집을 경영하고 있거나 창업을 구상하는 이들에게 도움을 준다. 자신의 인생을 스스로 빚어내고 동네빵집 창업을 고려하는 이들에게 성공 창업의 길로 안내하는 나침반 역할을 할 것이다.

실무에 필요한 회계의 모든 것을 담았다!
회계 실무자라면 꼭 알아야 할 것들

김연섭 · 김도훈 · 주순제 · 강혜영 지음 | 값 17,000원

회계 업무에 종사하고 있는 실무자라면 꼭 알아야 할 회계 관련 지식을 쉽고 명확하게 파악할 수 있도록 도와주는 책이 출간되었다. 특히 현장에서 수행하고 있는 경영 컨설턴트 출신 4인의 회계 전문가가 경영학이나 회계학에 대한 이론적 배경을 산업 현장의 실무와 적절히 접목했기에 회계 관련 실무에서 근무하거나 회계 실무에 관심이 있는 이 등, 모든 업무 영역의 사람들이 다양한 측면에서 기초적인 지식을 쌓을 수 있다.

스마트폰에서 이 QR코드를 읽으면
'원앤원북스 도서목록'과 바로 연결됩니다.

독자 여러분의
소중한 원고를 기다립니다

★ 원앤원북스는 독자 여러분의 소중한 원고를 기다리고 있습니다. 집필을 끝냈거나 혹은 집필중인 원고가 있으신 분은 khg0109@hanmail.net으로 원고의 간단한 기획의도와 개요, 연락처 등과 함께 보내주시면 최대한 빨리 검토한 후에 연락드리겠습니다. 머뭇거리지 마시고 언제라도 원앤원북스의 문을 두드리시면 반갑게 맞이하겠습니다.